Eberhard Dieterich
Predigten

Eberhard Dieterich
Predigten

... und hörte seiner Rede zu

Herausgegeben von Meike Jacobson und Marei Röding

Edition Kamel18

Inhalt

... und hörte seiner Rede zu
Grußwort von Manfred Kuntz 7

Von der Idee zum Buch
Gespräch der Herausgeberinnen mit Eberhard Dieterich 8

Ich lasse dich nicht, du segnest mich denn
1. Mose 32, 23-32 11

Ich will mit dir sein
2. Mose 3, 9 – 4, 31 16

Wolken- und Feuersäule
2. Mose 13, 20-22 24

Es waren zwei Männer in einer Stadt
2. Samuel 12, 1-10.13-15a 29

Es ist genug
1. Könige 19 34

Herr, wie lange willst du mich so ganz vergessen?
Psalm 13 42

Ich mache das Meer still, wenn die Wellen brausen
Jesaja 43 46

Siehe, meinem Knecht wird's gelingen
Jesaja 52, 13 – 53, 10 50

Die Güte des Herrn ist's
Klagelieder 3, 22 56

Steh auf, nimm das Kindlein
Matthäus 2, 13-18 60

Als er aber das Volk sah
Matthäus 5, 1-10 64

Gottes Gerechtigkeit
Matthäus 5, 6 68

Ihr seid das Salz der Erde – Ihr seid das Licht der Welt
Matthäus 5, 13-16 72

Seid getrost, ich bin's; fürchtet euch nicht!
Matthäus 14, 22-33 76

Ich will euch geben, was recht ist
Matthäus 20, 1-16   82

Siehe, der Bräutigam kommt!
Matthäus 25, 1-13   86

Machet zu Jüngern alle Völker
Matthäus 28, 16-20   90

Steh auf!
Markus 2, 1-12   94

Und er herzte sie und legte die Hände auf sie und segnete sie
Markus 10, 13-16   98

Ein Mensch pflanzte einen Weinberg
Markus 12, 1-12   103

Das sage ich allen: Wachet!
Markus 13, 31-37   108

Sie hat ein gutes Werk an mir getan
Markus 14, 1-11   112

Und sie sagten niemandem etwas; denn sie fürchteten sich
Markus 16, 1-8   115

Und der Herr wirkte mit ihnen
Markus 16, 9-20   120

Wer von diesen ist der Nächste gewesen?
Lukas 10, 25-37   126

…und hörte seiner Rede zu
Lukas 10, 38-42   130

Freut euch mit mir!
Lukas 15, 1-7   135

Sie haben Mose und die Propheten; die sollen sie hören
Lukas 16, 19-31   140

... denn ich muss heute in deinem Haus einkehren
Lukas 19, 1-10   145

Wenn es aber erstirbt, bringt es viel Frucht
Johannes 12, 20-26   149

... aber seid getrost
Johannes 16, 33   153

Als es aber schon Morgen war, stand Jesus am Ufer
Johannes 21, 1-14 156

Und die Gefangenen hörten sie
Apostelgeschichte 16, 23-26 162

Ohne des Gesetzes Werke, allein durch den Glauben
Römer 3, 21-28 166

Denn ich bin gewiss ...
Römer 8, 1-2.11.38-39 170

Ich mache euch Mut
Römer 12, 1-2 174

Wir aber predigen den gekreuzigten Christus
1. Korinther 1, 18-25 179

Ich bin allen alles geworden
1. Korinther 9, 16.19-20.22-23 183

Aber der Geist macht lebendig
2. Korinther 3, 2-6 188

… mit euch allen!
2. Korinther 13, 11-13 191

Mit sanftmütigem Geist
Galater 6, 1-2 196

... mit Furcht und Zittern
Philipper 2, 12-13 200

Und alles, was ihr tut ...
Kolosser 3, 17 205

Für alle Menschen
1. Timotheus 2, 1-6a 208

Rechenschaft über die Hoffnung, die euch beseelt
1. Petrus 3, 8-17 213

Haltet fest an der Demut
1. Petrus 5, 5-11 218

Ich steh an deiner Krippen hier
Gesangbuchlied von Paul Gerhardt 223

... und hörte seiner Rede zu

Ja, das tut er, dieser Prediger Eberhard Dieterich, und deshalb kann er so gut erzählen, so hörbar weitersagen, was er gehört hat, von Jesus gehört hat. Von Jesus, der ja selber seit seiner Taufe im Jordan auf den Vater gehört hatte und deshalb so sorgfältig auf die Menschen hören konnte: „Was willst du, dass ich für dich tun soll?" Er war barmherzig, es „verbarmte" ihn, wenn er die Menschen vor sich sah, es drehte ihm das Herz herum, so höre ich es immer wieder aus den Jesusgeschichten.

Und das höre ich auch aus diesen Predigten heraus: Hier redet einer barmherzig mit seinen Hörern unter der Kanzel, nein, vor der Kanzel: Auge in Auge, er kanzelt nicht ab, er redet mit einem wie mit sich selbst. Und das tut gut.

„Und das tut gut." Dieses letzte Sätzchen könnte von Eberhard Dieterich selber stammen. Denn seine Sätze sind kurz. Sie lassen einem Luft. Sie lassen einem die Luft zum Atmen. Aufatmen lassen sie mich.

Wer so hört, der kann erzählen. Und das kann Eberhard Dieterich ganz besonders, in Jahrzehnten erfahren im Umgang mit Kindern. Und was Kinder verstehen, verstehen oft auch Erwachsene. Auch diese Art von trockenem Humor gehört zu seinem Stil. Nie wird er laut, gerade auch dort, wo er besonders Wichtiges zu sagen hat. Fanfaren kommen nicht vor, wo erweckt werden soll, zum Leben erweckt. Kammerton, doch gerade das Pianissimo vernehmbar ganz hinten, wo eine, einer die Ohren spitzt. Zimmerton, wo der Großvater ruhig erzählt, und mucksmäuschenstill sind sie alle dabei, von keinem Lieblingsspielzeug oder Kinderchaos abgelenkt. Kein Wunder übrigens, dass sich der Predigterzähler in den Gleichnissen, Parabeln und Beispielerzählungen besonders zu Hause fühlt. So kann er am Ende der Geschichte vom barmherzigen Samariter sagen: „Sie haben es gemerkt. Ich mag sie (diese Geschichte). Sie bewegt mich immer wieder neu."

So liegen ihm natürlich gerade auch die Geschichten des Alten Testaments am Herzen. Am Anfang der Sammlung „die Geschichte vom Kampf des Jakob am Grenzfluss Jabbok", die „eine uralte Geschichte (ist). Es lohnt sich, sie anzusehen. Sie werden merken, dass eine solche alte Erzählung immer auch von dem redet, der zuhört." Im ersten Satz des ganzen Buches also schon das Thema. Und dann geht es zum Lied vom Gottesknecht, der leidet, über Evangelien, Paulus bis zum ersten Petrusbrief. Für mich kein Zufall, dass diese so einladende Predigtreihe in der Betrachtung des Kindes mit dem Weihnachtslied endet: Ich steh an deiner Krippen hier. „Es ist ein Lied, das eine persönliche Geschichte erzählt und zu ihr einlädt." Und die letzte Predigt mündet ins Gebet: „Da ist der Dank, dass die Liebe auch im Leiden bleibt. Und da ist die Hoffnung, dass der Heiland mitgeht und in, an und bei mir bleibt."

Manfred Kuntz[1]

1 Kirchenrat i.R., Pfarrer Dr. theol. Manfred Kuntz, geb. 1931, war von 1974 bis 1991 Leiter des württembergischen Pastoralkollegs in Freudenstadt.

Von der Idee zum Buch

Aufzeichnung aus einem Gespräch der Herausgeberinnen Meike Jacobson und Marei Röding mit Eberhard Dieterich (26.06.2011)

die Idee:

MR: In Löwenstein, bei unserem letzten Prädikantenkurs im Juli 2010, da hat Herr Dieterich gefehlt. Er hatte sich verletzt und konnte nicht kommen.

MJ: Stimmt, wir saßen beim Mittagessen und haben ihn schmerzlich vermisst. Wir haben darüber geredet, dass seine Bibelarbeiten die besten sind und dass uns seine Predigtvorlagen gut gefallen.

MR: Dass wir mit seinen Predigtvorlagen besonders gut umgehen können, mit ihnen oft am meisten anfangen können. Und das haben nicht nur wir gesagt, das war die Meinung vieler unserer Prädikantenkollegen.

MJ: Und da kam uns eine Idee: Wir machen ein Buch. Wir haben uns angeschaut und genickt.

MR: Wir bringen seine Predigten heraus. Das muss es sein.

MJ: Und wir sollten auch nicht nur an Prädikantenpredigten denken, sondern auch an Predigten, die Herr Dieterich in Gottesdiensten gehalten hat. Wir müssen ihn fragen.

der Weg:

MR: Die Idee hat uns nicht losgelassen. Wir haben uns im August getroffen und das Projekt besprochen. Als wir immer noch sicher waren, dass wir dieses Buch machen wollen, haben wir Herrn Dieterich eine Email geschrieben.

MJ: Und dann hat es lange gedauert, bis eine Antwort kam.

ED: Ich war über diese Anfrage mehr als erstaunt. Sie hat mich in ganz verschiedenen Richtungen unsicher gemacht. Und zu meiner Verblüffung haben einige Freunde, mit denen ich das besprochen habe, gesagt: „Das ist gut, lass dich drauf ein." Der Zweifel ist immer noch da: Warum ausgerechnet ich? Aber das müssen ja Sie beide beantworten.

die Predigten:

MJ: Ich finde Ihre Sprache klar und ausdrucksstark. „Jesus wird narret", wer würde das sonst so sagen können. Ihre Sätze sind einfach und nicht überfrachtet,

MR: Worte, die nicht von oben herab kommen. Die Sprache ist deutlich und die Sätze gut nachzuvollziehen. Man kann gut mitdenken. Und es ist oft etwas dabei, was man noch nicht so gehört hat. Eine Herangehensweise an den Text, die mich überrascht und freut, weil ich etwas Neues zu denken bekomme, aber auch etwas, was mir gleichermaßen einleuchtet.

ED: Ich kann es nicht aushalten, wenn drei wichtige Dinge in einem Satz kommen. Ich kann nicht so schnell zuhören und ich kann nicht so schnell mitdenken und deswegen muss ich das alles, wenn es irgend nacheinander geht, nacheinander sagen. Und ich merke, dass das nicht nur mir gut tut, sondern auch anderen.

MR: Hat das irgendetwas auch mit der Kinderkircharbeit zu tun?

ED: Vermutlich. Ja. Die war für mich prägend. Vor allem habe ich schließlich wieder begriffen, dass Erzählen etwas für alle Menschen ist, nicht bloß für Kinder. Und das kommt ja auch in den Predigten an vielen Stellen zum Tragen. Ich bin inzwischen überzeugt, dass Erzählungen, die am Schluss nicht zusammengefasst werden mit der Moral von der Geschichte, doch die Chance haben einen Menschen zu bewegen oder ihm gut zu tun oder die Augen zu öffnen.

MJ: Ich lese die Bibeltexte wieder ganz neu mit Ihren Predigten. Texte, die sehr bekannt sind, die wir schon oft gehört haben bekommen ein neues Gesicht. Ich sehe auf einmal andere Schwerpunkte.

ED: Mich freut es sehr, dass es Ihnen so geht. Das trifft etwas ganz Wesentliches. Ich kann über einen Text erst predigen, wenn ich etwas entdeckt habe. Wenn mir etwas so wichtig oder so gewichtig erscheint, dass ich merke: Das lohnt sich. Das will ich vermitteln, das will ich weitersagen. Und wenn ich bei einem Text so etwas finde, dann packt mich die Freude. Das macht mir eine Predigt erst möglich. So ist Predigt nie Pflichtübung. Und dass davon etwas in den Predigten sicht- und hörbar wird, das freut mich unheimlich. Und dann steckt natürlich einiges mehr dahinter: Meine Erfahrung, dass es sich lohnt, neu hinzusehen und neu hinzuhorchen. In der Regel gibt es dann auch etwas zu sehen und zu hören und zu erkennen, was, mindestens dieses Mal, für mich der Rede wert ist.

MR: Was treibt Sie an?

ED: Was mich treibt, wird noch deutlicher, wenn wir miteinander Bibelarbeiten machen. Da habe ich das Glück, dass ich nicht allein da sitze und etwas zu verstehen versuche. Da sind 20 bis 25 andere, die sich verleiten lassen hinzuschauen und hinzuhören. Und oft sehen sie etwas, was mir nicht so wesentlich schien oder was ich übersehen hätte. Diese Miteinander, dieses gemeinsame „auf einen Text hören" wird oft für die ganze Gruppe, aber vor allem für mich, vergnüglich. Mich treibt auch die Erfahrung, dass ich nicht Angst haben muss um die Bibel. Die Bibel hält Fragen aus. Auch die unverschämten.

der Kern:

MJ: Wir haben in Ihren Predigten Kernsätze entdeckt. Vor allem den Trost: Gott liebt seine Menschen.

ED: Also, wenn man es ganz einfach sagt: Es gibt in der Bibel etwas, von dem es sich leben lässt. Und wenn das ein Stück sichtbar und hörbar und ein Stück gekaut werden kann, dann passiert da etwas, was der Rede wert ist. Aber vor allem kann man da selber ein Stück davon leben. Das lässt sich nicht immer so einfach sagen und ich bin vor allem damit sparsam. Eines aber ist mir sehr wichtig: Es ist Blödsinn, wenn man Evangelium aufs Predigen reduziert. Bei Paulus (1. Kor 9) wird das ganz deutlich. Evangelium bedeutet da: Leben in einem Lebensraum. Und in diesem Lebensraum muss Paulus drin bleiben. Deswegen wendet er sich all den verschiedenen Menschen zu. Aber nicht aus Güte, sondern damit er selber nicht rausfällt aus diesem Lebensraum: dem Evangelium. Das ist das Aufregende.

MR: Wenn wir gerade übers Evangelium sprechen: Was mir von Anfang an an Ihren Predigten aufgefallen ist: In den Predigten kommt immer wieder vor, was Jesus getrieben hat. Und den hat's getrieben zu denen, die am Rand stehen: zu den Zöllnern und zu den Kranken und zu den Aussätzigen. Das kommt ganz oft vor, so als Quintessenz von vielen Predigten. Ist das ein Zufall oder ist das eine Kernaussage für Sie?

ED: Ich habe die Predigten ja jetzt auch alle wieder gelesen und da geht es mir fast auf die Nerven. Dass es immer kommen muss. Es ist fast penetrant. Aber man ist natürlich da am Wesentlichen. An dem, dass dieser Jesus Gott in Anspruch nimmt für alle Menschen. Und zuerst für die, die es nicht glauben und die es nicht wissen und die es bitter nötig haben. Das hat ja immer auch Konsequenzen für das, was man sonst tut. Es geht dann auch darum, das Evangelium zu leben. Da habe ich als Dekan gemerkt, dass man in der Stadt geglaubt hat zu wissen, wo die Kirche steht. Nämlich bei denen, die am Rand sind. Ich glaube nicht, dass ich das vor mir hergetragen hätte. Aber es gab genügend Vorfälle oder Gelegenheiten wo das sichtbar wurde. Kirche auf der Seite der Opfer. Das treibt mich.

MR: Das Lesen der Predigten hat uns beeinflusst. Die vielen Gedanken, die gut tun.

MJ: Und wir freuen uns aufs Wiederlesen. Das Gehörte hat uns nachdenklicher gemacht. Die Worte bewegen uns.

MR: Eine Predigt hören ist eben nicht passiv sondern aktiv: Nachdenken, Bewegung, etwas, das lebendig macht. Und das wirkt in den Alltag hinein.

07.10.2001 17. Sonntag nach Trinitatis
Stadtkirche Peter und Paul in Calw
1. Mose 32, 23-32

23 Und Jakob stand auf in der Nacht und nahm seine beiden Frauen und die beiden
Mägde und seine elf Söhne und zog an die Furt des Jabbok,
24 nahm sie und führte sie über das Wasser, sodass hinüberkam, was er hatte,
25 und blieb allein zurück. Da rang ein Mann mit ihm, bis die Morgenröte anbrach.
26 Und als er sah, dass er ihn nicht übermochte, schlug er ihn auf das Gelenk seiner
Hüfte, und das Gelenk der Hüfte Jakobs wurde über dem Ringen mit ihm verrenkt.
27 Und er sprach: Lass mich gehen, denn die Morgenröte bricht an. Aber Jakob
antwortete: Ich lasse dich nicht, du segnest mich denn.
28 Er sprach: Wie heißt du? Er antwortete: Jakob.
29 Er sprach: Du sollst nicht mehr Jakob heißen, sondern Israel; denn du hast mit
Gott und mit Menschen gekämpft und hast gewonnen.
30 Und Jakob fragte ihn und sprach: Sage doch, wie heißt du?
Er aber sprach: Warum fragst du, wie ich heiße? Und er segnete ihn daselbst.
31 Und Jakob nannte die Stätte Pnuël; denn, sprach er, ich habe Gott von Angesicht
gesehen, und doch wurde mein Leben gerettet.
32 Und als er an Pnuël vorüberkam, ging ihm die Sonne auf; und er hinkte an seiner
Hüfte.

Ich lasse dich nicht, du segnest mich denn

Liebe Gemeinde,
die Geschichte vom Kampf des Jakob am Grenzfluss Jabbok ist eine uralte Geschichte.
Es lohnt sich, sie anzusehen. Sie werden merken, dass eine solche alte Erzählung immer
auch von dem redet, der zuhört. Sehen wir also genauer hin.

23 Und Jakob stand auf in der Nacht und nahm seine beiden Frauen und die beiden
Mägde und seine elf Söhne und zog an die Furt des Jabbok,
24 nahm sie und führte sie über das Wasser, sodass hinüberkam, was er hatte,
25 und blieb allein zurück.

Ein entscheidender Augenblick aus der Geschichte des Jakob: Jakob, der Zwillingsbruder
des Esau, der Sohn des Isaak und der Rebekka, er ist auf einem Rückweg. Nach 20 Jahren
ist er auf dem Heimweg aus der Fremde, in die er sich selbst gebracht hatte. Als junger
Mann kaufte er das Erstgeburtsrecht von seinem Zwillingsbruder Esau für ein schmack-
haftes Linsengericht. Er wollte damit den Segen des Vaters für sich gewinnen, und
mit Hilfe seiner Mutter Rebekka betrog er seinen blinden Vater Isaak gründlich. Jakob
wurde von seinem Vater gesegnet. Aber er muss vor dem Zorn seines Bruders Esau flie-

hen. Auf den Rat seiner Mutter geht er zu Verwandten, 700 km weit weg, jenseits der Wüste, zu seinem Onkel Laban.

Dort wird Jakob, der Betrüger, von seinem Onkel betrogen und ausgetrickst. So hat Jakob am Ende nicht nur die geliebte Rahel zur Frau, sondern auch deren Schwester Lea. Und zu Reichtum an Herden bringt er es, weil er noch schlauer und noch gerissener ist als die Verwandtschaft. Jakob, ein erfolgreicher Betrüger.

Aber jetzt, nach 20 Jahren, wo er es zu einer großen Familie und großem Reichtum gebracht hat, da gibt es auch hier Schwierigkeiten mit der Verwandtschaft. Und das Heimweh wird immer stärker. So macht sich Jakob auf den Heimweg. Aber in der Heimat ist sein Bruder Esau. Der hat geschworen, dass er ihn umbringt, ihn den Betrüger. Jetzt ist Jakob schon ganz nahe. Schon weiß er, dass Esau ihm entgegenzieht mit 400 Mann. Der große Schrecken überfällt ihn. Noch ist er Herr seines Denkens und Handelns. So tut er dreierlei:

Zuerst teilt er listig Frauen und Kinder und seine Herden in zwei große Teile, in zwei Lager, und hofft: Wenn Esau über das eine Lager kommt und es niedermacht, so wird das andere entrinnen.

Und Jakob betet. Er erinnert Gott daran, dass er ihm im Traum in Bethel bei der Himmelsleiter versprochen hat: „Ich will dir wohl tun." Nun bittet Jakob um Hilfe.

Schließlich versucht er es mit Geschenken. Vielleicht kann er sich loskaufen. Er schickt seinem Bruder Esau riesige Herden von Ziegen, Schafen, Kamelen, Kühen und Eseln entgegen. In der Hoffnung, er könnte ihn so versöhnen.

Aber dann, in der Nacht, da bringt Jakob Frauen und Kinder und alles Vieh und alles, was er hat, durch eine Furt über den Fluss – und bleibt allein zurück.

Und da geschieht es:

> 25 Da rang ein Mann mit ihm, bis die Morgenröte anbrach.

Am Übergang über den Fluss, am Übergang in die Heimat, da wo ihm seine ganze Vergangenheit begegnen wird, da stößt Jakob an seine Grenzen. Da packt ihn die namenlose Angst.

In der alten, über 3000 Jahre alten Geschichte, kann das so erzählt werden, wie wenn ein böser Geist eben über Jakob hergefallen wäre, ganz handgreiflich und lebensgefährlich. Ein Geist, der überfällt, der keinen Namen hat, und der am Morgen verschwinden muss. Wir kennen das heute eher als einen Kampf im Inneren. Jakob holt die verzweifelte Vergangenheit ein. Auf einmal nützt es ihm nichts mehr, dass er es zu etwas gebracht hat. Alles geht ihm durch den Kopf und durchs Herz: der blinde Vater, den er schamlos angelogen hat. Der Bruder, den er einfach ausgetrickst hat, und der ihm nach dem Leben trachtet. Und er ist nicht mehr stolz. Er hat versagt. Er ist schuldig. Das Spiel ist aus. Morgen geht es nicht mehr gut. Die Gedanken hämmern: Was wird morgen sein? Gibt es ein Unglück? Macht Esau sie einfach nieder?

Jakob hat kein Kriegsheer mit 400 Mann wie Esau. Wie soll er eigentlich in der fremden Heimat zurechtkommen? Gibt es eigentlich überhaupt eine Chance? Der, der sich den Segen des Vaters erschlichen hat, und der als gesegneter Mann unterwegs ist, der muss kämpfen. Allein. Schutzlos. Und es ist ein Kampf um Leben und Tod. Nichts ist mehr übrig. Nichts von dem Mut, nichts von der Gerissenheit, die immer einen Ausweg wusste, gar nichts. Ganz klein ist er. Und es ist Nacht. Finstere Nacht.

> 25 Da rang ein Mann mit ihm, bis die Morgenröte anbrach.

Endlich wird es Morgen. Jakob ist verletzt und kann sich nur noch festkrallen. Da sagt der Fremde:

> 27 Lass mich gehen, denn die Morgenröte bricht an. Aber Jakob antwortete: Ich lasse dich nicht, du segnest mich denn.

Das ist für mich die große Überraschung. Für Jakob ist dieser Überfall, diese Auseinandersetzung mit allem, was in ihm auftaucht und ihn plagt, ein Kampf um den Segen. Wir kennen das, dass eine unruhige Nacht der anderen folgt. Wir kennen das, dass eine Verzweiflung in die andere stürzt. Wir kennen das, dass es nur ein kleines Wort braucht, und dann stürzt wieder alles Ungelöste und Unverarbeitete über einen herein. Jakob lässt nicht los. Jakob ist so ausgeliefert und so verzweifelt, dass er gar nicht mehr loslassen kann. Und die Stimme der Vernunft beim Anbruch der Morgenröte hilft nicht. Aber er will leben. Wenn er schon überfallen ist, dann soll wenigstens ein Segen daraus werden. Er stöhnt:

> 27 Ich lasse dich nicht, du segnest mich denn.

Da ergibt sich ein erstaunliches Gespräch: Der Fremde, der Geist, der, der Jakob überfallen hat, fragt:

> 28 Wie heißt du? Er antwortete: Jakob.

Er sprach: „Du sollst nicht mehr Jakob, der Betrüger, heißen, sondern Israel, Gottesstreiter. Denn du hast mit Gott und mit Menschen gekämpft und hast gewonnen." Jetzt will Jakob es genau wissen. Wer ist das? Wer kann so zu ihm reden? Wer kann ihn so von der Vergangenheit und von der Angst vor Morgen befreien? Wer darf das? Und so fragt er:

> 30 Und Jakob fragte ihn und sprach: Sage doch, wie heißt du?

Es wäre zu schön, wenn Jakob hinterher sagen könnte, wer mit ihm gestritten hat. Es wäre zu schön, wenn er beim Namen nennen könnte, was ihn in der Angst überfallen und durchgeschüttelt hat. Es wäre zu schön, wenn er jetzt verharmlosen könnte und sagen: „Ach so, das war meine Phantasie, mein schlechtes Gewissen, ich war überreizt und übermüdet. Es legt sich schon wieder alles." So nicht. Jakob bekommt keine Antwort. Er hat nicht losgelassen. Das war alles.

> 30 Er aber sprach: Warum fragst du, wie ich heiße? Und er segnete ihn daselbst.

Die Nacht auf Leben und Tod endet damit, dass Jakob gesegnet ist. Jakob, der Betrüger. Jetzt heißt er Israel. Der, der mit Gott und Menschen gekämpft hat. Jakob gibt dem Ort seiner nächtlichen Auseinandersetzungen einen Namen:

> 31 Und Jakob nannte die Stätte Pnuël; denn, sprach er, ich habe Gott von Angesicht gesehen, und doch wurde mein Leben gerettet.

Jakob weiß ganz genau, dass er sich nichts darauf einbilden kann, dass er noch lebt. „Und doch wurde mein Leben gerettet." Das ist seine Erfahrung. Gerettet. Da, wo es nicht gut stand. Da, wo alles dagegen sprach.

> 31 ... und doch wurde mein Leben gerettet.

Hier fängt die Geschichte noch einmal an, zu mir zu reden. Sie erzählt von der Erfahrung der Rettung. Einer Rettung, die unwahrscheinlich ist, gegen alle Vernunft. „Und doch wurde mein Leben gerettet."
So sagt der, der nach einer Operation noch einmal auflebt. So sagt der, der eines Tages aus tiefster Depression erwacht und wieder weiter gehen kann. So sagt der, dem sich seine Ängste als beherrschbar erwiesen haben. So sagt der, der merkt, dass Vergebung Wirklichkeit geworden ist: „Und doch wurde mein Leben gerettet."
Der letzte Satz der Geschichte fasst das alles noch einmal zusammen:

> 32 Und als er an Pnuël vorüberkam, ging ihm die Sonne auf; und er hinkte an seiner Hüfte.

Jakob hinkt. Er ist nicht unversehrt. Aber es geht ihm die Sonne auf. Der Verletzte ist der Gesegnete. Und es wird ihm auch die Aussöhnung mit seinem Bruder Esau gelingen, nach dieser Nacht.
Sie haben es gemerkt: Ich habe es bis jetzt vermieden, vom Kampf Jakobs mit Gott zu reden. Die Geschichte tut es ja auch. Bis zum Ende, als Jakob sagt:

> 31 ... ich habe Gott von Angesicht gesehen, ...

Hinterher kann er es so sagen. Dass einer mit dem lebendigen Gott zu tun bekommt und zwar nicht mit dem lieben, sondern mit einem, der ihn anfällt mitten heraus aus der Finsternis, das übersteigt unsere niedlichen Bilder von Gott, die es bei uns normalerweise gibt. Gott als der Unheimliche, als der Böse, als der, der nicht zu verstehen ist. Nicht jeder macht solche Erfahrungen. Aber es ist gut, davon zu erzählen. Stotternd. Mit leiser Stimme. Aber ganz nah an einer Wirklichkeit, die wir nicht in der Hand haben.

27 Ich lasse dich nicht, du segnest mich denn.

Ein wenig fange ich an, diesen Ruf zu verstehen. Es ist verzweifelter Glaube. „Du Gott, ich lasse dich jetzt nicht los. Nein. Jetzt erst recht nicht." Vielleicht wissen wir seit dem 11. September wieder ein wenig besser, auf wie vieles es keine Antworten gibt. Jakob erfährt den Namen Gottes nicht. Das Geschehen bekommt keinen Sinn. Die Terroranschläge in New York sind zu nichts gut. Aber, sollte uns in dem allem auch Gott begegnen? Die Nacht, die uns anfällt, die Verzweiflung, die sich breit macht? Hier wird etwas davon erzählt, dass Gott uns auch im Dunkel begegnet. Da, wo wir überhaupt nichts mehr sehen und nur noch überfallen sind. Martin Luther wusste etwas vom verborgenen Gott. Und Jesus schreit am Kreuz: „Mein Gott! Warum?" Von weniger erzählt unsere uralte Geschichte nicht.
In unserem Gesangbuch steht beim Lied EG 278 ein Text von Theodor Haecker, der schon viele geärgert hat. Ich verstehe ihn mit unserer Jakobsgeschichte ein wenig besser. Er lautet:

„Lass niemals von Gott!
Liebe ihn!
Wenn du das im Augenblick nicht kannst,
dann streite mit ihm, klage ihn an
und rechte mit ihm wie Hiob,
ja, wenn du es kannst, lästre ihn,
aber – lass ihn nie!"

Es könnte auch heißen: „Streite mit ihm, wie Jakob, aber – lass ihn nie!"
„Ich lasse dich nicht, du segnest mich denn!"

Amen.

11.02.1996 Sexagesimae
Stadtkirche Peter und Paul in Calw
2. Mose 3, 9 – 4, 31

Gott spricht zu Mose:

3, 9 Weil denn nun das Geschrei der Israeliten vor mich gekommen ist und ich dazu ihre Not gesehen habe, wie die Ägypter sie bedrängen,

10 so geh nun hin, ich will dich zum Pharao senden, damit du mein Volk, die Israeliten, aus Ägypten führst.

11 Mose sprach zu Gott: Wer bin ich, dass ich zum Pharao gehe und führe die Israeliten aus Ägypten?

12 Er sprach: Ich will mit dir sein. Und das soll dir das Zeichen sein, dass ich dich gesandt habe: Wenn du mein Volk aus Ägypten geführt hast, werdet ihr Gott opfern auf diesem Berge.

13 Mose sprach zu Gott: Siehe, wenn ich zu den Israeliten komme und spreche zu ihnen: Der Gott eurer Väter hat mich zu euch gesandt!, und sie mir sagen werden: Wie ist sein Name?, was soll ich ihnen sagen?

14 Gott sprach zu Mose: Ich werde sein, der ich sein werde. Und sprach: So sollst du zu den Israeliten sagen: „Ich werde sein", der hat mich zu euch gesandt.

15 Und Gott sprach weiter zu Mose: So sollst du zu den Israeliten sagen: Der HERR, der Gott eurer Väter, der Gott Abrahams, der Gott Isaaks, der Gott Jakobs, hat mich zu euch gesandt. Das ist mein Name auf ewig, mit dem man mich anrufen soll von Geschlecht zu Geschlecht.

16 Darum geh hin und versammle die Ältesten von Israel und sprich zu ihnen: Der HERR, der Gott eurer Väter, ist mir erschienen, der Gott Abrahams, der Gott Isaaks, der Gott Jakobs, und hat gesagt: Ich habe mich euer angenommen und gesehen, was euch in Ägypten widerfahren ist,

17 und habe gesagt: Ich will euch aus dem Elend Ägyptens führen in das Land der Kanaaniter, Hetiter, Amoriter, Perisiter, Hiwiter und Jebusiter, in das Land, darin Milch und Honig fließt.

18 Und sie werden auf dich hören. Danach sollst du mit den Ältesten Israels hineingehen zum König von Ägypten und zu ihm sagen: Der HERR, der Gott der Hebräer, ist uns erschienen. So lass uns nun gehen drei Tagereisen weit in die Wüste, dass wir opfern dem HERRN, unserm Gott.

19 Aber ich weiß, dass euch der König von Ägypten nicht wird ziehen lassen, er werde denn gezwungen durch eine starke Hand.

20 Daher werde ich meine Hand ausstrecken und Ägypten schlagen mit all den Wundern, die ich darin tun werde. Danach wird er euch ziehen lassen.

21 Auch will ich diesem Volk Gunst verschaffen bei den Ägyptern, dass, wenn ihr auszieht, ihr nicht leer auszieht,

22 sondern jede Frau soll sich von ihrer Nachbarin und Hausgenossin silbernes und

goldenes Geschmeide und Kleider geben lassen. Die sollt ihr euren Söhnen und Töchtern anlegen und von den Ägyptern als Beute nehmen.

4, 1 Mose antwortete und sprach: Siehe, sie werden mir nicht glauben und nicht auf mich hören, sondern werden sagen: Der HERR ist dir nicht erschienen.

2 Der HERR sprach zu ihm: Was hast du da in deiner Hand? Er sprach: Einen Stab.

3 Der HERR sprach: Wirf ihn auf die Erde. Und er warf ihn auf die Erde; da ward er zur Schlange und Mose floh vor ihr.

4 Aber der HERR sprach zu ihm: Strecke deine Hand aus und erhasche sie beim Schwanz. Da streckte er seine Hand aus und ergriff sie, und sie ward zum Stab in seiner Hand.

5 Und der HERR sprach: Darum werden sie glauben, dass dir erschienen ist der HERR, der Gott ihrer Väter, der Gott Abrahams, der Gott Isaaks, der Gott Jakobs.

6 Und der HERR sprach weiter zu ihm: Stecke deine Hand in den Bausch deines Gewandes. Und er steckte sie hinein. Und als er sie wieder herauszog, siehe, da war sie aussätzig wie Schnee.

7 Und er sprach: Tu sie wieder in den Bausch deines Gewandes. Und er tat sie wieder hinein. Und als er sie herauszog, siehe, da war sie wieder wie sein anderes Fleisch.

8 Und der HERR sprach: Wenn sie dir nun nicht glauben und nicht auf dich hören werden bei dem einen Zeichen, so werden sie dir doch glauben bei dem andern Zeichen.

9 Wenn sie aber diesen zwei Zeichen nicht glauben und nicht auf dich hören werden, so nimm Wasser aus dem Nil und gieß es auf das trockene Land; dann wird das Wasser, das du aus dem Strom genommen hast, Blut werden auf dem trockenen Land.

10 Mose aber sprach zu dem HERRN: Ach, mein Herr, ich bin von jeher nicht beredt gewesen, auch jetzt nicht, seitdem du mit deinem Knecht redest; denn ich hab eine schwere Sprache und eine schwere Zunge.

11 Der HERR sprach zu ihm: Wer hat dem Menschen den Mund geschaffen? Oder wer hat den Stummen oder Tauben oder Sehenden oder Blinden gemacht? Habe ich's nicht getan, der HERR?

12 So geh nun hin: Ich will mit deinem Munde sein und dich lehren, was du sagen sollst.

13 Mose aber sprach: Mein Herr, sende, wen du senden willst.

14 Da wurde der HERR sehr zornig über Mose und sprach: Weiß ich denn nicht, dass dein Bruder Aaron aus dem Stamm Levi beredt ist? Und siehe, er wird dir entgegenkommen, und wenn er dich sieht, wird er sich von Herzen freuen.

15 Du sollst zu ihm reden und die Worte in seinen Mund legen. Und ich will mit deinem und seinem Munde sein und euch lehren, was ihr tun sollt.

16 Und er soll für dich zum Volk reden; er soll dein Mund sein und du sollst für ihn

Gott sein.

17 Und diesen Stab nimm in deine Hand, mit dem du die Zeichen tun sollst.

18 Mose ging hin und kam wieder zu Jitro, seinem Schwiegervater, und sprach zu ihm: Lass mich doch gehen, dass ich wieder zu meinen Brüdern komme, die in Ägypten sind, und sehe, ob sie noch leben. Jitro sprach zu ihm: Geh hin mit Frieden.

19 Auch sprach der HERR zu Mose in Midian: Geh hin und zieh wieder nach Ägypten, denn die Leute sind tot, die dir nach dem Leben trachteten.

20 So nahm denn Mose seine Frau und seinen Sohn und setzte sie auf einen Esel und zog wieder nach Ägyptenland und nahm den Stab Gottes in seine Hand.

21 Und der HERR sprach zu Mose: Sieh zu, wenn du wieder nach Ägypten kommst, dass du alle die Wunder tust vor dem Pharao, die ich in deine Hand gegeben habe. Ich aber will sein Herz verstocken, dass er das Volk nicht ziehen lassen wird.

22 Und du sollst zu ihm sagen: So spricht der HERR: Israel ist mein erstgeborener Sohn;

23 und ich gebiete dir, dass du meinen Sohn ziehen lässt, dass er mir diene. Wirst du dich weigern, so will ich deinen erstgeborenen Sohn töten.

24 Und als Mose unterwegs in der Herberge war, kam ihm der HERR entgegen und wollte ihn töten.

25 Da nahm Zippora einen scharfen Stein und beschnitt ihrem Sohn die Vorhaut und berührte damit seine Scham und sprach: Du bist mir ein Blutbräutigam.

26 Da ließ er von ihm ab. Sie sagte aber Blutbräutigam um der Beschneidung willen.

27 Und der HERR sprach zu Aaron: Geh hin Mose entgegen in die Wüste. Und er ging hin und begegnete ihm am Berge Gottes und küsste ihn.

28 Und Mose tat Aaron kund alle Worte des HERRN, der ihn gesandt hatte, und alle Zeichen, die er ihm befohlen hatte.

29 Und sie gingen hin und versammelten alle Ältesten der Israeliten.

30 Und Aaron sagte alle Worte, die der HERR mit Mose geredet hatte, und Mose tat die Zeichen vor dem Volk.

31 Und das Volk glaubte. Und als sie hörten, dass der HERR sich der Israeliten angenommen und ihr Elend angesehen habe, neigten sie sich und beteten an.

Ich will mit dir sein

Liebe Gemeinde,
neulich haben wir hier miteinander auf die Geschichte von der Berufung des Mose gehört. Mose, der in der Fremde beim Schafehüten an den Dornbusch kommt, der nicht verbrennt. Dort ruft ihn Gott: „Mose! Mose!" Und er antwortet: „Ja, hier bin ich!" Wir haben die Geschichte gehört und bedacht – bis zu dem Versprechen Gottes:

3, 12 Ich will mit dir sein.

Hier möchte ich noch einmal anknüpfen und weiter denken. Denn Mose wehrt sich. Er ist mit dieser Zusage überhaupt nicht glücklich.

3, 12 Ich will mit dir sein.

Das höre ich mit meinen christlichen Ohren und denke: Da muss sich Mose aber doch freuen. Und ich habe auch das Wort des auferstandenen Christus an seine Jünger im Ohr:

Und siehe, ich bin bei euch alle Tage bis an der Welt Ende. (Mt 28, 20)

Und auch das ist für mich eigentlich tröstlich. Deshalb habe ich mich über Mose immer gewundert. Der ist einfach nicht glücklich, obwohl Gott zu ihm sagt:

3, 12 Ich will mit dir sein.

Wie kommt das? Ich will versuchen die Erzählung aus 2. Mose 3+4 ein wenig nachzuzeichnen und nachzudenken:

3, 9 Weil denn nun das Geschrei der Israeliten vor mich gekommen ist und ich dazu ihre Not gesehen habe, wie die Ägypter sie bedrängen,
10 so geh nun hin, ich will dich zum Pharao senden, damit du mein Volk, die Israeliten, aus Ägypten führst.
11 Mose sprach zu Gott: Wer bin ich, dass ich zum Pharao gehe und führe die Israeliten aus Ägypten?
12 Er sprach: Ich will mit dir sein. Und das soll dir das Zeichen sein, dass ich dich gesandt habe: Wenn du mein Volk aus Ägypten geführt hast, werdet ihr Gott opfern auf diesem Berge.

Haben Sie es gehört? Der Mose, der so überwältigt antwortete: „Hier bin ich!", dieser Mose fragt jetzt: „Wer bin ich?"

3, 11 Wer bin ich, dass ich zum Pharao gehe und führe die Israeliten aus Ägypten?

Mose ist über den Auftrag Gottes nicht begeistert. Er fühlt sich überfordert. Er hält die Aufgabe für unmöglich. Oder aber: er mag auch einfach nicht. Und nun sagt Gott nicht: „Das kannst du doch. Ich habe mir schon den Richtigen ausgesucht. Auf, strenge dich an!" Nein. Gott sagt: „Ich werde mit dir sein. Deine Frage ist berechtigt. Du darfst Zweifel haben, auch Zweifel an dir selbst. Du darfst Furcht haben, Furcht vor der ungeheuren Aufgabe, die vor dir steht. Aber: Ich werde mit dir sein."

Mose ist mit Gottes Zusage nicht zufrieden. Er kommt mit einem neuen Einwand. Anscheinend hat er gemerkt: Das, was ich jetzt tun soll, das bringt viel von meinem Leben durcheinander. Und so wehrt sich. Er denkt auch zugleich weiter. Er denkt an die, die in Ägypten leiden und stöhnen. Die werden ja gerade auf ihn warten.
Und so sagt Mose: „Man wird mich in Ägypten fragen: Welcher Gott hat dich gesandt? Ausgerechnet dich. Wie ist sein Name? Wie können wir nach ihm rufen? Wie können wir sicher sein, dass er uns hört?"

> 13 Mose sprach zu Gott: Siehe, wenn ich zu den Israeliten komme und spreche zu ihnen: Der Gott eurer Väter hat mich zu euch gesandt!, und sie mir sagen werden: Wie ist sein Name?, was soll ich ihnen sagen?

Und Gott gibt tatsächlich Antwort:

> 14 Gott sprach zu Mose: Ich werde sein, der ich sein werde. Und sprach: So sollst du zu den Israeliten sagen: „Ich werde sein", der hat mich zu euch gesandt.
> 15 Und Gott sprach weiter zu Mose: So sollst du zu den Israeliten sagen: Der HERR, der Gott eurer Väter, der Gott Abrahams, der Gott Isaaks, der Gott Jakobs, hat mich zu euch gesandt. Das ist mein Name auf ewig, mit dem man mich anrufen soll von Geschlecht zu Geschlecht.
> 16 Darum geh hin und versammle die Ältesten von Israel und sprich zu ihnen: Der HERR, der Gott eurer Väter, ist mir erschienen, der Gott Abrahams, der Gott Isaaks, der Gott Jakobs, und hat gesagt: Ich habe mich euer angenommen und gesehen, was euch in Ägypten widerfahren ist,
> 17 und habe gesagt: Ich will euch aus dem Elend Ägyptens führen in das ... Land, darin Milch und Honig fließt.
> 18 Und sie werden auf dich hören.

Soweit die Rede Gottes. Gott gibt Mose seinen Namen. Damit kann er mit ihm reden und nach ihm rufen. Und er kann wieder begreifen: Gott ist ein Gott, der mitgeht. Das „Ich will mit dir sein" wird bestätigt. Gott lässt sich nicht festlegen, aber er geht mit und lässt nicht im Stich. Jetzt ist alles gut. Nun kann sich Mose doch freuen. Er hat Gott zur Seite. Er weiß seinen Namen. Jetzt kann er zurück, zurück nach Ägypten. Aber es kommt anders. Denn Mose ist nicht so schnell beruhigt. „Und sie werden auf dich hören", hatte Gott zu Mose gesagt. Aber Mose ist anderer Meinung.

> 4, 1 Mose antwortete und sprach: Siehe, sie werden mir nicht glauben und nicht auf mich hören, sondern werden sagen: Der HERR ist dir nicht erschienen.

Zurück nach Ägypten. Nicht mehr Probleme lösen mit Davonlaufen. Das kann Mose sich nicht vorstellen. Auch wenn Gott sagt: „Sie hören." Mose sagt: „Ich kenne meine

Leute. Sie werden nicht auf mich hören." Nun gibt es eine sehr merkwürdige Antwort Gottes.

2 Der HERR sprach zu ihm: Was hast du da in deiner Hand? Er sprach: Einen Stab.
3 Der HERR sprach: Wirf ihn auf die Erde. Und er warf ihn auf die Erde; da ward er zur Schlange und Mose floh vor ihr.
4 Aber der HERR sprach zu ihm: Strecke deine Hand aus und erhasche sie beim Schwanz. Da streckte er seine Hand aus und ergriff sie, und sie ward zum Stab in seiner Hand.
5 Und der HERR sprach: Darum werden sie glauben ...

Zu diesem Zauberwunder mit Schlange und Stab kommen noch zwei: Mose kann seine Hand aussätzig machen und Wasser in Blut verwandeln und umgekehrt. Die Wundermacht Gottes wird also hier demonstriert. Aber für Mose bringt das offensichtlich immer noch nichts. Darum kommt er wieder mit einem neuen Einwand. Es ist jetzt schon der vierte!

10 Mose aber sprach zu dem HERRN: Ach, mein Herr, ich bin von jeher nicht beredt gewesen, auch jetzt nicht, seitdem du mit deinem Knecht redest; denn ich hab eine schwere Sprache und eine schwere Zunge.
11 Der HERR sprach zu ihm: Wer hat dem Menschen den Mund geschaffen? Oder wer hat den Stummen oder Tauben oder Sehenden oder Blinden gemacht? Habe ich's nicht getan, der HERR?
12 So geh nun hin: Ich will mit deinem Munde sein und dich lehren, was du sagen sollst.

Mose ist noch immer nicht überzeugt. Es gibt für ihn kein Sachargument mehr. Darum zeigt er jetzt einfach offen sein trotziges Herz.

13 Mose aber sprach: Mein Herr, sende, wen du senden willst.
14 Da wurde der HERR sehr zornig über Mose und sprach:
Weiß ich denn nicht, dass dein Bruder Aaron aus dem Stamm Levi beredt ist? Und siehe, er wird dir entgegenkommen, und wenn er dich sieht, wird er sich von Herzen freuen.
15 Du sollst zu ihm reden und die Worte in seinen Mund legen. Und ich will mit deinem und seinem Munde sein und euch lehren, was ihr tun sollt.
16 Und er soll für dich zum Volk reden; er soll dein Mund sein und du sollst für ihn Gott sein.
17 Und diesen Stab nimm in deine Hand, mit dem du die Zeichen tun sollst.

Fünfmal hat sich Mose gewehrt.

- „Wer bin ich, dass ausgerechnet ich ...?", fragt er.
Gott sagt: „Ich will mit dir sein."
- Mose fragt: „Wer bist Du? Wie ist dein Name? Man wird mich danach fragen."
Gott gibt seinen Namen. Er legt sich fest. Er heißt JHWH. „Ich werde sein, ihr könnt euch auf mich verlassen."
- Mose widerspricht: „Sie werden mir nicht glauben."
Da wird Mose zum Zauberer, der Gottes Macht herbeizwingen kann, ausgebildet.
- Schließlich sagt er: „Ich kann nicht reden."
Gott fragt dagegen: „Wer hat dir deinen Mund gemacht?"
- Da sagt Mose bockig: „Sende, wen du willst."
Der Schluss zeigt: Es sind nicht nur Moses Selbstzweifel – oder das nüchterne Einschätzen der Situation. Mose mag den Weg nicht, auf den Gott ihn schicken will. Mose mag den Weg nicht, den er gehen soll. Er mag ihn auch dann nicht, oder vielleicht sogar erst recht nicht, wenn Gott mitgeht und sagt: „Ich will mit dir sein." Und er würde noch heute mit Gott diskutieren. Aber der hat schließlich die Diskussion abgebrochen und sagt einfach: „Geh!" Und Mose geht. Und in Ägypten wird es zunächst recht. Es wird erzählt:

> 30 Und Aaron sagte alle Worte, die der HERR mit Mose geredet hatte, und Mose tat die Zeichen vor dem Volk.
> 31 Und das Volk glaubte. Und als sie hörten, dass der HERR sich der Israeliten angenommen und ihr Elend angesehen habe, neigten sie sich und beteten an.

An der Mosegeschichte ist mir die Harmlosigkeit vergangen. Die fröhliche Harmlosigkeit, die glaubt: Gott geht mit, Jesus ist bei uns, und es ändert sich nichts. Wenn Gott und Jesus mitgehen, dann ändert sich alles. Ich habe gemerkt: Ich will das vielleicht gar nicht, einen Gott, der mitgeht. Es ist durchaus zwiespältig. Es ist schön zu wissen: Gott geht mit. Aber zugleich merke ich: Wenn er mitgeht, dann bestimmt ER den Weg. Und der kann so unmöglich sein, wie der Weg Moses zurück nach Ägypten.
Und noch etwas wird mir staunend deutlich: Da wehrt sich Mose so gründlich. Und Gott geht auf ihn ein und gibt ihm immer wieder eine neue Antwort und eine neue Hilfestellung. Nicht nur einmal. Fünfmal. Und erst dann wird Mose auf den Weg geschickt. Auch wenn er nicht mag. Gott macht Mose seinen Kleinglauben und seinen Zweifel und seine Angst und Furcht nicht zum Vorwurf. Aber er wird auch mit dem hartnäckigen „Nein sagen" Moses fertig. Das lässt hoffen. Für meine Zweifel. Für unsere Zweifel. Für mein „Nein sagen", für unser „Nein sagen". Es lässt hoffen, dass Gott auch mit unserem Glauben und mit unserem Unglauben zurechtkommt und fertig wird.
Weil Menschen in Not sind, deshalb schickt Gott Menschen auf einen Weg – und geht selbst mit. Wo Menschen in Not sind, da wird er auch uns zu brauchen wissen. Ich hoffe, dass Gott dann auch bei uns hartnäckiger ist, als unsere Ausreden und Einwände,

und in aller Güte stärker als unser Unglaube. So dass auch für uns dann gelten kann:
Weil der und die in Not sind, darum sende ich dich.
Und wir fragen: „Ich? Ausgerechnet ich oder wir? Wir sind doch nicht zuständig." Aber
Gott sprach: „Ich werde mit dir sein. So gehe nun hin."

Und siehe, ich bin bei euch alle Tage, bis an der Welt Ende. (Mt 28, 20)

Amen.

31.12.2002 Altjahrsabend (Silvester)
Auferstehungskirche in Agenbach
Stephanuskirche in Neuweiler
2. Mose 13, 20-22

20 So zogen sie aus von Sukkot und lagerten sich in Etam am Rande der Wüste.
21 Und der HERR zog vor ihnen her, am Tage in einer Wolkensäule, um sie den rechten Weg zu führen, und bei Nacht in einer Feuersäule, um ihnen zu leuchten, damit
sie Tag und Nacht wandern konnten.
22 Niemals wich die Wolkensäule von dem Volk bei Tage noch die Feuersäule bei
Nacht.

Wolken- und Feuersäule

Liebe Gemeinde,
jemand wünschte mir ein gutes neues Jahr und Gottes Segen dazu und sagte: „Es wird
ein schweres Jahr werden." Ich konnte nicht einfach widersprechen, obwohl ich dachte:
Es wird auch ein gutes Jahr werden. Für viele ist das das Gefühl am Ende dieses Jahres
2002. Nicht zuerst der Dank für vieles – obwohl wir auch dazu allen Grund haben –
sondern eben dieser besorgte Ausblick. Wie geht es weiter? Wo ist der Weg?
Und da ist es für mich merkwürdig, wie direkt der für heute Abend vorgeschlagene
Text mich anredet, auch wenn er zuerst fremd ist mit seinen alten Bildern. Es ist ein
kleiner zusammenfassender Abschnitt aus der Geschichte vom Auszug des Volkes Israel
aus Ägypten.

20 So zogen sie aus von Sukkot und lagerten sich in Etam am Rande der Wüste.
21 Und der HERR zog vor ihnen her, am Tage in einer Wolkensäule, um sie den rechten Weg zu führen, und bei Nacht in einer Feuersäule, um ihnen zu leuchten, damit
sie Tag und Nacht wandern konnten.
22 Niemals wich die Wolkensäule von dem Volk bei Tage noch die Feuersäule bei
Nacht.

Diese Geschichte führt uns direkt an den Rand der Wüste. Das Volk Israel hat Ägypten
hinter sich. Jetzt ist es unterwegs. Und nun, nun ist es am Rand der Wüste. Und das
Volk Israel weiß: In diese Wüste hinein führt unser Weg. Und es fürchtet sich.
Für mich ist das ein Bild, das uns am Rand des neuen Jahres zeigt: Da haben wir das alte
Jahr 2002 hinter uns. Wir haben unsere Erfahrungen gemacht. Viele gute, aber auch
schwierige und schlimme Erfahrungen. Und wir wissen: Stehen bleiben können wir
nicht. Es geht weiter. Aber wie?
Und manch einer ist unter uns, der kommt sich am Rand des neuen Jahres vor, wie am
Rand einer Wüste. Er weiß: Mein Weg führt dort irgendwie hinein und vielleicht auch

hindurch. Und er sieht nichts davon, dass die Wüste reizvoll sei. Er sieht nur die Mühe, die Anstrengung, die Ungewissheit.

20 So zogen sie aus von Sukkot und lagerten sich in Etam am Rande der Wüste.

Es gibt immer wieder Diskussionen, um den richtigen Weg. Und in schwierigen Zeiten sind solche Diskussionen besonders wichtig. Ob das sein muss, dass der Weg in die Freiheit ein Wüstenweg ist, das ist nicht nur bei den Israeliten umstritten. Die Israeliten sagen: „Wären wir doch in Ägypten geblieben! Gab es denn nicht Gräber genug in Ägypten, dass wir dort sterben? Weshalb müssen wir erst ausziehen, und dann landen wir in der Wüste." Aber für das Volk Israel gibt es keine Wahl. Und manchmal auch nicht für uns. Das Leben ist ein Weg. Und den Weg müssen wir Schritt für Schritt selbst gehen. Aber aussuchen und allein bestimmen können wir ihn nicht. Und der Weg kann auch in und durch die Wüste führen. Auch im Jahr 2003.
Aber nun kommt etwas Zweites. In dieser Wüste geht das Volk seinen Weg nicht allein.

21 Und der HERR zog vor ihnen her, am Tage in einer Wolkensäule, um sie den rechten Weg zu führen, und bei Nacht in einer Feuersäule, um ihnen zu leuchten.

Wer in einer Wüste seinen Weg suchen muss, ist allein verloren. Und da ist es nun erstaunlich: Das Volk Israel wird nicht einfach in die Wüste geschickt, sondern Gott geht mit und geht voraus. Alle können es sehen: Bei Tag ist da eine Wolke. Und diese Wolke zeigt den Weg. Und bei Nacht ist da ein Feuer. Und dieses Feuer zeigt den Weg. Und jedermann weiß: die Wolke und das Feuer, das sind Zeichen für Gottes Nähe und Gegenwart. Wir gehen unseren Weg nicht allein. Wir werden geführt und behütet.
Für uns heißt das: Der Weg mag durch die Wüste führen, aber auch er ist ein Weg, den Gott mitgeht. Auch der Weg im neuen Jahr mag ein Wüstenweg sein, aber Gott führt und behütet. Ja, es wird sogar noch mehr gesagt:

22 Niemals wich die Wolkensäule von dem Volk bei Tage noch die Feuersäule bei Nacht.

Ich stelle mir das vor: Da murrt das Volk, weil es beinahe umkommt vor Durst. Aber:

22 Niemals wich die Wolkensäule von dem Volk bei Tage noch die Feuersäule bei Nacht.

Gott ist da. Sie kommen schier um vor Hunger. Aber Gott ist da. Sie wissen nicht weiter. Aber Gott ist da und zeigt den Weg bei Tag und bei Nacht.

Viele Geschichten erzählen davon, wie aus den Zeichen der Nähe Gottes und aus den Zeichen des Vorausgehen Gottes immer wieder Rettung wird: Rettung vor dem Verirren, Rettung vor Hunger und Durst, Rettung vor dem Verderben.

Gott ist da. Darf man so reden? Darf man so glauben? Ist nicht gerade unsere Erfahrung so, dass wir eben die Zeichen Gottes oft nicht erkennen und nicht sehen? Und wo ist da Rettung, wenn der Weg mühsam wird oder gar Krankheit und Tod das Wort haben? Unsere Erfahrungen sind da sehr unterschiedlich.

Ich denke an das Gespräch mit einem Vater, dem das zu Ende gehende Jahr nur wenig geholfen hat, mit dem Tod seines Kindes zurecht zu kommen. Für ihn ist immer noch Zeit zur Trauer und zur Klage. Und er ist dabei fast stumm geworden.

Wo sind da Wolke und Feuerschein? Wo gilt das:

22 Niemals wich die Wolkensäule von dem Volk bei Tage noch die Feuersäule bei Nacht.

Und ich denke an die Menschen, die am Morgen nach dem Brand in Zavelstein in der Krone saßen. Stumm. Nur mit dem Nötigsten bekleidet aus der Kleiderkammer der Diakonischen Bezirksstelle in Calw. Der Schrecken noch in den Gliedern und in den Gesichtern. Wir kommen ins Gespräch. Auf einmal begreifen wir: Es sitzt auch der Gast mit am Tisch, der mitten in der Nacht aufwachte und so noch Schlimmeres verhüten konnte. Er wollte nur für eine Nacht übernachten. Da sagt ein alter Mann: „Sie sind deshalb heute Nacht hierher gekommen, damit wir gerettet wurden. Sie sind ein Engel." Den anderen bleibt der Mund offen vor Staunen. Ist da doch noch etwas von der Wolken- und Feuersäule gewesen?

Wie ist das mit dem Hinweis, dass Gott uns führt? Unsere Wege und Erfahrungen sind unterschiedlich. Ich traf einen Bekannten. Ich erinnerte mich plötzlich: Er hatte in diesem Jahr eine sehr schwere Zeit in der psychiatrischen Landesklinik. Wider alles Erwarten ist die Krankheit nicht nur vorbei, sondern es sind auch keine Schäden geblieben. Nur manchmal erinnert das Kopfweh an den Weg durch die Wüste. Und der Gesundgewordene sagte: „Es war eine gute Erfahrung." Ich freue mich, und zugleich merke ich: Ich dürfte das zu ihm nicht sagen.

Und ich merke wieder neu: Dass Gott den Weg mit geht, das dürfen wir einander erzählen und zeigen. Aber jeder muss es für sich selbst entdecken. Und da kann der Gesundgewordene weiter sein, als ich. Er bekennt: „Das war eine gute Erfahrung." Vielleicht sagt er sogar: „Da war und ist Gott."

Aber ich kann dem trauernden Vater nicht sagen: Du musst Gott und seine Zeichen sehen. Der Weg durch die Wüste bleibt ein Wüstenweg. Und nicht immer ist es sichtbar, dass es Gottes Weg ist. Und nur manchmal ist es sichtbar, dass der Umweg ein guter Weg ist.

22 Niemals wich die Wolkensäule von dem Volk bei Tage noch die Feuersäule bei Nacht.

So möchte ich uns erinnern: Wir wissen nicht, wie unsere Wege 2003 werden. Es verspricht uns niemand, dass es leichte Wege werden. Aber das alte Glaubensbekenntnis Israels sagt: Es sind geführte Wege. Auch da, wo es gegen die Erfahrung geht. Auch da, wo wir es nicht verstehen. Auch da, wo wir nicht zustimmen können.
Unsere Wüstenwege sind unterschiedlich. Sie sind verschieden schwer, und wir sehen die Zeichen der Nähe Gottes nicht immer. Und oft erkennen wir sie nicht. Von daher möchte ich uns noch an zwei ganz gegensätzliche Worte erinnern.
Jesus schreit am Kreuz nach Gott. Er flucht nicht. Er betet:

Mein Gott, mein Gott, warum hast du mich verlassen? (Ps 22, 2)

Jesus sieht nichts mehr von der Nähe Gottes, nichts mehr von Wolken- oder Feuersäule. Erst an Ostern wird sichtbar, dass auch der Weg ans Kreuz und die Gottverlassenheit Jesu unter Gottes gnädiger Nähe stand. Gott hat Jesus auch am Kreuz nicht verlassen. Mit Jesus dürfen wir auch 2003, wenn es nötig wird, nach Gott schreien und beten:

Mein Gott, mein Gott, warum hast du mich verlassen? (Ps 22, 2)

Und wir dürfen ihm danken, wenn uns solche Nacht und Verlassenheit erspart bleibt. Und das andere: In der Wüste, der Fremde, in der Verbannung in Babylon, 500 Jahre vor Jesus, da erinnert der Prophet auch an die Erfahrungen des Auszugs aus Ägypten und in der Wüste. Und so kommt er zu einem großen Wort, das Jesaja 43 überliefert ist. Ein Wort voller Erfahrung gegen die Erfahrung. Ein Wort, mit dem es sich auch im neuen Jahr lohnt. Ich möchte es Ihnen jetzt vorlesen, ein Wort für Ihren Weg 2003, Gottes freundliche Einladung an uns, seine Zeichen zu sehen und seine Nähe zu glauben:

„Wort von Gott:
Fürchte dich nicht.
Ich befreie dich.
Ich rufe dich bei deinem Namen,
du bist mein.
Wenn du durch Wasser gehst,
bin ich bei dir,
inmitten von Strömen halte ich dich fest.
Wenn du durch Feuer gehst,
wirst du nicht brennen,
und die Flamme

wird dich nicht versengen.
Ich bin der Herr, dein Gott;
Ich mache das Meer still,
wenn seine Wellen brausen,
und schütze dich.
Ich zeige dir einen Weg
auf dem Grunde des Meeres:
den Weg der Befreiten,
die erlöst sind von der Angst.
Freude gebe ich dir,
auf dem Weg aber
Geleit im Frieden."[1]

Amen.

---

1 Jesaja 43 nach Jörg Zink

03.08.2008 11. Sonntag nach Trinitatis
Prädikantenpredigt
2. Samuel 12, 1-10.13-15a

1 Und der HERR sandte Nathan zu David. Als der zu ihm kam, sprach er zu ihm: Es waren zwei Männer in einer Stadt, der eine reich, der andere arm.
2 Der Reiche hatte sehr viele Schafe und Rinder;
3 aber der Arme hatte nichts als ein einziges kleines Schäflein, das er gekauft hatte. Und er nährte es, dass es groß wurde bei ihm zugleich mit seinen Kindern. Es aß von seinem Bissen und trank aus seinem Becher und schlief in seinem Schoß und er hielt's wie eine Tochter.
4 Als aber zu dem reichen Mann ein Gast kam, brachte er's nicht über sich, von seinen Schafen und Rindern zu nehmen, um dem Gast etwas zuzurichten, der zu ihm gekommen war, sondern er nahm das Schaf des armen Mannes und richtete es dem Manne zu, der zu ihm gekommen war.
5 Da geriet David in großen Zorn über den Mann und sprach zu Nathan: So wahr der HERR lebt: Der Mann ist ein Kind des Todes, der das getan hat!
6 Dazu soll er das Schaf vierfach bezahlen, weil er das getan und sein eigenes geschont hat.
7 Da sprach Nathan zu David: Du bist der Mann! So spricht der HERR, der Gott Israels: Ich habe dich zum König gesalbt über Israel und habe dich errettet aus der Hand Sauls
8 und habe dir deines Herrn Haus gegeben, dazu seine Frauen, und habe dir das Haus Israel und Juda gegeben; und ist das zu wenig, will ich noch dies und das dazutun.
9 Warum hast du denn das Wort des HERRN verachtet, dass du getan hast, was ihm missfiel? Uria, den Hetiter, hast du erschlagen mit dem Schwert, seine Frau hast du dir zur Frau genommen, ihn aber hast du umgebracht durchs Schwert der Ammoniter.
10 Nun, so soll von deinem Hause das Schwert nimmermehr lassen, weil du mich verachtet und die Frau Urias, des Hetiters, genommen hast, dass sie deine Frau sei.
13 Da sprach David zu Nathan: Ich habe gesündigt gegen den HERRN. Nathan sprach zu David: So hat auch der HERR deine Sünde weggenommen; du wirst nicht sterben.
14 Aber weil du die Feinde des HERRN durch diese Sache zum Lästern gebracht hast, wird der Sohn, der dir geboren ist, des Todes sterben.
15 Und Nathan ging heim.

Es waren zwei Männer in einer Stadt

Liebe Gemeinde,
der Prophet Nathan, ein Hofbeamter des Königs David, wagt, seinem König die Wahrheit zu sagen. Als Prophet stellt er den König im Namen Gottes zur Rede. Nun weiß Nathan: Mächtige lassen sich nicht gern das sagen, was sie vor sich selbst verbergen.

Wahrheit sagen kann gefährlich sein. Aber der Hofbeamte fasst sich ein Herz. Und es gelingt ihm, dass der König zuhört. Es gelingt ihm, weil er dem König eine Geschichte erzählt. Hören wir den ersten Teil des heutigen Predigttextes, die Geschichte, die Nathan zu erzählen hat.

> 1 Und der HERR sandte Nathan zu David. Als der zu ihm kam, sprach er zu ihm: Es waren zwei Männer in einer Stadt, der eine reich, der andere arm.
> 2 Der Reiche hatte sehr viele Schafe und Rinder;
> 3 aber der Arme hatte nichts als ein einziges kleines Schäflein, das er gekauft hatte. Und er nährte es, dass es groß wurde bei ihm zugleich mit seinen Kindern. Es aß von seinem Bissen und trank aus seinem Becher und schlief in seinem Schoß und er hielt's wie eine Tochter.
> 4 Als aber zu dem reichen Mann ein Gast kam, brachte er's nicht über sich, von seinen Schafen und Rindern zu nehmen, um dem Gast etwas zuzurichten, der zu ihm gekommen war, sondern er nahm das Schaf des armen Mannes und richtete es dem Manne zu, der zu ihm gekommen war.

Soweit erzählt Nathan. Es klingt wie ein Märchen. Der König glaubt, es sei ein Rechtsfall. Der König meint, er sei als Richter gefragt. Und so lässt er sich von der Geschichte gefangen nehmen. So etwas darf in seinem Reich nicht geschehen. So kann ein Reicher nicht mit einem Armen umgehen. Das, was David da hören muss, regt ihn auf. Und er reagiert. Hören wir weiter:

> 5 Da geriet David in großen Zorn über den Mann und sprach zu Nathan: So wahr der HERR lebt: Der Mann ist ein Kind des Todes, der das getan hat!
> 6 Dazu soll er das Schaf vierfach bezahlen, weil er das getan und sein eigenes geschont hat.

David weiß genau, was recht wäre. Umfassend spricht er das Urteil. Er ist ganz in seinem Amt als König und Richter. Ja, er ist sogar zornig. Er bekämpft das Böse mit allen Mitteln. Bei diesem Reichen. Aber da sagt Nathan zum König nur:

> 7 Du bist der Mann!

Warum erzählt Nathan diese Geschichte dem König? Warum sagt er: „Du selbst bist der Mann!" Er hat viel gehört, was man am Königshof so redet. Und da ist ihm klar, dass Gott nicht einfach nur zusieht. Deshalb geht er zum König. Was hat Nathan gehört und wahrgenommen?
Der König David hat seit einem Jahr eine neue Frau. Sie heißt Batseba und ist eine junge Kriegerwitwe. Uria, ihr Mann, ist in der Schlacht gefallen. Nach der 7-Tage Trauerzeit hat David sie in sein Haus holen lassen und geheiratet. Vor Kurzem hat sie David

einen Sohn geboren. Manche am Hof finden das edel. Der König hat eine Kriegerwitwe versorgt. Aber Nathan hat mehr gehört.

Der gefallene Soldat Uria war kurz vor seinem Tod einige Tage in Jerusalem. Sein Hauptmann hatte ihn geschickt. Er musste dem König aus dem Feld berichten. Der König begegnete ihm sehr freundlich und gab ihm anschließend Urlaub. Er solle sich zwei Tage bei seiner Frau ausruhen. Aber Uria ging nicht nach Hause. Er sagte: „Jetzt ist Krieg. Da gehöre ich nicht nach Hause." So blieb er bei den Wachen des Königs. Am nächsten Tag hatte der König Uria zu einem Festmahl eingeladen. Er ließ ihn voll laufen. Aber auch im Suff ging Uria nicht heim zu seiner Frau Batseba, sondern sagte: „Nein. Ich bin ein Soldat des Königs. Jetzt ist Krieg." Offensichtlich wollte der König, dass Uria heim zu seiner Frau Batseba ging. Aber daraus wurde nichts. Mit einem Brief des Königs an den Hauptmann ging Uria wieder an die Front. Zwei Tage später kam die Todesnachricht nach Jerusalem: Uria ist vor der Stadt Rabba gefallen.

Die einen sagten: „So ist das Leben der Soldaten. Das Schwert trifft einmal den und einmal den." Aber es gab ein hartnäckiges Gerücht: Uria sei mit Absicht in die vorderste Reihe der Kämpfer befohlen worden. Sein Hauptmann habe ihn sozusagen direkt in den sicheren Tod geschickt. Wahrscheinlich sogar auf Befehl des Königs. Hing das wohl mit Batseba zusammen?

Schließlich hörte Nathan noch eine Geschichte aus dem Palast:

Wenige Wochen vor dem Tod des Uria steht der König nach seiner Mittagsruhe auf dem Dach seines Hauses. Er schaut hinunter auf die Häuser, die steil am Hang unterhalb des Palastes liegen. Und da, da sieht er, wie eine Frau im Innenhof sich wäscht. Wunderschön ist sie. Das weckt die Neugier und die Begierde des Königs. Man sagt ihm: „Das ist Batseba, die Frau des Soldaten Uria. Der ist gerade für dich, den König, im Krieg." Da ist für David kein Halten mehr. Er lässt Batseba kommen. Sie wird nicht gefragt. Der König vergnügt sich mit ihr. Er schläft mit ihr und entlässt sie freundlich. Nach ein paar Tagen schickt Batseba an den König eine kurze Nachricht: „Ich bin schwanger geworden."

Jetzt versteht Nathan, warum David den Ehemann aus dem Krieg auf Urlaub holen ließ. Aber die Rechnung ging nicht auf. Uria war zu sehr ein treuer Soldat. Es gelang David nicht, dass Uria heim ging zu seiner Frau. Das hat Uria das Leben gekostet.

Jetzt ist Nathan alles klar. König David glaubt, er könnte, wie andere Könige, tun und lassen, was ihm beliebt. Für Nathan steht aber der König in Israel auch unter dem Willen Gottes. Und Gott kann es nicht gefallen, wenn der König ein Ehebrecher und ein Mörder ist.

So geht Nathan, von Gott gesandt, zu David. Er erzählt ihm die Geschichte von dem Reichen, der dem Armen sein einziges Lämmlein wegnimmt. David regt sich darüber auf. Bei anderen weiß er, was recht ist. Aber Nathan sagt: „Es geht um dich selbst. Du selbst bist der Mann!"

Das trifft David voll und ganz. Er kann wohl im ersten Augenblick noch nicht alles begreifen. Aber er hat in der Erzählung Nathans eindeutig Partei genommen, und zwar für den Armen und gegen das Tun des Reichen. So hört er zu und fängt nicht an zu toben. Und nun zeigt ihm Nathan Schritt für Schritt, was hinter seiner kleinen Geschichte steckt. Nathan sagt:

> 7 So spricht der HERR, der Gott Israels: Ich habe dich zum König gesalbt über Israel und habe dich errettet aus der Hand Sauls
> 8 und habe dir deines Herrn Haus gegeben, dazu seine Frauen, und habe dir das Haus Israel und Juda gegeben; und ist das zu wenig, will ich noch dies und das dazutun.
> 9 Warum hast du denn das Wort des HERRN verachtet, dass du getan hast, was ihm missfiel? Uria, den Hetiter, hast du erschlagen mit dem Schwert, seine Frau hast du dir zur Frau genommen, ihn aber hast du umgebracht durchs Schwert der Ammoniter.
> 10 Nun, so soll von deinem Hause das Schwert nimmermehr lassen, weil du mich verachtet und die Frau Urias, des Hetiters, genommen hast, dass sie deine Frau sei.

Jetzt ist die Wahrheit am Tage. David kann ihr nicht mehr ausweichen. Er muss ihr nicht mehr ausweichen. Als Batseba schwanger wurde, schreckte David vor nichts zurück und versuchte alles, um seine Beteiligung zu vertuschen. Jetzt begreift er. Und er steht zu dem, was er getan hat. Er muss nicht mehr verleugnen. Er kann bekennen. Er sagt:

> 13 Ich habe gesündigt gegen den HERRN.

Wenn Menschen und ihre Rechte verletzt werden, dann wird auch Gott verletzt. David sieht nicht nur seine Schuld gegenüber Uria und Batseba. Er erkennt sie als Sünde. Er merkt, wie seine Gier und sein böses Spiel mit Uria gegen Gott gerichtet sind. Deshalb das Bekenntnis:

> 13 Ich habe gesündigt gegen den HERRN.

Wie geht es weiter? Weil David seine Schuld bekennt, deshalb darf Nathan zu David sagen:

> 13 So hat auch der HERR deine Sünde weggenommen; du wirst nicht sterben.

Nathan darf David Gottes Vergebung zusprechen. Dem Bekenntnis der Schuld folgt die Vergebung. Die große Gefahr, dass wegen des Königs im Land kein Recht mehr gilt und kein Zusammenleben mehr möglich ist, diese Gefahr ist abgewendet. Bekannte Schuld kann vergeben werden. Vergebung lässt aufatmen. Sie ermöglicht Leben. Man kann das Vergangene erzählen. In Israel kann man auch die Fehltritte eines Königs beim Namen nennen. Das ist für alle gut. Aber es ist nicht alles gut. Uria ist tot. Nach einiger Zeit stirbt das Kind, das Batseba dem David geboren hat. Der König sieht es als Folge seines Tuns. Er erlebt den Tod seines Kindes mit großen Schmerzen. Die Erfahrung mit seiner Schuld und seinem Sündenbekenntnis wird David wohl ein Leben lang begleiten.

Die Erzählung von Davids Schuld, Bekenntnis und Vergebung wird im 2. Samuelbuch, Kapitel 11 und 12 ausführlich erzählt und jeder kann sie bis heute nachlesen. Sie hat aber auch noch eine grundsätzliche Seite. Auch diese halte ich für wichtig. Als die Samuelbücher die Geschichte der Könige Israels nacherzählten, da waren Erzähler am Werk, die sich viel trauten. Sie hatten die Freiheit, selbst von König David auch die dunklen Geschichten zu erzählen. Sie wussten: Gott braucht keine Helden und keine Heldensagen. Er braucht auch keine Erzähler, die alles schön reden. Mit fehlsamen Menschen gestaltet Gott seine Geschichte.

Und: auch den Großen und Mächtigen wird nicht einfach alles erlaubt. Einige Jahrhunderte später wurde die Chronik der Könige Israels geschrieben. Auch davon finden wir zwei Bände in unserer Bibel. Dabei ist auffällig: Die Geschichte von David und Batseba wird dort nicht mehr erzählt. Anscheinend war sie jetzt, in der späteren Zeit, zu peinlich. Vielleicht war man der Meinung, man dürfe von den Mächtigen doch nur Gutes erzählen.

Wie kommt es zu dieser Veränderung der Meinung? Wie ist das bei uns heute? Sicher wird immer viel verschwiegen und verschleiert. Doch unsere Öffentlichkeit ist darauf angewiesen, dass auch in Politik und Wirtschaft immer wieder Dinge beim richtigen Namen genannt werden. Auch heute dürfen Mächtige nicht alles. Und das ist gut so. In der Schriftlesung aus dem 1. Johannesbrief haben wir gehört:

> Wenn wir sagen, wir haben keine Sünde, so betrügen wir uns selbst, und die Wahrheit ist nicht in uns.
> Wenn wir aber unsre Sünden bekennen, so ist er treu und gerecht, dass er uns die Sünden vergibt und reinigt uns von aller Ungerechtigkeit. (1. Joh 1, 8-9)

Die Erzählung von David und Batseba ist dafür ein Beispiel. Aber nicht jede Wahrheit ist schon hilfreich, weil sie wahr ist. Man kann die Wahrheit auch missbrauchen und als Keule benutzen, um jemanden fertig zu machen. Der Dichter Max Frisch hat einmal formuliert, dass man dem anderen die Wahrheit wie einen Mantel hinhalten soll, in den er selbst hineinschlüpfen kann. Der Prophet Nathan hat das getan. Und der König David hatte das Glück, dass Nathan ihm so hilfreich erzählen konnte, dass ihm selbst die Augen aufgingen.

Amen.

Bibelwoche 1998
Oberkollbach/Zavelstein
1. Könige 19

1 Und Ahab sagte Isebel alles, was Elia getan hatte und wie er alle Propheten Baals mit dem Schwert umgebracht hatte.

2 Da sandte Isebel einen Boten zu Elia und ließ ihm sagen: Die Götter sollen mir dies und das tun, wenn ich nicht morgen um diese Zeit dir tue, wie du diesen getan hast!

3 Da fürchtete er sich, machte sich auf und lief um sein Leben und kam nach Beerscheba in Juda und ließ seinen Diener dort.

4 Er aber ging hin in die Wüste eine Tagereise weit und kam und setzte sich unter einen Wacholder und wünschte sich zu sterben und sprach: Es ist genug, so nimm nun, HERR, meine Seele; ich bin nicht besser als meine Väter.

5 Und er legte sich hin und schlief unter dem Wacholder. Und siehe, ein Engel rührte ihn an und sprach zu ihm: Steh auf und iss!

6 Und er sah sich um, und siehe, zu seinen Häupten lag ein geröstetes Brot und ein Krug mit Wasser. Und als er gegessen und getrunken hat, legte er sich wieder schlafen.

7 Und der Engel des HERRN kam zum zweitenmal wieder und rührte ihn an und sprach: Steh auf und iss! Denn du hast einen weiten Weg vor dir.

8 Und er stand auf und aß und trank und ging durch die Kraft der Speise vierzig Tage und vierzig Nächte bis zum Berg Gottes, dem Horeb.

9 Und er kam dort in eine Höhle und blieb dort über Nacht. Und siehe, das Wort des HERRN kam zu ihm: Was machst du hier, Elia?

10 Er sprach: Ich habe geeifert für den HERRN, den Gott Zebaoth; denn Israel hat deinen Bund verlassen und deine Altäre zerbrochen und deine Propheten mit dem Schwert getötet und ich bin allein übrig geblieben, und sie trachten danach, dass sie mir mein Leben nehmen.

11 Der Herr sprach: Geh heraus und tritt hin auf den Berg vor den HERRN! Und siehe, der HERR wird vorübergehen. Und ein großer, starker Wind, der die Berge zerriss und die Felsen zerbrach, kam vor dem HERRN her; der HERR aber war nicht im Winde. Nach dem Wind aber kam ein Erdbeben; aber der HERR war nicht im Erdbeben.

12 Und nach dem Erdbeben kam ein Feuer; aber der HERR war nicht im Feuer. Und nach dem Feuer kam ein stilles, sanftes Sausen.

13 Als das Elia hörte, verhüllte er sein Antlitz mit seinem Mantel und ging hinaus und trat in den Eingang der Höhle. Und siehe, da kam eine Stimme zu ihm und sprach: Was hast du hier zu tun, Elia?

14 Er sprach: Ich habe für den HERRN, den Gott Zebaoth, geeifert; denn Israel hat deinen Bund verlassen, deine Altäre zerbrochen, deine Propheten mit dem Schwert getötet, und ich bin allein übrig geblieben, und sie trachten danach, dass sie mir das Leben nehmen.

15 Aber der HERR sprach zu ihm: Geh wieder deines Weges durch die Wüste nach Damaskus und geh hinein und salbe Hasaël zum König über Aram

16 und Jehu, den Sohn Nimschis, zum König über Israel und Elisa, den Sohn Schafats, von Abel-Mehola zum Propheten an deiner Statt.

17 Und es soll geschehen: Wer dem Schwert Hasaëls entrinnt, den soll Jehu töten, und wer dem Schwert Jehus entrinnt, den soll Elisa töten.

18 Und ich will übriglassen siebentausend in Israel, alle Knie, die sich nicht gebeugt haben vor Baal, und jeden Mund, der ihn nicht geküsst hat.

19 Und Elia ging von dort weg und fand Elisa, den Sohn Schafats, als er pflügte mit zwölf Jochen vor sich her, und er war selbst bei dem zwölften. Und Elia ging zu ihm und warf seinen Mantel über ihn.

20 Und er verließ die Rinder und lief Elia nach und sprach: Lass mich meinen Vater und meine Mutter küssen, dann will ich dir nachfolgen. Er sprach zu ihm: Wohlan, kehre um! Bedenke, was ich dir getan habe!

21 Und Elisa wandte sich von ihm weg und nahm ein Joch Rinder und opferte es, und mit den Jochen der Rinder kochte er das Fleisch und gab's den Leuten, dass sie aßen. Und er machte sich auf und folgte Elia nach und diente ihm.

Es ist genug

Liebe Gemeinde,

die heutige Geschichte ist eine besondere Geschichte. Ich freue mich, dass ich sie mit Ihnen ein Stück bedenken darf. Es ist eine Mutmachgeschichte. Sie erzählt von einer Erfahrung des Elia. Von Elia, der ganz und gar am Ende ist. Er sagt: „Es ist genug." Die Geschichte erzählt aber zugleich von Gottes Seelsorge. Gott zeigt Wege, wo viele nur noch eine Sackgasse erkennen. Vielleicht entdecken wir Bekanntes, wenn wir uns in den Propheten hineindenken. Ich lese zunächst: 1. Kön 19, 1-5

1 Und Ahab sagte Isebel alles, was Elia getan hatte und wie er alle Propheten Baals mit dem Schwert umgebracht hatte.

2 Da sandte Isebel einen Boten zu Elia und ließ ihm sagen: Die Götter sollen mir dies und das tun, wenn ich nicht morgen um diese Zeit dir tue, wie du diesen getan hast!

3 Da fürchtete er sich, machte sich auf und lief um sein Leben und kam nach Beerscheba in Juda und ließ seinen Diener dort.

4 Er aber ging hin in die Wüste eine Tagereise weit und kam und setzte sich unter einen Wacholder und wünschte sich zu sterben und sprach: Es ist genug, so nimm nun, HERR, meine Seele; ich bin nicht besser als meine Väter.

5 Und er legte sich hin und schlief unter dem Wacholder.

„Es ist genug!", sagt Elia. Das kennen wir auch. Es ist genug! Kennen Sie das Gefühl: „Ich kann nicht mehr."? Diese große Lebensmüdigkeit, diese Erschöpfung, dieses Hoffnungslossein, dieses „am Ende sein." Keine Kraft mehr haben, keine Ideen mehr, keine Visionen, nur den Wunsch, alles hinter sich zu lassen. Oder dieses halb wütende, halb verzweifelte Gefühl: Ich habe die Schnauze gestrichen voll! Ich kann und ich will nicht mehr. Selbst der Tod kann seine Schrecken verlieren, wenn man von sich, von anderen, vom Leben nichts mehr erwartet.

„Es ist genug", sagt die Frau vom Haus nebenan, deren Mann Alkoholiker ist. Schon lange bemüht sie sich, die Fassade aufrecht zu erhalten. Nun hält sie es einfach nicht mehr aus.

„Es ist genug", sagt der Bauer. Seit Jahren arbeitet er nur noch für die Bank. Dennoch wachsen ihm die Schulden über den Kopf.

„Es ist genug", sagt der Schwerkranke. Monatelang liegt er mit Schmerzen im Bett und kann sich kaum rühren.

„Es ist genug", sagt die Frau im Altersheim. Viele Jahre lebt sie nun hier und dreimal sind die Kinder zu Besuch gekommen.

Es ist genug! Vielleicht haben Sie selbst manche Erfahrung mit dieser Müdigkeit, mit dieser Todmüdigkeit, mit dieser Lebensmüdigkeit. Wie ist Elia in diese Todmüdigkeit hineingeraten? Immer wieder: Prophet sein, widersprechen, sich verstecken, gerettet werden. Endlich der Sieg auf dem Karmel. Das Blutbad. Und jetzt:

> 1 Und Ahab sagte Isebel alles, was Elia getan hatte und wie er alle Propheten Baals mit dem Schwert umgebracht hatte.
> 2 Da sandte Isebel einen Boten zu Elia und ließ ihm sagen: Die Götter sollen mir dies und das tun, wenn ich nicht morgen um diese Zeit dir tue, wie du diesen getan hast!
> 3 Da fürchtete er sich, machte sich auf und lief um sein Leben.

Elia hat sich eingesetzt für den rechten, richtigen Glauben. Gerade noch war da der Triumph über die Anhänger der heidnischen Baals-Gottheiten. Aber den politischen Führern, allen voran der nicht jüdischen Königsfrau Isebel, ist sein kompromissloser Einsatz für den Gott Israels unheimlich. Isebel fühlt sich bedroht und verhält sich so wie alle, die um die eigene Macht und um die eigene Stellung bangen müssen. Sie droht dem unliebsamen Propheten nicht nur, nein, sie will ihn umbringen lassen. Jetzt soll es ihm ans Leben gehen. Gekämpft hat er, gehofft. Und am Ende hat Elia doch verloren. Jetzt kann er nicht mehr. Jetzt will er nicht mehr.

Er flieht in die Wüste. In die Wüste, wo das Leben aufhört. Und dort in der Wüste gerät auch sein Glaube in die Krise. Ja, auch sein Glaube ist am Ende. Nichts passt mehr zusammen, es ist einfach genug! Der Prophet hat es satt. Was hat er satt? Das Leben hat er satt. Und er hat die Mächtigen satt. Und er hat die Frommen satt, die ihn im Stich ließen; die Frommen, die in den Tempel liefen und „Gott und Gott und Gott" sagten und es dabei beließen. Und dann läuft dieser Elia weg in die Einsamkeit, in die Wüste. Und er legt sich hin unter einen Strauch und will nicht mehr leben. Und: auch Gott hat er satt!

Menschen, die alles satt haben, die nicht mehr wollen und nicht mehr können, ziehen sich, so wie es hier beschrieben ist, zurück in sich selbst, in die Depression, in die Trauer, in leere Betriebsamkeit, in den Alkohol, in Verbitterung. All das sind ja Wege in die Wüste. Dorthin, wo man mit der Verzweiflung allein ist. Und dann kommt die Fülle der dunklen Gedanken: „Es ist genug, so nimm, Herr, meine Seele. Ich bin nicht besser als die anderen!"

So wird es uns erzählt. Elia, der Prophet in der Wüste, lebensmüde und gottesmüde. Ich denke, diese Situation ist vielen vertraut, nicht nur mir. In der Wüste fühlt man sich mutterseelenallein, von Gott und den Menschen verlassen. Aus der Wüste gibt es keinen Weg heraus. Und selbst der Tod erscheint verlockender als ein Weiterleben müssen. Die Wüste ist der Ort, wo alles Leben zu Ende scheint. Aber gibt es nicht doch einen Weg heraus aus der Wüste? Einen Weg aus der Depression, aus der Trauer, der leeren Betriebsamkeit, dem Alkohol, aus der Verbitterung heraus zurück ins Leben? Unsere Geschichte erzählt von Gottes Seelsorge für Elia. Sie erzählt, wie er aus der Wüste heraus wieder ins Leben und Glauben kommt.

> 4 Er aber ging hin in die Wüste eine Tagereise weit und kam und setzte sich unter einen Wacholder und wünschte sich zu sterben und sprach: Es ist genug, so nimm nun, HERR, meine Seele; ich bin nicht besser als meine Väter.
> 5 Und er legte sich hin und schlief unter dem Wacholder. Und siehe, ein Engel rührte ihn an und sprach zu ihm: Steh auf und iss!
> 6 Und er sah sich um, und siehe, zu seinen Häupten lag ein geröstetes Brot und ein Krug mit Wasser. Und als er gegessen und getrunken hatte, legte er sich wieder schlafen.
> 7 Und der Engel des HERRN kam zum zweitenmal wieder und rührte ihn an und sprach: Steh auf und iss! Denn du hast einen weiten Weg vor dir.

Elias Weg zurück ins Leben beginnt damit, dass jemand an ihn herantritt, ihn anrührt, um ihm das Lebensnotwendige zu bringen: geröstetes Brot und einen Krug Wasser. „Steh auf und iss!" Da kommt etwas. – Die Bibel sagt: ein Engel! Das sagt die Bibel immer, wenn sie nicht weiß, wie sie sich ausdrücken soll. Wenn sie nicht richtig sagen kann, woher etwas kommt. Also, da kam ein Engel, beugte sich über Elia, stieß ihn an und sagte: „Steh auf, Elia, du bist kein Mensch, der sterben darf. Komm, iss und trink!" Wer den Weg zurück ins Leben gefunden hat, der oder die wird sich kaum noch wundern, wenn da von einem Engel die Rede ist. Es sind ja wohl nicht immer Männer mit Flügeln, aber es bleibt ein Wunder, eine Begegnung der ganz anderen Art, wenn uns jemand einen Weg zeigt heraus aus der Wüste und zurück ins Leben. Ein Engel, sagen wir hinterher. Und er rührt den lebensmüden Elija zunächst nur an. Das finde ich sehr einfühlsam. Denn in der Wüste der Verzweiflung erreichen uns Worte oder Predigten schon gar nicht. Manchmal aber vielleicht die tröstende Hand eines anderen, ein Blick oder eine liebevolle Geste. Ganz sicher nicht eine Aufforderung. Der Engel, so erfahren wir weiter, versorgt den lebensmüden Propheten mit dem Lebensnotwendigen. Und er sagt nicht: „Steh auf, raffe dich auf, reiß dich zusammen, was soll denn das? Du kannst doch jetzt nicht einfach fliehen!" Nein, er gibt ihm zu essen und zu trinken. Ein Engel, der nicht viel redet, sondern zunächst einmal da ist, der behutsam vorgeht, der das Selbstverständliche tut: Wasser und Brot, Essen und Trinken, Kraft und Stärkung. Wir alle brauchen so einen Engel, dann und wann.

Liebe Schwestern und liebe Brüder, dass unser Körper Nahrung braucht, damit wir leben können, das wissen wir. Und dass wir trinken müssen, um am Leben zu bleiben, wissen wir auch. Aber wir brauchen ja nicht nur Nahrung für unseren Körper, auch unsere Seele kann verkümmern. Auch sie braucht Nahrung, Anerkennung, Liebe, Hoffnung, Mut! Nicht nur unser Körper kann schwach werden, auch unsere Seele. Wenn wir Angst haben oder verzweifelt sind oder keinen Sinn mehr sehen, dann braucht unsere Seele Hilfe. Dann brauchen wir Seelsorge. Dann brauchen wir sie ganz dringend. Aber wie soll die Seelsorge aussehen? Kann man das erfahren? Kann man das lernen, Engel sein?

Das Wichtigste, das weiß ich inzwischen, ist wohl, dass wir, um Engel werden zu dürfen, Geduld lernen müssen. Ja, Geduld einüben, uns gedulden. Geduld lernen, mit uns selbst vor allen Dingen, denn dann können wir es auch mit anderen. Denn es ist ja ganz realistisch, dass Elia wieder einschläft. Und jeder, der versucht hat, jemanden aus der Wüste ins Leben zurückzuführen, jeder auch, der sich selber wiederfindet in den Worten des Elija: „Es ist genug", weiß: damit ist es nicht so schnell getan. Man braucht Geduld. Einmal. Zweimal. Meist viel häufiger! Und so kommt dann der Engel wieder und sagt:

7 Steh auf und iss! Denn du hast einen weiten Weg vor dir.

Auch das ist realistisch. Wir erfahren: Der Weg von der Wüste ins Leben ist ein weiter Weg. Ein Weg, der lang ist und beschwerlich und durch neue Wüsten führt. Ärzte, Therapeuten, Seelsorger und jeder, der es mit depressiven, trauernden, ausgepumpten, leergelaufenen, mit süchtigen oder verbitterten Menschen zu tun hat, kann das bestätigen. Der Weg ins Leben zurück ist mühsam. Ein Weg, der Geduld und Kraft erfordert. Ein Weg, der manchmal im Kreis zu verlaufen scheint. Bis man heraus ist aus der Wüste, ist vielleicht auch mancher Irrweg und Umweg zu bewältigen.

7 Steh auf und iss! Denn du hast einen weiten Weg vor dir.

Und Elia steht auf, er isst und trinkt, und er macht sich auf den Weg.

7 Und der Engel des HERRN kam zum zweitenmal wieder und rührte ihn an und sprach: Steh auf und iss! Denn du hast einen weiten Weg vor dir.

8 Und er stand auf und aß und trank und ging durch die Kraft der Speise vierzig Tage und vierzig Nächte bis zum Berg Gottes, dem Horeb.
9 Und er kam dort in eine Höhle und blieb dort über Nacht.

Wie es Elia auf diesem mühsamen Weg ergangen ist? Wir erfahren nichts davon. Erst vierzig Tage später, so erzählt die Geschichte, wird ihm diese Rückkehr ins Leben zur Begegnung mit Gott. Nur eine Begegnung mit Gott, weiß der Prophet, kann meinem Leben die entscheidende Wende gegeben haben. Denn Engel sind ja nicht Gott selbst. Engel sind Boten Gottes.

Gott begegnen? Wo ist Gott? Wie kann Gott das zulassen? Erstaunlich oft stellen ja Menschen in Krisensituationen, Menschen, die in der Wüste sind, die Frage nach Gott. Manchmal artikuliert sich diese Frage auch als Hilfeschrei, als Stoßgebet: „Gott, hilf mir doch!" Menschen in der Wüste sind offensichtlich besonders sensibel für die Frage nach Gott. Sie sehnen sich mit Leib und Seele nach Veränderung. Sie wissen, dass sie selbst diese Veränderung nicht schaffen und ahnen, dass nur Gott sie herbeiführen kann. Wie aber ist Gott erfahrbar und wo? Wie kann ich ihm begegnen, so dass sich mein Leben verändert?

Die Geschichte von Elia deutet eine Antwort nur ganz vorsichtig an. Es gibt dafür kein Nachschlagewerk, und das hat Luther gewusst, als er sagte: „Dass ich glauben kann, ist ein Geschenk und kein Verdienst!"

Die Geschichte von Elija deutet eine Antwort also nur ganz vorsichtig an, und sie macht einfach nur Mut. Sie macht Mut, auf Gott zu warten. Gerade in der Wüste, dort wo du mit nichts und niemandem rechnest, kann dir Gott begegnen! Anders vielleicht, als du es dir vorstellst oder wünschst: kein Superman und keine Traumfrau, keiner, der mit Blitz und Donner daherkommt. Uns wird dann erst viel später bewusst, nachdem Jahre, Monate oder Tage, vierzig Tage vielleicht, d.h. unendlich viele Tage in der Bibel, vergangen sind: hier ist mir Gott begegnet! „Also steh auf, iss und trink, denn du hast einen weiten Weg vor dir!"

Wo begegnet mir Gott? Diese Frage erfährt manchmal eine ganz unerwartete Antwort. Eine Antwort, die uns so persönlich berührt, dass wir sie kaum weitersagen können, weil wir sie gar nicht beschreiben können. Und so treffen wir zum Schluss den Propheten an, eingehüllt in den Mantel des Schweigens. Ich denke, es ist gut, wenn wir hier nicht spekulieren, sondern einfach zuhören. Ich lese die Verse 9-13:

9 Und er kam dort in eine Höhle und blieb dort über Nacht. Und siehe, das Wort des HERRN kam zu ihm: Was machst du hier, Elia?
10 Er sprach: Ich habe geeifert für den HERRN, den Gott Zebaoth; denn Israel hat deinen Bund verlassen und deine Altäre zerbrochen und deine Propheten mit dem Schwert getötet und ich bin allein übrig geblieben, und sie trachten danach, dass sie mir mein Leben nehmen.

11 Der Herr sprach: Geh heraus und tritt hin auf den Berg vor den HERRN! Und siehe, der HERR wird vorübergehen. Und ein großer, starker Wind, der die Berge zerriss und die Felsen zerbrach, kam vor dem HERRN her; der HERR aber war nicht im Winde. Nach dem Wind aber kam ein Erdbeben; aber der HERR war nicht im Erdbeben. 12 Und nach dem Erdbeben kam ein Feuer; aber der HERR war nicht im Feuer. Und nach dem Feuer kam ein stilles, sanftes Sausen.
13 Als das Elia hörte, verhüllte er sein Antlitz mit seinem Mantel und ging hinaus und trat in den Eingang der Höhle.

Verrückt ist das: eine Stimme feinen Schweigens. Etwas ganz und gar Sanftes, Zärtliches, lässt Elia Gott erfahren. Luther hat es übersetzt: Ein stilles, sanftes Sausen. Im Hebräischen heißt es wörtlich: eine Stimme des stummen Schweigens. Also ein ganz feines Schweigen, nicht ein verbohrtes oder verbittertes Schweigen, ein ganz feines Schweigen. Wenn Sie zu Hause Ihre Bibel aufschlagen, werden Sie sehen, Elias Wüstenwanderung ist hier noch nicht zu Ende, obwohl er Gott begegnet. Und ich könnte mindestens noch einmal genau so lang darüber erzählen, was Elia noch alles durchmachen muss, bis er sozusagen „wieder im Leben steht." Das Kapitel ist nämlich noch nicht damit abgeschlossen, dass Elia aufstand, aß und trank und ging. Ganz am Schluss wird ein neuer Auftrag an Elia folgen. Ein Auftrag zum politischen Handeln. Er, der durch ein Machtwort, durch ein mächtiges Wort des Boten Gottes nicht in Bewegung geriet, sondern nur durch eine sanfte, feine Stimme, eine Ermutigung, er soll nun auf seine Weise die Verhältnisse ändern.

13 Und siehe, da kam eine Stimme zu ihm und sprach: Was hast du hier zu tun, Elia?
14 Er sprach: Ich habe für den HERRN, den Gott Zebaoth, geeifert; denn Israel hat deinen Bund verlassen, deine Altäre zerbrochen, deine Propheten mit dem Schwert getötet, und ich bin allein übriggeblieben, und sie trachten danach, dass sie mir das Leben nehmen.
15 Aber der HERR sprach zu ihm: Geh wieder deines Weges durch die Wüste nach Damaskus und geh hinein und ...

Elia wird auf den Weg geschickt. Er soll den nächsten Schritt tun, mit dem eine neue Geschichte beginnt. Er wird übrigens auf diesem Weg, der erneut durch die Wüste führt, einen Gefährten finden: Elisa. Einen, der ihm ganz nahe kommt und vertraut wird. Der ihm die Arbeit abnimmt, Schritt für Schritt. Aber, wie gesagt, das ist eine Geschichte für sich.
Zunächst wird Elia also auf den Weg geschickt. Er hat sich erholen dürfen, aber er darf nicht liegenbleiben. Fallen lassen für immer darf er sich erst, wenn Gottes Zeit für ihn kommt. Über die Zeit aber, die ihm noch geschenkt, gewährt und zugemutet wird, verfügt nicht Elia. Über die verfügt Gott. Aber er darf Gott sagen, was ihn bedrückt, denn Gott fragt ihn ja. Er darf ihm alles erzählen, was ihn mutlos und zornig macht. Das ge-

hört auch zu Gottes Seelsorge: schlafen, essen, trinken, sich ausruhen, sich aufrappeln, gehen, alles sagen dürfen, alles. All das ist für uns lebensnotwendig.

Noch einmal: Wenn ich an den Anfang dieser Geschichte denke: „Iss und trink!", das muss man sich einmal vorstellen. „Essen und Trinken hält Leib und Seele zusammen!", sagt man landläufig bei uns. Aber da ist ja viel mehr gemeint. Damit beginnt etwas, damit kommt etwas in Bewegung. Eine neue Geschichte fängt an, eine Wundergeschichte. Ganz gewiss! Denn das kennen wir ja von uns selbst: einen Menschen, einen müden und verzagten, einen zornigen und bornierten, festgefahrenen Menschen wie mich und dich hochzubringen, auf die Füße zu stellen und zum Gehen zu bewegen, das ist schon ein Wunder! Darum ist dies die Geschichte von einem, der wieder gehen lernte. Der lernte, wieder ins Leben zu gehen. Die Geschichte von einem, der auf ein Wort hin aufstand, aß und trank und ging. Der aufrecht und furchtlos wurde und zurückging an den Ort, von dem er geflohen war in Gottes Namen. Eine Mutmachgeschichte von Gottes Seelsorge. Diese Mutmachgeschichte geht weiter, dies ganz am Schluss und nur als Randbemerkung, sie geht weiter, weil wir von Jesus wissen! Jesus, der den Weg ging, den Elia ging und der noch weiter ging. Und Jesus, der neben dem geht, der den Weg eines Elia geht. „Du gehst nicht allein", sagt Jesus. „Ich lass dich nicht so schnell los, auch wenn du müde bist und einfach nicht mehr willst." Und Elia? Er stand auf, nahm den Krug und ging.

Und du? Und ich? Wenn wir wieder müde werden? Werden wir uns daran erinnern, dass es das Brot und den Krug gibt? Werden wir uns daran erinnern? Und werden wir ihn nehmen, wenn er vor uns steht? Oder werden wir sagen: Es bleibt doch alles beim Alten? Woher weißt du, dass alles beim Alten bleibt, wenn du ihn nicht nimmst, den Krug?

Elia geht anders, als er gekommen ist. Ich seh' ihn förmlich vor meinem inneren Auge. Man sieht ihn kaum noch. Wenn ich ihn so sehe, dann denke ich, es muss wohl doch so sein: Wer den Krug nimmt, der sieht wieder das Ziel. Und wer den Krug nimmt, der nimmt sie wieder wahr, die Worte: „Ich geh neben dir. Ich lass dich nicht so schnell los!" Wer ihn nicht stehen lässt, den Krug, der geht den Weg, den er sieht. Und er trifft andere, und er reicht denen Brot, Wasser und Wein, und er weiß nicht, dass es der Krug war, den er ihnen reichte. Ja, es gibt Brot und den Krug. Wer sich einlässt auf diese Antwort, der sieht wieder das Ziel. Dort, wo der Krug und das Brot zu Hause sind.

Amen.

21.11.1993 Totensonntag
Stadtkirche Peter und Paul in Calw
Psalm 13

1 Ein Psalm Davids, vorzusingen
2 HERR, wie lange willst du mich so ganz vergessen?
Wie lange verbirgst du dein Antlitz vor mir?
3 Wie lange soll ich sorgen in meiner Seele
und mich ängsten in meinem Herzen täglich?
Wie lange soll sich mein Feind über mich erheben?
4 Schaue doch und erhöre mich, HERR, mein Gott!
Erleuchte meine Augen, dass ich nicht im Tode entschlafe,
5 dass nicht mein Feind sich rühme,
er sei meiner mächtig geworden,
und meine Widersacher sich freuen, dass ich wanke.
6 Ich aber traue darauf, dass du so gnädig bist;
mein Herz freut sich, dass du so gerne hilfst.
Ich will dem HERRN singen, dass er so wohl an mir tut.

Herr, wie lange willst du mich so ganz vergessen?

Liebe Gemeinde,
wir haben vorhin miteinander an die Glieder unserer Gemeinde gedacht, die wir im vergangenen Kirchenjahr begraben haben. Wir haben ein Licht für sie angezündet, für jeden Einzelnen. Ein Licht, das uns erinnert. Ein Licht, das uns zum Nachdenken hilft. Wir zünden ein Licht an – und es ist deutlich, wie wichtig es für uns ist, dass Licht in die Dunkelheit kommt, in die uns der Abschied von einem geliebten Menschen gestürzt hat. Die Dunkelheit, in die einen der Abschied von einem geliebten Menschen stürzt, ist nicht bei allen Menschen gleich. Aber sie kann sehr ausweglos, sehr undurchdringlich sein. Und auf einmal merkt man, wie man nicht einmal den nächsten Schritt sieht. Und auf einmal ist es einem gar nicht mehr gewiss, dass man festen Boden unter den Füßen hat. Man sucht und tastet und ist voller Fragen – und findet oft und lange doch keine Antwort.
Wir feiern heute diesen Gedenkgottesdienst, weil wir wissen, dass sich niemand in seiner Trauer allein helfen kann. Das Licht, das unsere Nacht hell macht, können wir uns nicht selbst anzünden. Manchmal ist ein gutes Wort wie ein Licht in der Nacht. Wir hören im Gottesdienst auf ein Wort der Bibel, weil oft gerade durch das Wort Gottes das geschieht: dass uns ein Licht aufgeht, dass uns ein Licht angezündet wird – nicht von uns selbst, sondern durch das Wort, auf das wir hören und horchen, durch das Wort, das von außen an uns herantritt und uns in unsere Dunkelheit hineinredet. Wir

haben vorhin miteinander im Wechsel den 13. Psalm gebetet. Ich lese ihn jetzt noch einmal als Predigttext.

> 2 HERR, wie lange willst du mich so ganz vergessen?
> Wie lange verbirgst du dein Antlitz vor mir?
> 3 Wie lange soll ich sorgen in meiner Seele
> und mich ängsten in meinem Herzen täglich?
> Wie lange soll sich mein Feind über mich erheben?
> 4 Schaue doch und erhöre mich, HERR, mein Gott!
> Erleuchte meine Augen, dass ich nicht im Tode entschlafe,
> 5 dass nicht mein Feind sich rühme,
> er sei meiner mächtig geworden,
> und meine Widersacher sich freuen, dass ich wanke.
> 6 Ich aber traue darauf, dass du so gnädig bist;
> mein Herz freut sich, dass du so gerne hilfst.
> Ich will dem HERRN singen, dass er so wohl an mir tut.

Für mich ist dieser Psalm ein solches Licht in der Dunkelheit. Ich will Ihnen ein wenig zeigen, was mir an ihm wichtig ist. Wer um einen Menschen trauert, der ist voller Fragen. Viele von diesen Fragen beginnen mit WARUM? Warum durfte so plötzlich der Tod hereinbrechen? Warum habe ich nicht rechtzeitig dieses gefragt und jenes beredet? Warum konnte niemand helfen? Warum?
Ich suche nach Antworten. Und ich merke: ich finde sie nicht. Ich bin mit keiner Antwort zufrieden. Auch die Antworten von Freunden und von Verwandten wollen nicht helfen. Sie sind gut gemeint, aber trotzdem tun sie weh. Und weil die Erinnerung und das Reden Schmerz bereiten und weh tun, deshalb sage ich lieber gar nichts mehr. Ich werde stumm. Und auch die Frage nach Gott – sie verstummt, weil ich sie mir verbiete. Es gibt ja doch keine Antwort. Dieser 13. Psalm beginnt damit, dass ein Mensch seine Fragen und seine Zweifel und seinen Schmerz Gott ins Gesicht schreit.

> 2 Herr, wie lange willst du mich so ganz vergessen?
> Wie lange verbirgst du dein Antlitz vor mir?

Darf man so reden? Darf man so beten? Darf man Gott alles ins Gesicht schreien? Man darf. Es ist besser, als sich mit Stummheit strafen. Es ist besser, als sich immer mehr in sein Schneckenhaus zurückzuziehen und nicht mehr den Mund aufzubringen. Es ist besser, Gott anzuschreien, als gar nicht mehr zu klagen.
Wie soll ich still sein, wenn mein Herz voller Kummer ist? Wie soll ich schweigen, wenn ich eigentlich brüllen will vor Schmerz? Aber das erlaubt ja niemand. Wer versteht mich denn schon? Der Psalmbeter schreit Gott seine Fragen und Ängste ins Gesicht, und das ist gut so.

2 Herr, wie lange willst du mich so ganz vergessen?
Wie lange verbirgst du dein Antlitz vor mir?

In meiner Trauer, da ist es für mich so, wie wenn Gott sich versteckt hätte. Ja, noch schlimmer, ich frage: Ist er überhaupt noch da? Gibt es ihn noch? Wo ist der liebe Gott, wenn er all das Leid und Leiden zulässt? Ich sehe nichts mehr. Der Psalmbeter klagt:

2 Wie lange verbirgst du dein Antlitz vor mir?

Und indem er so klagt, sucht er nach dem freundlichen Gesicht Gottes. Auch jetzt in der Nacht. Denn niemand kann ohne das freundlich zugewendete Gesicht Gottes leben – das weiß der Beter des Psalms.

Der Leiter der Beratungsstelle für Nichtsesshafte und Wohnungslose von der Erlacher Höhe in Calw hat einmal von seiner Arbeit erzählt. Er versuchte, ein wenig zu zeigen, wie es Menschen geht, die nirgends daheim sind. Und da sagte er: „Unsere Leute sagen: ‚Am liebsten sieht man uns von hinten. Man freut sich, wenn wir wieder gehen, und niemand sieht uns gern ins Gesicht. Niemand redet gern mit uns. Wer schaut uns denn schon freundlich an?'"

„Am liebsten sieht man uns von hinten." Dieses Wort geht mir nach. Da habe ich auf einmal gemerkt, wie wichtig es ist, dass Menschen mit uns reden und einen freundlich ansehen. Wir brauchen das zum Leben.

2 Wie lange verbirgst du dein Antlitz vor mir?

So klagt der Beter des Psalms – und er weiß: ich halte das nicht aus. Ich halte es nicht aus ohne Gottes freundlich zugewendetes Gesicht. Ich halte das nicht aus, wenn ich fühle: Gott hat sich versteckt. Ich halte es nicht aus – mit der täglichen Angst im Herzen und mit der Sorge in der Seele. Ich halte das nicht aus, wenn sich kein Ende absehen lässt. Im Psalm wird deshalb aus der Klage die Bitte:

4 Schaue doch und erhöre mich, HERR, mein Gott!
Erleuchte meine Augen, dass ich nicht im Tode entschlafe.

Gott, sieh du mich doch an. Gott, sieh doch mein Elend. Gott, sieh doch, wie ich es nicht aushalte, wenn meine Fragen keine Antwort bekommen. Sieh mich doch an in meiner Trauer und in meiner Traurigkeit.

4 Schaue doch und erhöre mich, HERR, mein Gott!

Ist das ein Licht in der Nacht? Für mich schon. Es macht hell, wenn ich nicht mehr nur in mich hinein frage, sondern Gott frage. Es macht hell, wenn ich mir nicht mehr selbst

Antworten gebe und auch nicht auf die gutgemeinten Antworten anderer angewiesen bin, sondern auf Gott horche, und zu Gott sagen kann: „Du, ich halte es nicht aus. Blicke her, antworte mir, Herr, mein Gott!"

An noch etwas möchte ich erinnern: Mit solcher Klage, mit solchem Schreien, befinden wir uns in der allerbesten Gesellschaft. Jesus selbst schreit am Kreuz und betet:

> Mein Gott, mein Gott, warum hast du mich verlassen? (Ps 22, 2)

Er bekommt keine Antwort. Doch, er bekommt Antwort. Aber erst an Ostern. Erst am dritten Tag nach seinem Aufschrei.

Für mich ist Jesus das freundliche Angesicht Gottes. An ihn halte ich mich in meiner Not. Es tröstet mich, dass auch er nach Gott schreit und zu Gott schreit: „WARUM?"

Noch ein letztes: Der Klagepsalm hört mit einem Wort des Vertrauens auf. Auf einmal kann der klagende Mensch aufatmen und sagen:

> 6 Ich aber traue darauf, dass du so gnädig bist;
> mein Herz freut sich, dass du so gerne hilfst.
> Ich will dem HERRN singen, dass er so wohl an mir tut.

Für den Beter des Psalms ist es heller geworden. Ich lade Sie ein. Probieren Sie es. Gott hält es aus, dass wir nach ihm schreien und ihn anklagen und klagen. Es lohnt sich, diesen 13. Psalm aufmerksam nachzubeten. Es hat Sinn, ihn auswendig zu lernen. Er kann einen dann mitten in der Nacht trösten. Er kann einem helfen zu klagen. Und manchmal wird daraus ein Aufatmen. Manchmal wächst daraus eine Zuversicht. Auf einmal bin ich selbst getröstet.

Ich habe noch immer keine Antwort. Meine Fragen sind geblieben. Meine Trauer ist genau so groß. Aber dennoch: ich bin geborgen. Ich bin nicht allein. Gott lebt noch, und er sieht mich. Er sieht mich in meiner Trauer und meinem Elend.

> 2 HERR, wie lange willst du mich so ganz vergessen?
> Wie lange verbirgst du dein Antlitz vor mir?
> 3 Wie lange soll ich mich sorgen in meiner Seele
> und mich ängsten in meinem Herzen täglich?
> 4 Schaue doch und erhöre mich HERR, mein Gott!
> Erleuchte meine Augen, ...
> 6 Ich aber traue darauf, dass du so gnädig bist;
> mein Herz freut sich, dass du so gerne hilfst.
> Ich will dem HERRN singen, dass er so wohl an mir tut.

Amen.

14.07.1996 6. Sonntag nach Trinitatis
Stadtkirche Peter und Paul in Calw
Jesaja 43

Aus Jesaja 43
Wort von Gott: Fürchte dich nicht. Ich befreie dich.
Ich rufe dich bei deinem Namen, du bist mein.
Wenn du durch Wasser gehst, bin ich bei dir,
inmitten von Strömen halte ich dich fest.
Wenn du durch Feuer gehst, wirst du nicht brennen,
und die Flamme wird dich nicht versengen.
Ich bin der Herr, dein Gott;
ich mache das Meer still, wenn die Wellen brausen, und schütze dich.
Ich zeige dir einen Weg auf dem Grund des Meeres:
den Weg der Befreiten, die erlöst sind von Angst.
Freude gebe ich dir im Aufbruch,
auf dem Weg aber Geleit im Frieden.[1] .

Ich mache das Meer still, wenn die Wellen brausen

Liebe Gemeinde,
manche von Ihnen wissen es aus der gestrigen Zeitung. Mich hat in diesen Tagen der Völkermord in Jugoslawien in einer Weise eingeholt, von der ich nicht wusste. Ich habe immer wieder Nachrichten gesehen und gehört. Auch vor einem Jahr die Nachricht von dem Verschwinden von Tausenden von Männern in der eroberten Uno-Sicherheitszone Srebrenica. Aber ich ließ sie nicht an mich herankommen. Und ich weiß, es wird wieder so sein, dass ich mich schütze, abschotte, gegen das Elend weit weg. Und im Zweifel auch gegen die Not, der ich ganz direkt begegne.
Ich stelle mir die Menschen vor, die glücklich waren, dass sie in die Uno-Sicherheitszone fliehen konnten. „Jetzt sind wir sicher," sagten sie, „wir sind gerettet." Gott hat uns errettet. Er hat uns erlöst. Und dann, dann kamen Eroberung, Vertreibung, Morden – unvorstellbar. Ich hatte geglaubt, das, was wir den Juden im 3. Reich als Deutsche angetan haben, würde sich nicht wiederholen. Aber die Bilder gleichen sich. Aus dem Jahr 1941 in Galizien und aus dem Jahr 1995 in Srebrenica und an vielen anderen Orten. Darf man denn da noch einfach so Jesaja 43 lesen und für sich oder andere in Anspruch nehmen?

Fürchte dich nicht.

---

1 Jörg Zink, Licht über den Wassern – Geschichten gegen die Angst; Kreuz Verlag; Stuttgart, 1978; S. 219.

Ich denke an den Mann, etwas jünger als ich, der seit ein paar Monaten eine unerklärliche, ganz seltene Krankheit hat und nun spürt: ich habe nur noch ein paar Tage oder Wochen zu leben. Es gibt keine Erklärung. Es gibt keinen ersichtlichen Grund. Nichts. Darf ich da nun einfach mit diesen Worten kommen?

Ich bin der Herr, dein Gott;
ich mache das Meer still, wenn die Wellen brausen, und schütze dich.

Wie kommt eigentlich der Prophet zu solch ungeheuerlichen Behauptungen? Wieso kann der so reden? Setzen ihn der Holocaust und der Krieg in Bosnien – und viele persönliche Schicksale hier und dort – nicht alle völlig ins Unrecht? Zugegeben: Wenn ich die Augen aufmache, wenn ich mich nicht schütze, wenn ich nicht wegsehe, wenn ich nicht verharmlose, dann packt mich auch der Schrecken und die Traurigkeit und oft auch einfach ein großer hilfloser Zorn. Und dann weiß ich keinen Ausweg, bin bestenfalls stumm, oder einfach froh, dass Jesus auch geschrien hat:

Mein Gott, mein Gott, warum hast du mich verlassen? (Ps 22, 2)

Aber dann packt mich doch die Sehnsucht. Dann möchte ich doch etwas von der freundlichen, väterlichen und mütterlichen Nähe spüren, die da aus den Prophetenworten auf mich zukommen:

Wort von Gott: Fürchte dich nicht. Ich befreie dich.
Ich rufe dich bei deinem Namen, du bist mein.
Wenn du durch Wasser gehst, bin ich bei dir,
inmitten von Strömen halte ich dich fest.
Wenn du durch Feuer gehst, wirst du nicht brennen,
und die Flamme wird dich nicht versengen.
Ich bin der Herr, dein Gott;
ich mache das Meer still, wenn die Wellen brausen, und schütze dich.

Wie kann der Prophet so reden? Es ist der Prophet, der zu den von Jerusalem Verschleppten in der Verbannung in Babylonien redet. Sie haben ähnliches hinter sich und vor sich, wie die Menschen in den Kriegen bei uns. Sie haben erlebt, dass auf Gott kein Verlass mehr ist. Zumindest meinen sie das. Sonst wären sie doch nicht hier in der Fremde. Sonst hätten sie doch nicht den Krieg verloren. Sonst wäre ihnen doch das schreckliche Schicksal erspart geblieben. Und diesen Mutlosen, Erschütterten, denen gilt dieses Wort:

Fürchte dich nicht. Ich befreie dich.
Ich rufe dich bei deinem Namen, du bist mein.

Und dann erinnert das Wort an den Auszug aus Ägypten, oder an die Rettung im Feuer, wie sie von den drei Männern im babylonischen Feuerofen erzählt wird. Es wird erinnert an die Rettung am Schilfmeer, an den Weg auf dem Grund des Meeres, und daran, dass Gott das Meer der Angst still macht.

Haben die Worte in Babylon getröstet? Ich weiß es nicht. Es gibt ein Leiden, das auch gegenüber solcher freundlicher Stimme taub ist. Es gibt eine Müdigkeit, die einfach nicht mehr kann – und bei der auch jedes Wort einfach zu viel wird. Aber wenn ich selbst nicht ganz am Ende bin, wenn ich noch hören kann, dann möchte ich diese freundliche Gottesstimme, die da redet, auch für mich, für uns gelten lassen.

Deshalb lese ich sie uns hier im Gottesdienst. Deshalb rede ich davon.

Es sind Worte, es ist ein Versprechen Gottes, das größer ist als mein Verstand.

Es sind Worte, die mitten in der Nacht angesagt werden.

Es sind Worte, die eigentlich zu Ostern gehören, auch wenn sie viel älter sind.

Es sind Worte, die daran erinnern, dass Gott auch in Srebrenica und in Polen und in diesem und jenem persönlichen Leiden immer noch da ist. So wie Gott da ist, wenn Jesus am Kreuz aus der Gottverlassenheit nach ihm schreit.

Bitte glauben Sie nicht, dass ich das verstehe. Aber ich höre und spüre etwas von der freundlichen Nähe Gottes, die gerade auch da ist, wo wir meinen, sie sei ganz bestimmt nicht mehr da. Deshalb lese ich noch einmal:

> Wort von Gott: Fürchte dich nicht. Ich befreie dich.
> Ich rufe dich bei deinem Namen, du bist mein.
> Wenn du durch Wasser gehst, bin ich bei dir,
> inmitten von Strömen halte ich dich fest.
> Wenn du durch Feuer gehst, wirst du nicht brennen,
> und die Flamme wird dich nicht versengen.
> Ich bin der Herr, dein Gott;
> ich mache das Meer still, wenn die Wellen brausen, und schütze dich.
> Ich zeige dir einen Weg auf dem Grund des Meeres:
> den Weg der Befreiten, die erlöst sind von Angst.
> Freude gebe ich dir im Aufbruch,
> auf dem Weg aber Geleit im Frieden.

Ich möchte noch einen ganz anderen Gedanken anfügen. Wir haben vorhin den Chor singen hören:

> Seid barmherzig, wie auch euer Vater barmherzig ist. (Lk 6, 36)

Ich höre in den Worten des Propheten etwas von der ganz großen Barmherzigkeit Gottes. Deshalb möchte ich so weiter denken. Seid barmherzig, wie auch euer Vater im Himmel barmherzig ist. Tröstet einander, weil Gott euch tröstet. Steht einander bei,

Gott ist da. Habt acht aufeinander, Gott achtet euch und übersieht euch nicht. Ermutigt einander, weil Gott da ist und Mut schenkt.
Ich kann das nicht erklären. Aber ich wünsche uns, dass wir es gelten lassen können, dass wir es spüren und glauben können:

> Ich bin der Herr, dein Gott;
> ich mache das Meer still, wenn die Wellen brausen, und schütze dich.
> Ich zeige dir einen Weg auf dem Grund des Meeres:
> den Weg der Befreiten, die erlöst sind von Angst.
> Freude gebe ich dir im Aufbruch,
> auf dem Weg aber Geleit im Frieden.

Amen.

29.03.2002 Karfreitag
Stadtkirche Peter und Paul in Calw
Jesaja 52, 13 – 53, 10

52, 13 Siehe, meinem Knecht wird's gelingen, er wird erhöht und sehr hoch erhaben sein.

14 Wie sich viele über ihn entsetzten, weil seine Gestalt hässlicher war als die anderer Leute und sein Aussehen als das der Menschenkinder,

15 so wird er viele Heiden besprengen, dass auch Könige werden ihren Mund vor ihm zuhalten. Denn denen nichts davon verkündet ist, die werden es nun sehen, und die nichts davon gehört haben, die werden es merken.

53, 1 Aber wer glaubt dem, was uns verkündet wurde, und wem ist der Arm des HERRN offenbart?

2 Er schoss auf vor ihm wie ein Reis und wie eine Wurzel aus dürrem Erdreich. Er hatte keine Gestalt und Hoheit. Wir sahen ihn, aber da war keine Gestalt, die uns gefallen hätte.

3 Er war der Allerverachtetste und Unwerteste, voller Schmerzen und Krankheit. Er war so verachtet, dass man das Angesicht vor ihm verbarg; darum haben wir ihn für nichts geachtet.

4 Fürwahr, er trug unsre Krankheit und lud auf sich unsre Schmerzen. Wir aber hielten ihn für den, der geplagt und von Gott geschlagen und gemartert wäre.

5 Aber er ist um unsrer Missetat willen verwundet und um unsrer Sünde willen zerschlagen. Die Strafe liegt auf ihm, auf dass wir Frieden hätten, und durch seine Wunden sind wir geheilt.

6 Wir gingen alle in die Irre wie Schafe, ein jeder sah auf seinen Weg. Aber der HERR warf unser aller Sünde auf ihn.

7 Als er gemartert ward, litt er doch willig und tat seinen Mund nicht auf wie ein Lamm, das zur Schlachtbank geführt wird; und wie ein Schaf, das verstummt vor seinem Scherer, tat er seinen Mund nicht auf.

8 Er ist aus Angst und Gericht hinweggenommen. Wer aber kann sein Geschick ermessen? Denn er ist aus dem Lande der Lebendigen weggerissen, da er für die Missetat meines Volks geplagt war.

9 Und man gab ihm sein Grab bei Gottlosen und bei Übeltätern, als er gestorben war, wiewohl er niemand Unrecht getan hat und kein Betrug in seinem Munde gewesen ist.

10 So wollte ihn der HERR zerschlagen mit Krankheit. Wenn er sein Leben zum Schuldopfer gegeben hat, wird er Nachkommen haben und in die Länge leben, und des HERRN Plan wird durch seine Hand gelingen.

Siehe, meinem Knecht wird's gelingen

Liebe Gemeinde,

Aber Jesus schrie abermals laut und verschied. (Mt 27, 50)

Jesus stirbt. Unter Qualen scheidet er aus dem Leben. So haben wir es in der Schriftlesung gehört. Trauer ist angesagt. Es ist Karfreitag. Das Leben verstummt. Was soll man auch sagen beim Tod? Wenn Trauernde ans Grab treten, finden sie kaum Worte. Als Jesus starb, waren seine Vertrauten erschüttert und sprachlos. Sie konnten nicht begreifen, was geschehen war, geschweige denn ausdrücken, was sie empfanden. Auch nicht gleich nach Ostern. So waren sie heilfroh, als sie sich an ein Lied erinnerten, das sie heraus holte aus ihrer Sprachlosigkeit. Ein Lied, überliefert im Prophetenbuch Jesaja. Es gab wieder, was sie fühlten. Es kleidete in Worte, was sie selbst nicht sagen konnten. Es war so nahe am Geschehen auf Golgatha, dass sie die Worte nachsprachen, wieder und wieder, bis sie eng mit der Passion Jesu verknüpft waren. Ich lese dieses Lied, unseren heutigen Predigttext, aus Jesaja 52 und 53:

52, 13 Siehe, meinem Knecht wird's gelingen, er wird erhöht und sehr hoch erhaben sein.
14 Wie sich viele über ihn entsetzten, weil seine Gestalt hässlicher war als die anderer Leute und sein Aussehen als das der Menschenkinder,
15 so wird er viele Heiden besprengen, dass auch Könige werden ihren Mund vor ihm zuhalten. Denn denen nichts davon verkündet ist, die werden es nun sehen, und die nichts davon gehört haben, die werden es merken.
53, 1 Aber wer glaubt dem, was uns verkündet wurde, und wem ist der Arm des HERRN offenbart?
2 Er schoss auf vor ihm wie ein Reis und wie eine Wurzel aus dürrem Erdreich. Er hatte keine Gestalt und Hoheit. Wir sahen ihn, aber da war keine Gestalt, die uns gefallen hätte.
3 Er war der Allerverachtetste und Unwerteste, voller Schmerzen und Krankheit. Er war so verachtet, dass man das Angesicht vor ihm verbarg; darum haben wir ihn für nichts geachtet.
4 Fürwahr, er trug unsre Krankheit und lud auf sich unsre Schmerzen. Wir aber hielten ihn für den, der geplagt und von Gott geschlagen und gemartert wäre. 5 Aber er ist um unsrer Missetat willen verwundet und um unsrer Sünde willen zerschlagen. Die Strafe liegt auf ihm, auf dass wir Frieden hätten, und durch seine Wunden sind wir geheilt.
6 Wir gingen alle in die Irre wie Schafe, ein jeder sah auf seinen Weg. Aber der HERR warf unser aller Sünde auf ihn.

7 Als er gemartert ward, litt er doch willig und tat seinen Mund nicht auf wie ein Lamm, das zur Schlachtbank geführt wird; und wie ein Schaf, das verstummt vor seinem Scherer, tat er seinen Mund nicht auf.

8 Er ist aus Angst und Gericht hinweggenommen. Wer aber kann sein Geschick ermessen? Denn er ist aus dem Lande der Lebendigen weggerissen, da er für die Missetat meines Volks geplagt war.

9 Und man gab ihm sein Grab bei Gottlosen und bei Übeltätern, als er gestorben war, wiewohl er niemand Unrecht getan hat und kein Betrug in seinem Munde gewesen ist.

10 So wollte ihn der HERR zerschlagen mit Krankheit. Wenn er sein Leben zum Schuldopfer gegeben hat, wird er Nachkommen haben und in die Länge leben, und des HERRN Plan wird durch seine Hand gelingen.

Wir haben es gehört, gelesen und gesungen. Vieles davon können wir auswendig. Und vieles verstehen wir nicht. Es ist ein Lied vom Knecht Gottes aus dem zweiten Jesajabuch. Ein Leichenlied. Ein Nachruf auf einen Toten. Es beschreibt, wer der Verstorbene war und was für ein Leben er hinter sich gebracht hat. Dabei kommt Seltsames zutage. Nicht Gutes wird berichtet, wie wir es gern hören in einer Traueransprache auf dem Friedhof.

Übles wird genannt und beschrieben. Sein Äußeres war abstoßend. Er hatte ein entstelltes Gesicht, entstellt von Krankheit und Schmerzen. Die anderen blickten zur Seite, wenn sie ihn sahen. Sie gingen ihm aus dem Weg. Sie verachteten und verabscheuten ihn. Ihm konnte man alles anhängen. Er wurde gequält, geschlagen, durchbohrt, so lange, bis er tot war. Er wurde verscharrt, wie man Verbrecher und Hingerichtete im Morgengrauen unter die Erde bringt.

Dies also teilt uns das Lied mit. Ein befremdlicher Bericht. Warum schweigt man nicht, wenn er so hässlich war? Warum lässt man ihn nicht ruhen, als er endlich im Grab verscharrt ist?

„Halte den Anblick aus!", sagt das Lied vom Gottesknecht. „Bleibt nicht an der entstellten Oberfläche hängen. Wir haben uns alle getäuscht. Wir haben uns alle geirrt wie Schafe." Er wurde verachtet, er wurde von den Menschen gemieden, er war ein Mann voller Wunden – gewiss, aber es geschah um unsertwillen.

Nun entfaltet das Lied Zug um Zug, welche Bewandtnis es mit dem entstellten Knecht Gottes hat.

53, 4 Fürwahr, er trug unsre Krankheit und lud auf sich unsre Schmerzen.

Die es vernehmen, werden hellhörig. Hier ist der maßlose Schmerz in Worte gefasst. Hier bekommt das Leiden Bedeutung. Der Knecht Gottes wird zum Bruder im Leiden. Wir öffnen in diesen Tagen ein wenig die Tür zum Leiden, eine Tür, die meist sorgsam verschlossen ist. Der Rhythmus des Kirchenjahres bringt uns in Erinnerung, was wir nur zu gern verdrängen. Leiden - das hat in unserer Gesellschaft keinen Platz. Wir schieben es weg. Wir schauen weg.

Aus Angst, aus Gleichgültigkeit, aus Bequemlichkeit. Leiden wird verdrängt, weggeschoben, ignoriert. Die Tür zum Leiden, sie bleibt meist fest verschlossen. Heute am Karfreitag aber kommen wir nicht umhin, diese Tür zu öffnen. Und wir können es. Denn der Knecht Gottes ist der Bruder im Leiden.

Jesus kennt das Leiden unserer Welt. Bei Jesus geschieht das nicht erst in den letzten Lebenstagen. Jesus, der Mann aus Nazareth, hatte immer ein Herz für die Leidenden und er hat die Begegnung mit Leiden, mit Leidenden gesucht. Die Geschichten, die uns die Evangelien erzählen, sind voll davon.

Jesus holt Zachäus, den kleinen und von allen verachteten Zöllner, von einem Baum herunter – weg aus seiner Isolation hinein in die Gemeinschaft.

Jesus sucht den Kontakt zu Aussätzigen, den Ausgestoßenen der damaligen Gesellschaft, den Unreinen – und gibt ihnen neues Leben.

Jesus bewahrt die Ehebrecherin vor dem Tod durch Steinigung und stellt diejenigen bloß, die sich selbstgerecht zum Richter über sie aufspielen wollen.

Jesus heilt das Kind des römischen Hauptmanns, des Vaters, der vor Sorge fast außer sich den Weg zu Jesus ging – er heilt es durch sein Wort.

Jesus berührt die Frau, die lange Jahre ihres Lebens nur gekrümmt gehen lernte, den Blick nur auf den Boden gesenkt – und richtet sie auf.

Jesus stillt die Sehnsucht und den Lebensdurst der Frau am Brunnen – und schenkt ihr neuen Lebenssinn.

Jesus heilt Blinde, Taube und Lahme – und wendet sich denen zu, die ihr Leid sprachlos gemacht hat.

Mit offenen Augen, hilfsbereiten Händen und ohne Angst begegnet Jesus leidenden Menschen – und er hilft, wo er kann.

Er hielt die Tür zum Leiden, zu den Leidenden immer offen. Sein ganzes Leben war eine Kampfansage gegen das Leiden.

Weil Jesus auf der Seite der Leidenden steht – um Gottes willen – deshalb bleibt ihm nichts erspart: nicht die Einsamkeit in Gethsemane, von Gott und den Menschen verlassen, nicht der Spott und der Hohn der Massen, weder Folter noch Schmerz noch der Tod, der erbärmliche Sklaventod am Kreuz.

Jesus geht den Weg zum Leiden konsequent bis zum Ende. Er schließt seine Tür auch nicht vor dem Leid, als es ihn selbst trifft, bis ins Sterben, bis in den Tod hinein. Ohnmächtig schreit er am Kreuz:

> Mein Gott, mein Gott, warum hast du mich verlassen? (Ps 22, 2)

Und in seinen Schrei mischen sich die unzähligen Schreie, das unzählige Stöhnen und Seufzen von Menschen, die wie Jesus fragen: Warum, Gott, warum? Jesus, ein Mensch der Schmerzen, der unzählige andere im Schmerz tröstet. Der Geplagte und Gemarterte, er wird zum Bruder der Leidenden. Wenn ihm auch die Hände gebunden sind, so kann er doch trösten. Mehr sogar als Gesunde.

Das ist der eine Grund, warum die Jünger Jesu das Lied vom Gottesknecht aufhorchen lässt. Ein zweiter kommt hinzu. Dieser Tote im Lied des Jesaja hat sein Leiden angenommen. Bewundernswert, wenn ein Mensch es schafft, Ja zu sagen zu seinem schweren Schicksal. Dieser Tote freilich, Knecht Gottes genannt, er hat noch weit mehr getan. Er hat das Leiden anderer auf sich genommen. Er hat sich aufladen lassen, was er gar nicht auf sich nehmen musste.

5 Die Strafe liegt auf ihm, auf dass wir Frieden hätten, und durch seine Wunden sind wir geheilt.

Hier erst kommt das Lied zu seinem vollen Klang. Leiden für andere. Wenn bei uns einer für den anderen etwas tut, wenn einer für den anderen sich einsetzt, vielleicht sogar aufopfert, dann machen wir schnell eine Gegenrechnung auf: Ich habe dich großgezogen. Jetzt bitte sorge für mich. Nicht so der Knecht Gottes. Er macht keine Gegenrechnung auf.

7 ... und tat seinen Mund nicht auf ...

Er beschwert sich nicht. Er lässt es geschehen, was andere ihm zufügen. Er ist wie ein Lamm, das zur Schlachtbank geführt wird. Also nicht jemand, der seine Schäfchen ins Trockene bringt. Sondern der vielmehr sich selbst einsetzt und dran gibt. Er präsentiert nicht irgendwann die Rechnung, er begleicht sie selbst. Nahezu unvorstellbar in einer Gesellschaft, in der für alles bezahlt werden muss.

Spätestens an dieser Stelle geht ein Staunen durch das Lied. Was als Klage über ein bedauernswertes Schicksal begonnen hat, wird nun ein Ausruf der Verwunderung. Hier ist ein Erfolgloser, dem das Unmögliche gelingt. Ein Entstellter, der alles an die richtige Stelle bringt; ein Kranker, der heilt; ein Geschlagener, der tröstet; ein Sterbender, der Leben verbreitet; ein Entwürdigter, der Würde ausstrahlt. Einer, von dem Überzeugungskraft ausgeht wie von keinem sonst.

52, 13 Siehe, meinem Knecht wird's gelingen.

Das spüren viele. Wir spüren, dass von Jesus, dem Gottesknecht, keine Vorwürfe kommen, keine offenen und erst recht keine versteckten. Er gibt sein Leben dran und trägt die Lasten anderer. Das Leiden und auch die Schuld. Er lässt sich aufpacken, was andere für sich nicht tragen können. Er lässt sich anhängen, was andere nicht haben wollen. Er wird verachtet, verflucht, er wird zum Verbrecher. Ohne Schuld und doch schuldig. Ohne Last und doch belastet. Er stirbt als Verbrecher ohne Ehre am Kreuz.

Aber da ist dieses Lied. Und auf einmal bringt es mit sich diese Erkenntnis:

> 53, 4 Fürwahr, er trug unsre Krankheit und lud auf sich unsre Schmerzen.
> 5 Die Strafe liegt auf ihm, auf dass wir Frieden hätten, und durch seine Wunden sind wir geheilt.

Das ist also das Zweite, wovon unser Lied erzählt. Nun könnte aus dem Trauerlied eigentlich ein Freudenlied werden. Freude und Dankbarkeit für den Knecht Gottes, in dem die ersten Christen Jesus wieder erkannt haben. Doch so schnell wird der Schrecken nicht überwunden.

Der Todesschrecken und die Verlassenheit und die Angst und die Verzweiflung sind auch aus dem Leben Jesu nicht zu streichen. Lähmendes Entsetzen hat sich auf Menschen gelegt bei seinem Tod. Aber mit Hilfe jenes Liedes vom Gottesknecht aus Jesaja 53 brach sich die Erkenntnis Bahn, dass der freiwillige Gang Jesu ans Kreuz ein Segen für die Menschen war. Nun werden sie sprachlos. Die Völker kommen ins Staunen, und die Könige müssen verstummen. Sie alle werden nicht den Weg Jesu gehen, aber sie kommen nicht an ihm vorbei. Er, der Geplagte und Verscharrte, trägt nun die Welt.

> 2 Er hatte keine Gestalt und keine Hoheit. Wir sahen ihn, aber da war keine Gestalt, die uns gefallen hätte.
> 3 Er war der Allerverachtetste und Unwerteste, voller Schmerzen und Krankheit. Er war so verachtet, dass man das Angesicht vor ihm verbarg; darum haben wir ihn für nichts geachtet.
> 4 Fürwahr, er trug unsre Krankheit und lud auf sich unsre Schmerzen. Wir aber hielten ihn für den, der geplagt und von Gott geschlagen und gemartert wäre.
> 5 Aber er ist um unsrer Missetat willen verwundet und um unsrer Sünde willen zerschlagen. Die Strafe liegt auf ihm, auf dass wir Frieden hätten, und durch seine Wunden sind wir geheilt.

Amen.

03.03.1996 Reminiszere
Stephanuskirche in Neuweiler
Auferstehungskirche in Agenbach
Klagelieder 3, 22

22 Die Güte des HERRN ist's, dass wir nicht gar aus sind, seine Barmherzigkeit hat noch kein Ende (Jahreslosung 1996)

Die Güte des Herrn ist's

Liebe Gemeinde,
ich möchte zuerst zwei Erinnerungen mit diesem Bibelwort erzählen.
1944: In Stuttgart war die Zeit der Bombenangriffe und der Zerstörung der Stadt. Immer wieder gab es neue Schreckenserfahrungen und -nachrichten. Und dazwischen die Verwunderung: Ich lebe noch. Ein Freund von mir wurde in dieser Zeit konfirmiert. Er bekam zur Konfirmation diesen Spruch aus den Klageliedern des Propheten Jeremia:

22 Die Güte des Herrn ist's, dass wir nicht gar aus sind, seine Barmherzigkeit hat noch kein Ende.

Und da hat jeder dieses Wort sofort verstanden. Es war wie aus dem Herzen gesprochen. Ein Wort der Verwunderung: „Warum lebe ich noch?" Eine Deutung der Verwunderung über unverdiente Bewahrung und Rettung. Und man war sich höchstens darin unsicher, ob man diese Bewahrung wirklich Gott verdankte. Der Pfarrer, der meinen Freund konfirmiert hat, ist dann kurz nach dieser Konfirmation in den Bomben umgekommen. Und man hat dann auch gleich gespürt, wie es wohl in diesem Wort doch um mehr gehen wird und gehen muss, als bloß darum, dass eben ich heute immer noch leben kann.
Die andere Erinnerung: Es hat einer von einem Gespräch erzählt. Da saßen einige beieinander, die sich große Sorgen gemacht haben und die sich Gedanken gemacht haben und gefragt haben: Was können wir Christen heute dazu beitragen, damit man in unserer Welt weiter leben kann? Und was können und müssen wir Christen dazu tun, damit wir alle miteinander Zukunft haben? Und mitten in diesem Gespräch sagte plötzlich einer der Jüngeren: „Ach was! Es hat ja alles sowieso keinen Sinn mehr. Unsere Welt lebt nicht mehr lang. Sie geht dem Ende zu. Es geht doch alles kaputt. Unser Beitrag ist vielleicht noch, dass man gegen die Angst beten kann." Da wurde der Älteste in diesem Kreis fürchterlich zornig und sagte diesem jungen Mann: „Du erinnerst dich doch:

22 Die Güte des Herrn ist's, dass wir nicht gar aus sind, seine Barmherzigkeit hat noch kein Ende."

Er sagte dieses Wort richtig im Zorn. Und er fügte hinzu: „Ich verstehe deine Gedanken und deine Angst. Aber du hast doch heute Morgen auch einen neuen Anfang erlebt. Und: Gnade ist kein Museumsstück. Mach deine Augen auf! Gnade ist Anfang, nicht Angst."

Für mich wird aus diesen Geschichten deutlich, dass ich immer den anderen dazu brauche, damit ich erkennen kann: Ich, wir leben wirklich von Gottes Güte, auch heute, auch 1996. Wir brauchen das Wort, das uns gesagt wird. Als Konfirmationsspruch oder auch als zornigen Zuspruch. Und deswegen ist es gut, dass wir uns heute früh vom Wort Gottes drein reden lassen, und dass wir merken: Wir müssen nicht aus uns selber leben. Der Prophet Jeremia, der dieses Wort in seinen Klageliedern überliefert hat, kann auch nur deshalb so reden, weil er Erfahrungen mit dem Wort Gottes gemacht hat. Mit dem Wort, dem er gehorsam sein – nicht nur wollte, sondern – musste. Und es hat ihn oft in Widerspruch gebracht zu seiner Umgebung. Es hat ihn in Widerspruch gebracht zu dem, was die anderen gesagt und geglaubt haben.

Und es war auch dort die Zeit der Zerstörung. Er war in Jerusalem geblieben, in der zerstörten Stadt. Viele waren fortgeschickt in die Verbannung. Und wenn man dann geredet hat, dann hieß es: Es ist doch so: Gott hat ausgespielt. Er hat uns vergessen oder vielleicht sogar verstoßen. Und wer hofft, der ist verlassen. In diese Situation hinein sagt Jeremia:

22 Die Güte des Herrn ist's, dass wir nicht gar aus sind

Gott ist noch nicht mit uns fertig. Und Gott ist auch noch nicht mit seiner Güte fertig und nicht mit seiner Barmherzigkeit. Ich habe gemerkt, wenn ich das ernst nehmen will, wenn ich damit leben will, dass Gottes barmherzige Güte für uns das erste und das letzte Wort hat, dann werde ich das ganze Jahr nicht fertig damit. Nicht fertig mit Buchstabieren, mit Aufmerken, mit Stolpern, mit Verwundern über das, was da uns zugesagt wird und was mit uns leben will. Ich will ein paar Punkte, an denen ich zu lernen habe, sagen:

Wenn wir einfach so von Gottes Güte leben, und das merken, dann wird das Folgen haben. Ich will versuchen, ein paar zu beschreiben. Wenn ich das höre:

22 ... seine Barmherzigkeit hat noch kein Ende

Dann ist für mich wieder deutlich, dass Gott größer ist als unser Herz. Ich kenne das, wie man so unbarmherzig ist mit sich selber – und wie niemand so streng ist mit mir, wie ich selber. Wie schnell man seine Kraft auch mit Vorwürfen und mit Selbstvorwürfen verbrauchen kann. Und wie man diesen Menschen, der man selber ist, gut kennt und ihn nicht einfach nur mag. Den lässt Gott leben. Merkwürdig, jeden Tag neu. Damit, denke ich, kann ich nicht über Nacht fertig werden.

Und dann das andere: Wenn das gilt, dann geht es ja auch sofort weiter. Wenn Gott mit mir barmherzig ist, dann zeigt sich das doch an dem, wie ich mit den anderen umgehe. Wir sagen natürlich: „Mir wird nichts geschenkt. Ganz recht, wenn dem anderen auch nichts geschenkt wird. Er soll sich schinden. Der soll nun auslöffeln, was er sich eingebrockt hat. Er ist selbst schuld."

Bloß, es stimmt ja nicht. Mir wird alles geschenkt. Deshalb ändert sich doch dann auch mein Blick für den, über den ich mich aufrege. Wenn mir alles geschenkt wird, dann muss ich doch den anderen nicht in alles hineinstolpern lassen. Oder ihn auslöffeln lassen. Auch daran werde ich, wenn mir dieses Wort immer wieder in die Quere kommt, zu lernen haben.

Etwas Drittes, was ich besonders spannend finde: Wir leben in einer Welt, in der wir immer sehr schnell uns auf Kosten anderer entschuldigen. Wenn man selber darauf angesprochen wird, dann sagt man: „JA, schon, ABER ..." In der Bibel wird das schon erzählt von Adam. Der sagt: „Die Frau, die du mir gabst, die ist schuld." Anscheinend gehört es zu uns, dass wir meinen, wir müssten uns auf Kosten der anderen retten und auf Kosten der anderen entschuldigen. Und so kann man ja vieles verstehen, weil es dann auch umgekehrt heißt: „Dir verzeihe ich es nicht! Dir rechne ich es vor!" Und wo man hinkommt, wenn Menschen einander das Elend vorrechnen, das sie aneinander angetan haben, und wo wir sind, wenn Völker einander zurückzahlen, was einmal geschehen ist, das sehen wir ja.

Und nun wird hier gesagt: „Halt, es ist doch anders. Gott lässt dich leben und wird nicht müde in seiner Güte. Also musst du doch jetzt nicht immer alles auf den anderen abwälzen." Wenn Gott dir verzeiht, dann kannst du dir es ja sogar leisten, deine eigenen Fehler und deine eigene Schuld und deine eigene Nacht zu sehen. Wenn Gott das bei dir aushält, dann kannst du das ja vielleicht auch aushalten. Und sehen, was du immer übersehen möchtest.

Und ein letztes: Ich glaube, dass dieses Wort auch etwas darüber sagt, dass wir im Leiden nicht allein sind. Allein sein fällt im Leiden besonders schwer, und ich bin froh, dass auch Jesus am Kreuz gerufen hat:

Mein Gott, mein Gott, warum hast du mich verlassen? (Ps 22, 2)

Aber Gott hat ja aus dem Kreuz Ostern gemacht. Und er ist nicht fertig mit seiner Güte, da, wo wir im Moment nur die Nacht und das Leiden sehen. Und er ist nicht fertig, da, wo bei uns bloß die Fragen kommen: „Womit habe ich das verdient?" oder: „Warum?" Ich denke, dass mit der Erfahrung, zu der der Prophet Jeremia einlädt, das gehört, dass Gott das Leiden in der Welt teilt, dass er mit leidet. Und das wird für mich sichtbar im Bild des Jesus am Kreuz.

Noch zwei Dinge zum Schluss: Es gibt immer diese Sorge: „Geht diese Güte nicht zu weit?" Man bekommt Angst und sagt: „Wo kommt man da hin?" Und dann fällt dieses missverständliche Wort von der Gnade, die billig wird, und dann kommt die Sorge, dass ja auch Barmherzigkeit missbraucht werden kann. Nur, merkwürdigerweise hat der Vater Jesu Christi diese Angst nicht. Er weiß, dass Güte ausgenützt wird; und er weiß, dass Barmherzigkeit missbraucht wird. Und es gehört zu seiner Güte und zu seiner Barmherzigkeit, dass er sich das gefallen lässt. Er lässt uns Luft zum Atmen – und auch zum Fehler machen. Wenn Sie sich das selbst klar machen möchten, dann erinnern Sie sich an die Geschichten, die Jesus erzählt hat: vom Vater und den beiden Söhnen, vom verlorenen Schaf, von den Arbeitern im Weinberg, die zu ihrem Entsetzen den gleichen Lohn bekommen und und und. Gottes Güte geht sehr weit, aber nicht zu weit. Nur wir haben immer Angst. Und deshalb kann Jesus am Kreuz dann beten:

Vater, vergib ihnen; denn sie wissen nicht, was sie tun! (Lk 23, 34)

Und da ist mir wieder klar, dass diese Güte natürlich ausgenützt wird und dass sie nicht billig ist. Sie kostet Jesus das Leben. Und sie wird auch uns manches kosten. Aber: Gott ist nicht fertig. Und: er ist morgen neu bereit, dass wir von seiner Güte leben, auch wenn wir sie ausnützen.

Der Liederdichter Johannes Zwick, ein Zeitgenosse Martin Luthers, hat daraus ein fröhliches Morgenlied (EKG 336)[1] gemacht:

1 All Morgen ist ganz frisch und neu
des Herren Gnad und große Treu;
sie hat kein End den langen Tag,
drauf jeder sich verlassen mag.

2 O Gott, du schöner Morgenstern,
gib, was wir von deiner Lieb begehrn:
All deine Licht zünd in uns an,
laß's Herz an Gnad kein Mangel han.

Ich singe dieses Lied gern.

Es ist eine gute Folgerung aus der Jahreslosung. Im zweiten Vers bittet da der Lieder-dichter: „All deine Licht zünd in uns an, laß's Herz an Gnad kein Mangel han."
„Gib du Gott, dass mein Herz keinen Mangel an Güte hat." Ich stelle mir vor, was das für eine Gemeinde bedeutet, wenn wir mit dieser Jahreslosung leben und dann plötz-lich einer feststellt: „Ja, es ist wahr. Hier in ... mangelt es nicht an Güte, weil Gott es an seiner Güte nicht mangeln lässt." Das wünsche ich Ihnen – uns allen miteinander.

Amen.

---

1 Evangelisches Kirchengesangbuch, Stuttgart 1976, heute EG 440 in geänderter Fassung.

26.12.2001 2. Weihnachtstag
Versöhnungskirche in Heumaden
Matthäus 2, 13-18

13 Als sie aber hinweggezogen waren, siehe, da erschien der Engel des Herrn dem Josef im Traum und sprach: Steh auf, nimm das Kindlein und seine Mutter mit dir und flieh nach Ägypten und bleib dort, bis ich dir's sage; denn Herodes hat vor, das Kindlein zu suchen, um es umzubringen.

14 Da stand er auf und nahm das Kindlein und seine Mutter mit sich bei Nacht und entwich nach Ägypten

15 und blieb dort bis nach dem Tod des Herodes, damit erfüllt würde, was der Herr durch den Propheten gesagt hat, der da spricht: „Aus Ägypten habe ich meinen Sohn gerufen."[1]

16 Als Herodes nun sah, dass er von den Weisen betrogen war, wurde er sehr zornig und schickte aus und ließ alle Kinder in Bethlehem töten und in der ganzen Gegend, die zweijährig und darunter waren, nach der Zeit, die er von den Weisen genau erkundet hatte.

17 Da wurde erfüllt, was gesagt ist durch den Propheten Jeremia, der da spricht:

18 „In Rama hat man ein Geschrei gehört, viel Weinen und Wehklagen; Rahel beweinte ihre Kinder und wollte sich nicht trösten lassen, denn es war aus mit ihnen."[2]

Steh auf, nimm das Kindlein

Liebe Gemeinde,

heute am zweiten Weihnachtstag haben wir ein wenig Zeit, die Weihnachtsgeschichten weiter zu lesen, als man das sonst tut. Wir haben Zeit, auf das zu hören und darüber nachzudenken, was die frühe Christenheit auch zu erzählen für nötig hielt, wenn sie von der Geburt Jesu erzählte. Im gleichen Zusammenhang, fast im selben Atemzug mit der Geburt Jesu erzählt der Evangelist Matthäus:
- von Herodes, der dem Kindlein nach dem Leben trachtet,
- von dem Vater Joseph, der der Stimme Gottes gehorcht,
- von der Flucht nach Ägypten
- und vom Kindermord in Bethlehem. Es sind keine schönen Geschichten. Aber in diesen Geschichten spiegelt sich etwas von den Grunderfahrungen des Glaubens. Es spiegelt sich etwas davon, wie unsere Welt mit diesem Kind umgeht, dessen Geburt wir jedes Jahr so schön feiern.

Da ist zunächst der König Herodes. Von den Geschichtsschreibern wird ihm allerlei Grausamkeit nachgesagt, und Ruinen von mächtigen Burgen zeugen heute noch von seiner unstillbar großen Angst. Herodes hat Angst vor den eigenen Untertanen. Er hat

---

1 Hos 11, 1
2 Jer 31, 15

Angst, weil er Macht hat. Er sieht in allen Menschen um sich her nur Rivalen, solche, die nach seiner Macht trachten. Solche, die ihm auf dieselbe Weise wegnehmen wollen, was er sich mit Mühe, Gewalt, List und Gemeinheit ergattert und zusammengetragen hat. Die Frage der drei Weisen: „Wo ist der neugeborene König der Juden?", die bedeutet für ihn allerhöchste Gefahr und allerhöchste Aufmerksamkeit. Er versucht es zunächst mit freundlicher List. Die drei täppischen Sterndeuter sollen ihm berichten. Aber auf Gottes Weisung lassen diese Herodes ohne Bericht und ziehen auf einem anderen Weg wieder in ihr Land.

Als Herodes merkt, dass ihn die Sterndeuter im Stich lassen und überlistet haben, da kommt zu seiner Angst der Zorn des Hereingelegten, der Zorn des Betrogenen. Allein das Gerücht von einem Kind genügt ihm. Wenn er seiner nicht habhaft werden kann, dann müssen eben alle kleinen Kinder in Bethlehem weg. Herodes, das ist einer, für den der Zweck die Mittel heiligt. Bei ihm ist ständig Ausnahmezustand. Er ist ein Wolf und schätzt auch die anderen so ein. Deshalb ist für ihn nur die Frage, wer wem zuerst ans Leben geht – und da will er gern der Erste sein. Er schlägt lieber grausam zu, auch nur auf Verdacht.

Gewinnen wird, wer den anderen unterdrücken kann. Gewinnen kann, wer dem anderen die größte Angst einjagt. Er kann sich den Umgang mit Menschen nur zusammen mit Blutvergießen denken. Und darum ist er auch ständig auf der Hut, ständig hochgerüstet, immer bereit, als erster zuzuschlagen – seien es auch nur kleine Kinder. Herodes hat in seiner Angst vor eigenen Söhnen nicht Halt gemacht. So stimmt ihn auch hier ein Kind nicht milde.

- Ein Kind, das hat das Leben vor sich und auf seiner Seite.
- Ein Kind, das hat seine eigenen Gedanken und wird diese auch denken und aussprechen, zur Zeit und zur Unzeit
- Ein Kind, daran knüpfen sich Hoffnungen. Hoffnungen, die einem Herodes nicht recht sein können.

Für Herodes ist es klar: Kinder müssen klein gehalten werden. Sie sind gefährlich. Vielleicht spüren Sie: Herodes ist kein Einzelfall. Dass man mit brutaler Gewalt Probleme und Konflikte lösen kann, das glauben viele auch heute. Das sehen wir am 11. September 2001 und in Afghanistan, in Jerusalem und in Bethlehem. Mit dem Kind, das in Bethlehem geboren wird, bekommen die Herodesleute Schwierigkeiten – auch heute noch.

Aber es wird nicht nur von Herodes erzählt, sondern auch von Joseph. Auch er ist ein erwachsener Mann wie Herodes. Aber er kann etwas, was einem Herodes abgeht. Joseph hört auf die Stimme seiner Träume. Er lässt sich seine Pläne von einer Stimme im Traum durchkreuzen. Er kann merken, dass Gott mit ihm im Traum reden will. Und Joseph lässt sich auf einen Weg bringen, den er selbst sich nicht ausgesucht hätte. So wird er zum verlässlichen Gefährten der Maria und des Kindes.

13 Als sie aber hinweggezogen waren, siehe, da erschien der Engel des Herrn dem Josef im Traum und sprach: Steh auf, nimm das Kindlein und seine Mutter mit dir und flieh nach Ägypten und bleib dort, bis ich dir's sage; denn Herodes hat vor, das Kindlein zu suchen, um es umzubringen.

Und Joseph hört und tut das Nötige.

14 Da stand er auf und nahm das Kindlein und seine Mutter mit sich bei Nacht und entwich nach Ägypten.

Mir gefällt dieser Mann, der auf seine Träume hören kann und der sich von diesem Kind den Weg bestimmen lässt. Ich glaube, dass manches anders wäre in unserer Welt, wenn wir Leute wären wie Joseph. Wir haben ja Träume. Wir träumen davon, dass wir unseren Kindern eine Welt vererben, in der sie leben können und Zukunft haben. Wir träumen davon, dass das Zusammenleben in unserer Stadt zwischen den verschiedenen Nationen und auch zwischen den Religionen zu guter Nachbarschaft werden könnte. Wir träumen vom Frieden. Aber wir hören ja nicht auf unsere Träume, und wir lassen uns auch von den klaren Worten Jesu nur selten bewegen. Aber Joseph steht auf, mitten in der Nacht. Ohne zu zögern rettet er das Kind.

Flucht nach Ägypten, so heißt die Rettung, die Gott bereit hat. Für den, der die Bibel kennt, ist das sehr merkwürdig. Ägypten hat schon Abraham als Fluchtort gelockt, aber es ist ihm nicht gut bekommen. Jakob ist mit seinen Söhnen nach Ägypten gezogen, aber er hat die vollen Fleischtöpfe, er hat das Sattwerden, mit dem Preis der Knechtschaft bezahlt. Gott selbst musste Abraham und das Volk Israel aus Ägypten retten. Aber jetzt heißt es für Joseph: „Flieh nach Ägypten." Und Joseph tut das Mögliche.

Flucht, so heißt die Antwort, die Gott angesichts der Pläne des Herodes bereit hat. Damit hat Herodes nicht gerechnet. Er rechnet mit Harmlosigkeit – oder er rechnet mit Widerstand. Aber Gott gibt nach. Niemand fährt Herodes an den Hals. Das Kind, vor dem sich Herodes fürchtet, flieht. Und doch wird alle Macht und Gewalt und jeder Herodes später dieses Kind fürchten. Nicht weil es zur Waffe greift. Jesus wird niemanden bedrohen. Aber wenn es darauf ankommt, wird dieses Kind nicht fliehen. Es wird lieber selber leiden und wird damit zur Hoffnung von ungezählten Leidenden und von ungezählten Flüchtlingen.

Deshalb muss Herodes damals und heute zittern: Man kann Menschenrechte sehr lange vorenthalten und man kann Menschen unterdrücken und quälen. Im Dritten Reich dauerte es 12 Jahre. In der DDR dauerte es 40 Jahre. In vielen Teilen der Welt, dauert es schon viel viel länger. Aber auf die Dauer geht es nicht gut mit Herodes. Gut geht es mit dem Kind – und mit der Hoffnung, die sich an das Kind knüpft.

Ich denke, das wird so auch in Israel sein. Die Gewalt wird nicht den Sieg davon tragen. Herodes hat nicht das letzte Wort. Wir Europäer werden es uns auch immer wieder sagen lassen müssen: Gegen die Hoffnung auf Gerechtigkeit, gegen die Hoffnung auf den Gott, der mit Jesus auf die Seite der Bedrückten und der Flüchtlinge tritt, dagegen ist kein Kraut gewachsen. Auch die Stillhalteabkommen und das Tolerieren der Missachtung von Menschenrechten sind letztlich ein Irrtum. Das Kind flieht – aber es kommt wieder.

Die Legende erzählt: Als das Kind auf der Flucht in die Wüste kam, da fing die Wüste an zu blühen. Für mich ist das ein eindrückliches Bild. Die Wüste fängt an zu blühen, als das Kind flieht. Der heimatlose Christus, der Christus auf der Flucht, er macht die Wüste zur Heimat.

Und der Christus, dessen Leben bedroht ist, schenkt Hoffnung und Leben. Im Zusammenhang mit der Geburt Jesu erzählen Matthäus und die frühe Christenheit auch von Herodes. Mir geht seine Geschichte unter die Haut, weil ich zu viel weiß von dem Herodes im eigenen Herzen und in unserer Welt. Aber die Geschichte erzählt einfach und stiftet so zur Hoffnung an. Hoffnung auf das Kind, Hoffnung auf Jesu von Nazareth. Die Wüste fängt an zu blühen, auch die Wüste im eigenen Herzen.

Amen.

31.10.1993 Reformationsfest
Evangelische Kirche in Unterreichenbach[1]
Matthäus 5, 1-10

1 Als er aber das Volk sah, ging er auf einen Berg und setzte sich; und seine Jünger traten zu ihm.

2 Und er tat seinen Mund auf, lehrte sie und sprach:

3 Selig sind, die da geistlich arm sind; denn ihrer ist das Himmelreich.

4 Selig sind, die da Leid tragen; denn sie sollen getröstet werden.

5 Selig sind die Sanftmütigen; denn sie werden das Erdreich besitzen.

6 Selig sind, die da hungert und dürstet nach der Gerechtigkeit; denn sie sollen satt werden.

7 Selig sind die Barmherzigen; denn sie werden Barmherzigkeit erlangen.

8 Selig sind, die reinen Herzens sind; denn sie werden Gott schauen.

9 Selig sind die Friedfertigen; denn sie werden Gottes Kinder heißen.

10 Selig sind, die um der Gerechtigkeit willen verfolgt werden; denn ihrer ist das Himmelreich.

Als er aber das Volk sah

Liebe Gemeinde,

zuerst einen herzlichen Gruß zu Ihrem heutigen Festtag: 100 Jahre Kirche in Untereichenbach. Für eine Kirche sind 100 Jahre nicht viel. Aber die Kirche steht nun doch schon so lange in dieser Gestalt hier im Dorf, dass es niemanden mehr gibt, der sich noch selbst an den Bau erinnert. Die Kirche in Unterreichenbach gehört zu uns, solange wir denken können. Da ist es gut, dass drüben im Gemeindehaus die Ausstellung und heute Nachmittag der Vortrag von Herrn Pfarrer Kolbe daran erinnern und davon erzählen, welche Geschichte die Kirche in Unterrreichenbach hat. Viele von Ihnen denken heute an besondere Festtage, die Sie hier in der Kirche erlebt haben, vor allem an Konfirmation und Hochzeit. Und es liegt wohl in der Sache, dass wir uns mehr an äußere Umstände erinnern und selten nur an das Wort, auf das wir bei einem solchen Festtag gehört haben. Und doch ist es wichtig, dass wir Gelegenheit haben, das Wort Jesu zu hören und zu Herzen zu nehmen. Dazu haben die Väter und Mütter vor 100 Jahren die Kirche gebaut. Dazu wollen auch wir sie gebrauchen.

Und so wollen wir jetzt miteinander auf Worte Jesu hören. Es ist der Anfang der Bergpredigt. Worte, die seit alten Zeiten zum 31. Oktober, zum Reformationsfest, gehören. Es sind die sogenannten Seligpreisungen, Matthäus 5, 1-10.

---

1 Jubiläum: 100 Jahre Kirche in Unterreichenbach

1 Als er aber das Volk sah, ging er auf einen Berg und setzte sich; und seine Jünger traten zu ihm.

2 Und er tat seinen Mund auf, lehrte sie und sprach:

3 Selig sind, die da geistlich arm sind; denn ihrer ist das Himmelreich.

4 Selig sind, die da Leid tragen; denn sie sollen getröstet werden.

5 Selig sind die Sanftmütigen; denn sie werden das Erdreich besitzen.

6 Selig sind, die da hungert und dürstet nach der Gerechtigkeit; denn sie sollen satt werden.

7 Selig sind die Barmherzigen; denn sie werden Barmherzigkeit erlangen.

8 Selig sind, die reinen Herzens sind; denn sie werden Gott schauen.

9 Selig sind die Friedfertigen; denn sie werden Gottes Kinder heißen.

10 Selig sind, die um der Gerechtigkeit willen verfolgt werden; denn ihrer ist das Himmelreich.

Diese Worte Jesu sind eine Botschaft, die sich niemand selbst sagen kann und die uns eigentlich gegen den Strich geht. Jesus preist Menschen selig, die wir viel eher bedauern würden: Arme, Trauernde, Hungernde, Verfolgte. Und damit werden schon von vornherein zwei Dinge, zwei Missverständnisse, in Blick auf unsere Kirche deutlich. Das eine Missverständnis: Manche sind stolz, dass sie diese Kirche in ihrem Leben nur ganz selten von innen gesehen haben. So wie einer stolz sagen kann: „Ich war in meinem Leben nie im Krankenhaus. Ich habe das nicht nötig. Ich bin gesund." Für sie ist Kirche nur für den Notfall und für den Unfall.

Das andere Missverständnis: „Was soll ich in der Kirche? Ich weiß doch, was dort geschieht und was dort geredet wird. Es ist doch nichts so sicher, wie das Amen in der Kirche." Jesus widerspricht solcher Erfahrung – auch unserer Erfahrung mit der Kirche. Es lohnt sich, hinzuhören und es lohnt sich, seine Worte in die Mitte unsere Lebens hineinzunehmen. Ich weiß, dass das jetzt so klingt, als würde ich den Mund ein wenig zu voll nehmen. Aber ich denke, es ist doch nicht so. Ich will versuchen, es an der ersten Seligpreisung Jesu zu zeigen: Jesus sagt:

3 Selig sind, die da geistlich arm sind; denn ihrer ist das Himmelreich.

Bei Lukas ist dasselbe Wort überliefert, aber etwas anders. Es heißt dort:

Selig seid ihr Armen; denn das Reich Gottes ist euer. (Lk 6, 20)

Wer selbst arm ist oder sich arm fühlt, wird damit nicht einig sein. Er wird das blöd finden. Weshalb sollen Arme selig sein? Und was heißt das überhaupt: „selig"? Manchmal können wir es bei einem Kind sehen, wie es selig ist. Es freut sich, vielleicht über etwas ganz Kleines, Unbedeutendes, in aller Stille oder ganz laut. Es freut sich und kann seine Freude nicht für sich allein behalten. Es ist einfach selig. In diesem Sinn ist „selig" noch eine Steigerung von „glücklich". Wer selig gepriesen werden kann, der ist glücklich und hat Glück, heute und morgen und in Ewigkeit. Und Jesus sagt: Selig seid ihr Armen. Bei uns will niemand arm sein. Und wenn einer arm ist, dann ist er nicht selig. Im Gegenteil. Trotzdem preist Jesus die Armen selig

- und die Trauernden,
- und die Sanftmütigen,
- die, die hungern und dürsten nach Gerechtigkeit,
- die Barmherzigen und
- die Friedensstifter und noch mehr.

Er preist solche selig, die bei uns nichts zu lachen haben. Damit widerspricht er aller unserer Lebenserfahrung. Warum tut er das? Ich denke: Jesus meint das wirklich so wörtlich. Selig seid ihr Armen;

Aber wichtig ist seine Begründung. Die heißt: Gott steht auf eurer Seite! Jesus nimmt Partei – auf einer Seite, wo es gar nicht sicher ist, dass ich dazu gehöre. Lassen Sie uns genauer hinschauen und hinhören.

Die Armen, das sind zunächst wirklich die, die in vielerlei Weise zu kurz kommen. Jesus rechnet damit, dass das so nicht bleibt. Jesus rechnet damit, dass Gott sich das nicht gefallen lässt, dass Menschen so miteinander umgehen, dass einer auf Kosten der anderen lebt – und die Reichen auf Kosten der Armen.

Jesus nimmt Partei. Und man sieht ihn bei Kranken und Ausgestoßenen, bei Zöllnern und Sündern und bei den einfachen Leuten, die ein so hartes Leben haben, dass sie es sich nicht leisten können, fromm zu sein. Denen sagt er: „Selig seid ihr Armen; Gott steht auf eurer Seite!"

Von diesem Parteinehmen Jesu kommt es her, dass wir erwarten, dass Christen helfen. Von diesem Parteinehmen Jesu kommt es, dass wir es unerträglich finden, wenn bei uns zur Zeit in unserer Gesellschaft der Abstand zwischen reich und arm immer größer und immer unüberwindbarer wird. Die Armen, das sind aber auch die, die vor Gott nichts zu bieten haben. Deshalb nennt sie Matthäus, die geistlich Armen. Nicht die Dummen, aber solche, die einfach nichts vorzeigen können. Solche, denen Gott in ihrem Leben abhanden gekommen zu sein scheint. Solche, die so gebeutelt und geschlagen sind, dass sie nicht mehr Theater spielen können. Aber auch solche, die nach außen tapfer angeben und doch wissen, wie leer ihr Herz und ihre Hände sind, wenn es um Gott und wenn es um das wirkliche Leben geht. Jesus preist diese Armen selig – auch diese geistlich Armen – und sagt: „Gott steht auf eurer Seite!"

Eigentlich wissen wir gut, wie arm wir sind, geistlich arm. Denn bei uns darf man nicht schwach sein. Zumindest glaubt man das. Wir machen einander etwas vor. Wir versuchen wenigstens den Schein zu wahren, den höflichen und manchmal auch den frommen. Wir geben an, auch vor uns selbst und nehmen es uns übel, wo wir versagen. Und daraus kommt ein Krampf nach dem anderen. Jesus aber sagt: „Selig seid ihr Armen; Gott steht auf eurer Seite!"

Das ist eine Einladung zur Freiheit. Wenn Gott auf unserer Seite steht, einfach so, unverdient,
- dann muss ich nicht mehr scheinen, als ich bin,
- dann muss ich nicht nach außen angeben,
- dann muss ich mir nichts vor machen.
Dann darf ich zugeben, wie arm ich bin:
- arm an Glauben und oft arm an Liebe,
- arm, weil mein Herz und meine Hände leer sind
- oder arm, weil ich meine Hände nicht öffnen kann, weil ich dauernd festhalten muss.
„Selig seid ihr Armen; Gott steht auf eurer Seite!" So sagt Jesus.
Und er lädt damit ein, mit dem frommen Schein Schluss zu machen. Er lädt ein, die verkrampften Hände aufzumachen. Er lädt ein, unsere leeren Hände und Herzen Gott entgegen zu strecken.
Wir feiern Gottesdienst und denken über Jesu Wort nach. Es ist ein Wort, das wir uns nicht selbst sagen können und auf das wir auch nie und nimmer selbst kommen würden. „Selig seid ihr Armen; Gott steht auf eurer Seite! Gott steht auf eurer Seite, darum müsst ihr nichts aus euch machen. Ihr seid schon wer. Ihr seid geliebt. Gott steht auf eurer Seite, darum dürft ihr hoffen. Für euch und andere, dass die Friedensstifter recht behalten und ihr Hunger nach Gerechtigkeit nicht umsonst ist. Gott steht auf eurer Seite, auch wenn du dich selbst gar nicht magst und du nicht fromm bist und dir Glauben und Liebe abhanden gekommen sind."
Ich wünsche Ihnen und mir, dass diese unerhörte Nachricht in Unterreichenbach gehört wird. Und dass sie Kreise zieht und dass wir so immer wieder fröhlich erfahren, wozu die Kirche auch heute mitten im Dorf steht.

Amen.

20.08.1995 10. Sonntag nach Trinitatis (Israelsonntag)
Stadtkirche Peter und Paul in Calw
Bergkirche in Wimberg
Matthäus 5, 6

> 6 Selig sind, die da hungert und dürstet nach der Gerechtigkeit; denn sie sollen satt werden.

Gottes Gerechtigkeit

Liebe Gemeinde,

> 6 Selig sind, die da hungert und dürstet nach der Gerechtigkeit; denn sie sollen satt werden.

So sagt Jesus in der Bergpredigt bei Matthäus. Ich will es ein wenig anders sagen: Gesegnet sind, Glück haben die, die nach Gerechtigkeit hungern und dürsten und schreien; Gott selbst wird sie satt machen.

Ich habe dieses Jesuswort für heute ausgewählt, weil am heutigen 10. Sonntag nach dem Dreieinigkeitsfest in der Ordnung unserer Kirche in besonderer Weise an das Volk Israel gedacht wird. Ich kann das nicht, ohne 50 Jahre zurückzudenken. Ich kann das nicht, ohne mir sagen zu lassen, dass ein Mensch oder eine Gruppe oder ein Volk nur gesund werden können, wenn sie sich erinnern. Erinnern ist nicht Plage, sondern Gnade – auch wenn es schlimme Erinnerungen sind. Denn nur das, was wir erinnern und aus unserem Innern hervorholen können, verliert die unkontrollierte Macht über uns.

Ich kann als Deutscher nicht über das Verhältnis von Juden und Christen nachdenken, ohne dass mir sofort Auschwitz einfällt. Es geht nicht anders. Mit Trauer lasse ich mir das eine oder andere jüdische Schicksal erzählen. Menschen, die bei uns daheim waren. Menschen, die es nicht glauben konnten, dass ihnen systematisch die Luft zum Atmen genommen werden sollte. Menschen, die geplagt wurden, mit dem Ziel, dass sie umkommen. Und dann schließlich – die Endlösung – die industriell organisierte Vergasung von Millionen Menschen. Jeder Einzelne war ein Mensch. Jeder und jede hatte ein Gesicht. Sie hatten Hoffnungen und Ängste, Träume und Pläne – und den Wunsch, zu leben.

Es ist wichtig, dass wir einander von einzelnen Menschen erzählen, dass sie Gesichter bekommen. Denn wenn wir ein Gesicht sehen, dann fühlen wir auch den Schmerz mit, dann tut uns ein Schicksal weh. Dann können wir traurig werden und mit weinen. Es gehörte zum System, dass in den KZs die Menschen zu Nummern wurden. Nach der Spielregel: Wenn Nummern kaputt gehen, was macht das schon?

Es fällt einem das kleine KZ-Außenlager ein, das auch bei uns hier in Calw war. Ein gut gehütetes Geheimnis, weil man große Angst gemacht hat und mit Strafen gedroht hat

– und weil wir im Wegsehen und Übersehen geübt sind. Ich kann nur mit Trauer und Scham daran denken, was in unserem deutschen Namen geschehen ist: an den Juden, aber auch an den Polen und Russen und vielen anderen. Und ich kann nur mit Trauer und Scham wahrnehmen, wie wir heute hilflos zusehen, was an Unmenschlichkeit zwischen den Menschen im ehemaligen Jugoslawien geschieht. Es ist ja nicht vorbei, dass Menschen andere Menschen vertreiben, mit Stiefeln treten, kaputt machen und dass die Welt dabei zusieht. Es ist ja nicht vorbei, dass Unrecht geschieht, im Großen und im Kleinen. Und es ist ja auch bei uns so, dass nur der zählt, der etwas zu bieten hat. Spitze und harte Ellenbogen sind schick.

6 Selig sind, die da hungert und dürstet nach der Gerechtigkeit; denn sie sollen satt werden.

So sagt Jesus. Weiß er denn nicht, wie lächerlich und verspottend das in den Ohren der Opfer klingen muss? Ich glaube, er weiß es. Deshalb will ich versuchen, mit Ihnen ein wenig genauer hinzuhören und hinzusehen. Gesegnet sind die, die nach Gerechtigkeit hungern und dürsten und schreien. Was meint die Bibel mit Gerechtigkeit? In manchen Gerichten hängt ein Bild der Göttin Justitia, der Göttin Gerechtigkeit. Sie hat die Augen verbunden und ist blind. In der Hand hält sie eine Waage, auf der sie abwägt, dass jeder gleich behandelt wird, in gerechter, blinder Gleichheit.

Das ist ein Teil der Tradition unserer Gerichte. Und es ist gut, dass vor dem Gericht alle Menschen gleich sein sollen und das Ansehen der Person nicht zählt. Aber diese blinde Gerechtigkeit ist von Jesus nicht gemeint. Das Gegenteil von Gerechtigkeit ist in der Bibel nicht nur Ungerechtigkeit, sondern gottlose Gewalttätigkeit und Unmenschlichkeit.

Wer nach Gerechtigkeit hungern und dürsten muss, der leidet. Der leidet, so wie die Verhungernden im KZ oder tausende Straßenkinder in Südamerika. Er leidet unter Rücksichtslosigkeit und Egoismus. Er leidet vielleicht auch einfach unter unmöglichen Verhältnissen. Die nach Gerechtigkeit hungern und dürsten und schreien, brauchen nicht, dass alle alles gleich bekommen. Aber sie wollen angesehen werden. Beachtet. Sie wollen satt werden, wenigstens einmal am Tag. Sie wollen nicht fliehen müssen, nur weil es irgend jemand gefällt, Vertreibung anzuordnen. Sie möchten, dass sie wenigstens ihr Leben als Beute davon tragen, und das ihrer Kinder.

Jesus sagt: „Gott stillt solchen Hunger und solchen Durst." Das hat ungeheure Folgen. Das bedeutet zuerst: Gott steht auf der Seite der Opfer. Man glaubt auf unserer Welt immer an das Recht des Stärkeren. Man glaubt an das Glück dessen, der es gut hat. Man glaubt blind an Erfolg und Durchsetzungsvermögen. Gott steht auf der Seite der Opfer. Auch auf der Seite der Toten und der „nur" mit bleibenden Schäden „Davon-Gekommenen" von Auschwitz, Grafeneck, Warschau und Jugoslawien.

Täuschen wir uns nicht! Gottes Gerechtigkeit ist nicht blind. Er sieht. Er sieht auch meine Tränen und meine Angst. Er hört meine Stimme, wenn ich nach ihm rufe. Und er lässt niemanden einfach untergehen. Gottes Gerechtigkeit ist nicht blind. Die Psalmen sind voll von Zeugnissen, dass Gott die Stimme des Elenden hört und nach ihm sieht. Einfach so.

Bei uns wird oft gefragt: „Hast du dich bekehrt?" In der Bibel geht es um diese Frage nur selten. Aber Jesus sagt: „Die, die hungern und dürsten nach Gerechtigkeit, die sind gerettet – weil Gott sie satt macht, weil er nach ihnen sieht." Wenn wir nach dem persönlichen Heil eines Menschen fragen, dann kann ich von daher sagen: „Gott sieht dich und macht dich satt, unverdient, einfach so, weil du es nötig hast. Er schenkt dir, was du brauchst."

Tut er das wirklich? Wir sehen oft wenig davon. Aber soviel ist deutlich: Jesus will seine Freunde alle dazu gebrauchen, dass sie mit austeilen von der satt machenden Güte Gottes. Wenig später sagt er in der Bergpredigt: „Ihr habt alle so Angst um euch selbst. Ihr macht euch so viele Sorgen. Gott ist doch wie ein Vater und weiß, was ihr braucht und nötig habt. Trachtet zuerst nach dem Reich Gottes und nach seiner Gerechtigkeit, so wird euch das, was ihr braucht, alles zufallen."

Der Platz der Jünger Jesu ist auf der Seite von denen, die nach Gerechtigkeit hungern und dürsten. Wir sollen und dürfen hier und dort etwas tun – zur Versöhnung, zum Aufatmen. Es ist in Gottes Sinn. Er will uns auch dazu gebrauchen, dass Unterdrückte aufatmen können und Hungernde satt werden. Es ist nicht zufällig, dass Barmherzigkeit zu den Aufgaben der Kirche gehört.

Es ist eine große Bewegung. Gott hört alle, die nach ihm schreien und auf ihn hoffen und sich nach ihm ausstrecken. Und er sieht auch die, die dazu zu müde sind und es nicht merken, in welchem Spital sie krank sind. Jesus sagt: „Gesegnet sind die, die nach Gerechtigkeit hungern und dürsten und schreien; Gott selbst wird sie satt machen."

Dieses „Satt-Machen" will jetzt beginnen. Es hat längst angefangen. Jesus glaubt: Gott tröstet. Schon jetzt und hier auf unserer Welt. Darum steht er selbst auf der Seite der Opfer. Darum steht er für die sehende Gerechtigkeit Gottes ein, auch wenn ihn das ans Kreuz bringt.

Gesegnet sind die, die nach Gerechtigkeit hungern und dürsten und schreien; Gott selbst wird sie satt machen. Wir dürfen schreien und rufen. Gott sieht schon heute und übersieht nicht.

Unser Platz ist: mithelfen und austeilen. Wir müssen nicht die alte Schuld aufrechnen und vorrechnen. Aber wir sollen empfindsam werden für das, was Menschen Menschen antun. Und: Wir sollen nie sagen: „Da kann man nichts machen." Wer nicht helfen kann, kann doch um Hilfe schreien. Jesus preist nicht die Helfer oder die Starken oder die Macher. Er preist die Armen mit den leeren Händen.

Denken wir noch einmal an Israel und unsere unglückselige deutsche Vergangenheit. Wir werden ein Leben lang leere Hände haben. Wir werden immer wieder um Vergebung bitten müssen. Meine staunende Erfahrung ist es, dass da, wo wir Juden begegnen und sie kennen lernen, oft auch etwas geschieht, was mit Vergebung und Vertrauen zu tun hat.

6 Selig sind, die da hungert und dürstet nach der Gerechtigkeit; denn sie sollen satt werden.

Nehmen Sie das Wort Jesu mit heim. Es ist keine Vertröstung sondern ein Trost und eine Einladung zu einem veränderten Leben.

Amen.

04.09.1994 14. Sonntag nach Trinitatis
Bergkirche in Wimberg
Matthäus 5, 13-16[1]

13 Ihr seid das Salz der Erde. Wenn nun das Salz nicht mehr salzt, womit soll man salzen? Es ist zu nichts mehr nütze, als dass man es wegschüttet und lässt es von den Leuten zertreten.
14 Ihr seid das Licht der Welt. Es kann die Stadt, die auf einem Berge liegt, nicht verborgen sein.
15 Man zündet auch nicht ein Licht an und setzt es unter einen Scheffel, sondern auf einen Leuchter; so leuchtet es allen, die im Hause sind.
16 So lasst euer Licht leuchten vor den Leuten, damit sie eure guten Werke sehen und euren Vater im Himmel preisen.

Ihr seid das Salz der Erde – Ihr seid das Licht der Welt

Liebe Gemeinde,
Ihr seid das Salz der Erde. Ihr seid das Licht der Welt.
Wer soll damit gemeint sein? Von wem redet Jesus? Wer könnte so von sich denken: „Ich, wir sind das Salz, das für Würze und rechten Geschmack der Welt sorgt oder Licht, das unsere Welt hell macht?"
Wenn irgendwo eine Gruppe in dieser Weise Jesus beim Wort nehmen will, dann merkt sie schnell: sie hat nicht viel zu sagen und sie stolpert oft über die eigenen Pläne und Ziele.
Ich denke an den Spott, den die einstecken müssen, die um den Frieden der Welt beten: Irak, Dafour, Afghanistan.
Ich denke daran, wie schwer es uns fällt, für Einsame und Kranke da zu sein. Wie uns die Geduld und der Atem ausgehen, auch wenn wir es ganz anders haben möchten.
Ich denke daran, wie oft mir das rechte Wort zur rechten Zeit fehlt und ich dann auch nicht den Mut habe, den Mund auf zu tun.
Ich denke daran, wie schnell wir es aufgeben, für die Barmherzigkeit einzustehen, von der wir leben.
Und ich denke daran, wie schnell auch im eigenen Herzen die Finsternis überhand nimmt und das Wort Jesu übergangen, abgeschwächt oder verharmlost wird.
Oft ist bei uns nichts zu sehen von dem, was es bei Jesus zu sehen gibt. Wir unterscheiden uns als Kirche oft überhaupt nicht von anderen. Man spürt nichts vom Salz. Man sieht nichts vom Licht. Wir können nur selbst unsere Hände bittend ausstrecken. An-

---

1 Matthäus 5, 13-16 ist Predigttext zum 8. Sonntag nach Trinitatis. Diese Predigt wurde gehalten zum 40jährigen Jubiläum der Bergkirche in Calw-Wimberg. Sie lehnt sich an eine Predigt von Helmut Gollwitzer an. (H. Gollwitzer, Veränderung im Diesseits. Politische Predigten; Chr. Kaiser Verlag; München 1973; S. 139ff.)

gesichts der Fragen unserer Zeit wissen wir etwas davon, was es heißt, geistlich arm zu sein. Aber ausgerechnet damit beginnt Jesus seine Bergpredigt, dass er Segenswünsche ausspricht. Wir haben sie vorhin gehört. Er preist selig:
- die Armen
- und die Leidtragenden
- und die, die hungern und dürsten nach Gerechtigkeit
- und die, die Frieden stiften und sanftmütig bleiben;
- ja sogar die, die Widerstand erfahren und verfolgt werden.
Sie preist Jesus selig. Solche, die nach unserer Meinung wenig zu lachen und kaum etwas zu sagen haben. Ausgerechnet die, die selbst leere Hände haben oder denen die Hände immer wieder leer geschlagen werden. Solchen, die darunter leiden, wie wenig sie ausstrahlen, denen sagt Jesus:

13 Ihr seid das Salz der Erde.
14 Ihr seid das Licht der Welt.

Nun müssen wir sehr genau hinhören: Jesus sagt nicht: „Werdet wie Salz;" oder: „Werdet Licht." Er sagt nicht: „Macht euch selbst zum Salz der Erde und zum Licht der Welt. Oder tut wenigstens so." Er sagt auch nicht: „Gebt euch halt Mühe, damit euch etwas in der Welt gelingt." Wenn wir glauben, wir könnten aus der finsteren eine helle Welt machen, dann kann das nur im Misserfolg und in der Verzweiflung enden. Denn frommer Eifer wird schnell zwanghaft und gewalttätig. Wenn wir uns einbilden wollten, dass es auf uns ankommt und dass wir die Welt verändern und retten, dann wäre das Einbildung und reiner Hochmut. Wir verwandeln die Herzen nicht. Auch gerade nicht unsere eigenen.
Trotzdem sagt Jesus zu solchen, die etwas von der Nacht wissen und von der eigenen Finsternis und von der eigenen faden Lebensweise: „Ihr seid."

13 Ihr seid das Salz der Erde.
14 Ihr seid das Licht der Welt.

Er sagt nicht: „Werdet!", sondern: „Ihr seid!" Aber wir wissen: Wir SIND es nicht. Was meint Jesus dann? Ganz sicher ist es nicht so, dass wir das Licht von Jesus bekommen und dann einfach weitergeben könnten. Dann wäre die Kirche doch das Licht der Welt. Jesus ein großes und wir ein kleines Licht.
Wenn Christen oder Kirchen das geglaubt haben: „Wir haben das Licht und geben es weiter," dann wurde es immer besonders dunkel. Wenn sich Christen als Lichtbesitzer fühlen, dann meinen sie: „Wir haben das Licht. Und die anderen, die haben das Licht nicht. Wir haben den Vorteil, die anderen das Nachsehen. Wir stehen oben und die anderen unten. Wir haben den Glauben und von den anderen ist nichts Gutes zu sagen."

Wenn Christen so gedacht haben, dann haben sie Kreuzzüge geführt oder Waffen gesegnet oder andere im Namen Jesu zu Sklaven gemacht oder als besonders Gläubige die anderen als weniger Gläubige oder Ungläubige gebrandmarkt. Jesus preist die geistlich armen Leute selig, nicht irgendwelche Glaubens- oder Salz- oder Licht-Besitzer. Aber von diesen gerade sagt er: „Ihr seid das Licht."

Nur wer das Licht nicht hat, ist das Licht. Eine Gemeinde, die nicht mehr oben steht und auf andere herunter sieht, eine Gemeinde, die weiß, dass die Bitte um Vergebung zuerst unsere eigene Bitte ist und sein muss, die wird zum Salz und Licht der Welt.

Einer der weiß, wie oft er selbst nicht glaubt, einer der weiß, wie oft er selbst nicht barmherzig ist, einer der weiß, wie wenig er helfen und trösten kann, einer der deshalb am Wort Jesu hängt und von dort Hilfe und Kraft und Weisheit erwartet, der wird zum Lichtblick. Nur wer das Licht nicht hat, wird zum Licht.

Noch etwas ist mir deutlich geworden:

13 Ihr seid das Salz der Erde.
14 Ihr seid das Licht der Welt.

Das gilt der ganzen christlichen Gemeinde. Auch hier in unserem Ort. Wer sich als Lichtbesitzer fühlt, der glaubt, er müsste das Licht verteidigen gegen Unglauben und gegen die Ansteckung durch die Finsternis. Dann baut man Schutzwälle und Mauern. Aber gerade damit wird das Licht unter den Eimer gestellt. Denn, vom Bild her ist deutlich:

Salz und Licht, die verschwenden sich für ihre Umgebung. Das Salz geht in der Suppe auf und macht sie schmackhaft. Das Licht macht die Nacht hell. Salz und Licht, die können und wollen sich nicht selbst retten oder erhalten.

Es geht nicht darum, sie zu verteidigen. Es geht einzig darum, dass wir sind, was wir in den Augen Jesu sind: Menschen, arm und trauernd, barmherzig und Frieden stiftend Aber als solche von ihm gesegnet und getröstet. So ist Gemeinde Salz und Licht.

Wir müssen noch einen Schritt weiter denken: Salz und Licht, sie sind nach außen gewandt, sie verzehren und verschwenden sich, aber sie wollen nicht alles andere zu Salz oder Licht machen. So haben wir Christen Kirche oft verstanden: Wir müssen andere dazuholen. Wir wollen mehr Salz und mehr Licht. Jesus will etwas anderes: Er will Jünger, die Salz der Erde und Licht der Welt sind. Er will Menschen, die für unsere Welt wichtig sind.

Eine Prise Salz verändert den ganzen faden Geschmack. Ein kleines Licht macht einen großen dunklen Raum hell. Das ist das Versprechen, dass da, wo Menschen auf Jesus hören, da, wo wir seine Gemeinde sind, dass da das Wunder geschieht. Das Wunder, dass eine kleine unscheinbare Gruppe von Christen anderen das Leben und die Welt genießbarer machen kann, dass sich Verhältnisse ändern, dass es hell wird. Man merkt es, wenn da Menschen sind, die sich um Frieden mühen, nicht mit Gewalt, sondern mit Geduld und Phantasie.

Man merkt es, wenn da Menschen sind, die Verantwortung übernehmen, die nicht bloß an sich dabei denken. Für die „Gemeinwohl" kein leeres Wort ist. Man merkt es, wenn da Menschen sind, die andere nicht im Stich lassen, sondern sie begleiten und trösten – und dabei nicht zuerst fragen: Was wird mir dafür? Man merkt es, wenn da Menschen sind, die mit anderen hungern und dürsten nach Gerechtigkeit – und sich nicht zufrieden geben. Man merkt es, wenn sich Christen in unserer Welt einmischen, nicht als Besserwisser, aber als solche, die unruhig sind, die bei der Wahrheit bleiben und nach der Wahrheit suchen, auch wenn es unbequem ist. Man merkt es, wenn es hell wird – und leider auch, wenn es dunkel bleibt.

Hören wir es noch einmal: Jesus sagt:

13 Ihr seid das Salz der Erde.
14 Ihr seid das Licht der Welt.
16 So lasst euer Licht leuchten vor den Leuten, damit sie eure guten Werke sehen und euren Vater im Himmel preisen.

Amen.

08.09.2002 15. Sonntag nach Trinitatis
Stadtkirche Peter und Paul in Calw
Matthäus 14, 22-33

22 Und alsbald trieb Jesus seine Jünger, in das Boot zu steigen und vor ihm hinüberzufahren, bis er das Volk gehen ließe.

23 Und als er das Volk hatte gehen lassen, stieg er allein auf einen Berg, um zu
beten. Und am Abend war er dort allein.

24 Und das Boot war schon weit vom Land entfernt und kam in Not durch die Wellen; denn der Wind stand ihm entgegen.

25 Aber in der vierten Nachtwache kam Jesus zu ihnen und ging auf dem See.

26 Und als ihn die Jünger sahen auf dem See gehen, erschraken sie und riefen: Es ist
ein Gespenst!, und schrien vor Furcht.

27 Aber sogleich redete Jesus mit ihnen und sprach: Seid getrost, ich bin's; fürchtet
euch nicht!

28 Petrus aber antwortete ihm und sprach: Herr, bist du es, so befiehl mir, zu dir zu
kommen auf dem Wasser.

29 Und er sprach: Komm her! Und Petrus stieg aus dem Boot und ging auf dem
Wasser und kam auf Jesus zu.

30 Als er aber den starken Wind sah, erschrak er und begann zu sinken und schrie:
Herr, hilf mir!

31 Jesus aber streckte sogleich die Hand aus und ergriff ihn und sprach zu ihm:
Du Kleingläubiger, warum hast du gezweifelt?

32 Und sie traten in das Boot und der Wind legte sich.

33 Die aber im Boot waren, fielen vor ihm nieder und sprachen: Du bist wahrhaftig
Gottes Sohn!

Seid getrost, ich bin's; fürchtet euch nicht!

Liebe Gemeinde,

Sie warten jetzt vielleicht darauf, dass ich etwas Grundsätzliches sage zu den 40 Jahren,
wegen denen ich heute besonders zum Gottesdienst eingeladen habe. Ich werde es tun.
Aber nicht so, wie Sie es vielleicht erwarten. Ich erzähle keine Geschichten aus meinem
Leben – zumindest nicht jetzt hier auf der Kanzel.

Aber ich will Ihnen eine Jesusgeschichte zeigen, mit der ich mich im Lauf meines Lebens immer wieder herumgestritten habe und die ich zunehmend schätze. Es ist eine
Zeit- und Orts-Ansage für die christliche Gemeinde, die Kirche. Ich lese aus dem Mat-
thäusevangelium, Kapitel 14, 22-33.

22 Und alsbald trieb Jesus seine Jünger, in das Boot zu steigen und vor ihm hinüberzufahren, bis er das Volk gehen ließe.

23 Und als er das Volk hatte gehen lassen, stieg er allein auf einen Berg, um zu beten. Und am Abend war er dort allein.

24 Und das Boot war schon weit vom Land entfernt und kam in Not durch die Wellen; denn der Wind stand ihm entgegen.

25 Aber in der vierten Nachtwache kam Jesus zu ihnen und ging auf dem See.

26 Und als ihn die Jünger sahen auf dem See gehen, erschraken sie und riefen: Es ist ein Gespenst!, und schrien vor Furcht.

27 Sogleich aber redete Jesus mit ihnen und sprach: Seid getrost, ich bin's; fürchtet euch nicht!

28 Petrus aber antwortete ihm und sprach: Herr, bist du es, so befiehl mir, zu dir zu kommen auf dem Wasser.

29 Und er sprach: Komm her! Und Petrus stieg aus dem Boot und ging auf dem Wasser und kam auf Jesus zu.

30 Als er aber den starken Wind sah, erschrak er und begann zu sinken und schrie: Herr, hilf mir!

31 Jesus aber streckte sogleich die Hand aus und ergriff ihn und sprach zu ihm: Du Kleingläubiger, warum hast du gezweifelt?

32 Und sie traten in das Boot und der Wind legte sich.

33 Die aber im Boot waren, fielen vor ihm nieder und sprachen: Du bist wahrhaftig Gottes Sohn!

Ich weiß nicht, wo Sie bei dieser Geschichte aufmerken oder, gar wie ich, stolpern. Meine Stolperstelle ist Petrus. Petrus sagt zu Jesus: „Herr, wenn du es bist, dann gib mir den Befehl, über das Wasser zu dir zu kommen!" Warum redet Petrus so? Was soll das heißen: „Wenn DU es bist?" Und warum dann auf dem Wasser gehen? Es mag ja sein, dass von Jesus erzählt wird: „Er ging auf dem Wasser." Aber warum will Petrus das? Warum weiß Petrus nicht, dass der, der ihm entgegenkommt, der Christus ist? Will er die Probe machen? Warum eine solche? Solche Fragen habe ich mir oft vergeblich gestellt. Ich glaube, ich habe heute eine Antwort. Deshalb möchte ich diese Erzählung von Jesus und Petrus auf dem Wasser mit Ihnen ein wenig genauer anschauen. Der Anfang hat es schon in sich. Es heißt:

22 Und alsbald trieb Jesus seine Jünger in das Boot zu steigen und vor ihm hinüberzufahren, bis er das Volk gehen ließe.

Matthäus erzählt von der Nacht auf dem Meer unmittelbar im Anschluss an die Speisung der 5000.[1] Die Jünger sahen keine Möglichkeit, für diese unendliche Masse von Menschen zu sorgen. Jesus aber hat Erbarmen mit ihnen:

... und sie jammerten ihn ... (Mt 14, 14)

---

1 Mt 14, 13-21

übersetzt Martin Luther. Und dann das Glück. Unter Jesu segnenden Händen werden alle satt. Die Freunde Jesu müssen nur austeilen. Sie müssen nur weitergeben, was sie empfangen. Und dann, dann heißt es:

> 22 Und alsbald trieb Jesus seine Jünger in das Boot zu steigen und vor ihm hinüber-
> zufahren, bis er das Volk gehen ließe.

So wird erzählt: Jesus treibt seine Jünger in das Schiff. Sie sollen ans andere Ufer fahren. Sie haben etwas Neues vor sich. Die Jünger müssen sich allein auf den Weg über das Meer machen. Jesus lässt sie allein. Die Jünger fahren Jesus voraus. Er will es so. Er zwingt seine Jünger ins Schiff.

Der Weg der christlichen Gemeinde ist nicht ein bequemer, sicherer Weg auf einem festen Boden. Der Weg, auf den Jesus ruft, der Weg, auf den Jesus seine Freunde zwingt, ist ein Weg über das Wasser. Jesus trieb seine Jünger ins Schiff. Das Schiff auf dem Wasser – wir kennen es als Bild für die Gemeinde Jesu. Wir reden heute noch vom Kirchenschiff. Es ist kein harmloses Bild.

Den Platz im Schiff auf dem Wasser, den suchen sich die Freunde Jesu nicht aus. Jesus zwingt sie ins Schiff. Er lässt sie hinüberfahren auf dem Meer der Welt. Es ist Gegenwind. Der Wind bläst ins Gesicht. Der Wind kostet Kraft. Er macht müde. Wind, nicht nur so, wie der Wind eben einem im Leben um die Nase bläst, sondern: Wind, der entgegensteht. Wind, der einen aufhält. Wind, der es einem schwer macht, weiterzugehen oder weiterzufahren. Und der Wind auf dem Wasser macht Wellen und bringt das Schiff in Not. Es ist eine harte Erfahrung vieler Christen:

Wenn wir auf dem Weg sind, auf den Jesus zwingt, dann steht der Wind oft entgegen Weil Jesu Art oft quer zu unserer Welt steht, deshalb ist Gegenwind ein gutes Zeichen, auch wenn er mühsam und bedrohlich ist. Jesus schickt seine Freunde voraus als Zeugen der Liebe und Güte Gottes. Er traut uns zu, dass wir verzeihen können, ohne zu rechnen. Er traut uns zu, dass wir füreinander einstehen können. Er traut uns zu, dass bei uns keiner größer sein muss, als die anderen. Er traut uns zu, dass wir für Frieden einstehen, im Kleinen und im Großen und erst recht, wo es schwierig wird. Er traut uns zu, dass wir einander nicht ausnützen, dass uns das Wohl und Wehe des Nächsten nicht gleichgültig ist. Er traut uns zu, dass wir andere nicht richten und nicht verurteilen. Er traut uns sehr viel zu.

Und da steht der Wind gern entgegen. Nicht nur von außen sondern auch und gerade von innen, der Gegenwind, der aus dem eigenen Herzen kommt.

Die Geschichte erzählt das noch weiter. Nicht nur Wind und Wellen stehen entgegen. Es ist auch Nacht. Und da, mitten in der Nacht, da wo die Angst groß wird und die Einsamkeit sich breit macht, da kommt Jesus zu ihnen auf dem bedrohlich wogenden Wasser. Aber: die Jünger erkennen ihn nicht. Im Gegenteil. Sie halten ihn für eine bedrohliche Erscheinung, für ein Gespenst.

25 Aber in der vierten Nachtwache kam Jesus zu ihnen und ging auf dem See.
26 Und als ihn die Jünger sahen auf dem See gehen, erschraken sie und riefen: Es ist ein Gespenst!, und schrien vor Furcht.

Ich habe das immer verwundert gelesen oder erzählt bekommen. Die Jünger erkennen Jesus nicht. Mitten in der Nacht halten sie ihn für etwas, was ihnen Angst macht, ein Gespenst. Der Christus kommt ihnen entgegen. Und sie spüren bloß Bedrohung und Zumutung.

Wir Menschen kennen das, dass etwas zur Zumutung wird. Wir kennen das, dass einem der andere Tag so zur Bedrohung wird im Voraus, dass er Angst erregt. Wenn Überforderung da ist, wenn ich merke wie die Kräfte nicht reichen, wenn ich auf jeden Fall etwas richtig machen muss und es gar nicht kann, dann kennen wir auch als erwachsene Menschen solch ein Gefühl: Es kommt auf mich etwas zu, wie ein bedrohliches Gespenst.

Aber hier wird gesagt: Jesus wird zum Gespenst, zur Bedrohung. Jesus, an dem mein Glaube hängt, der mich ins Schiff getrieben hat, mit dem ich gerne den Weg gehen will, er verwandelt sich in dieser Nacht in die Bedrohung.

26 Und als ihn die Jünger sahen auf dem See gehen, erschraken sie und riefen: Es ist ein Gespenst!, und schrien vor Furcht.
27 Aber sogleich redete Jesus mit ihnen und sprach: Seid getrost, ich bin´s; fürchtet euch nicht!

In manchem kann ich das inzwischen verstehen. Es geschieht wohl öfter als uns lieb ist, dass wir Christen den Christus, der uns begegnet, nicht erkennen, auf die Seite schieben oder sogar Angst haben.

Ich denke an die Bergpredigt Jesu. Wie einig sind sich die Ausleger aller Zeiten darin, dass sie einen Bogen um Jesu Worte machen. Es heißt dann: „Mit der Bergpredigt kann man nicht regieren." Oder: „Das ist etwas für ganz Besondere aber doch nicht für den Durchschnittsmenschen."

Jesus sagt: „Ihr sollt Gewalt nicht mit Gegengewalt beantworten. Es hilft nicht." Wer von uns glaubt ihm das?

Jesus sagt: „Niemand kann zwei Herren dienen. Nicht Gott und dem Mammon." Wer von uns versucht es nicht doch.

Jesus lädt ein zum großen Vertrauen und nicht Sorgen. Wie gehe ich mit meinen Sorgen um?

Der Christus wird zur Zumutung. Wir schieben ihn weg. Erkennen ihn nicht. Und es mag auch sein: Die Aufforderung zum Verzeihen – sie macht Angst, wie ein Gespenst. Die Jünger erkennen Jesus nicht. Da wo sie ihn brauchen, in der Nacht, im Sturm, da kommt er, zu ihrem Schrecken, mitten auf dem Wasser. Und sie hören es verwundert, wie er sie anredet:

27 Seid getrost, ich bin's; fürchtet euch nicht!

Aber da ist nun die Antwort des Petrus. Er sagt:

28 Herr, bist du es, so befiehl mir, zu dir zu kommen auf dem Wasser.

Ich fange an, Petrus ein wenig zu verstehen. Noch immer ist er sich nicht sicher, ob ihm in dieser nächtlichen Zumutung wirklich der Christus begegnet. Und er merkt zugleich: Der Weg Jesu, das ist ein Weg, fast so unmöglich wie ein Weg auf dem Wasser. Und so bittet er:

28 Herr, bist du es, so befiehl mir, zu dir zu kommen auf dem Wasser.

Es geht nicht darum, ob man auf dem Wasser gehen kann. Es geht darum, dass aus der Zumutung Jesu Mut wird. Darum, dass in dem Gespenst, das mir begegnet, sich die Wirklichkeit Jesu sichtbar macht. Dass ich merke: Ja, ich bin auf dem richtigen Weg. Ich bin nicht ausgeliefert in einer ungewissen Nacht, sondern von Jesus berufen und gerufen zu meinem Weg und sei es auf dem Wasser. Ganz einfach wird erzählt. Jesus sagt:

29 Komm her!

Und Petrus steigt aus. Er schaut nicht links noch rechts, sondern auf Jesus. Und siehe, er kann – er kann gehen, auf dem Weg, der kein Weg ist, mit der Liebe, die eine Überforderung ist. Er kann auf dem Wasser gehen. Aber dann, dann wird Petrus plötzlich bewusst, wo er ist. Er sieht. Er sieht alles, was entgegensteht. Gegen die Bergpredigt, gegen das Verzeihen, gegen den Gewaltverzicht, gegen das, was auch immer jetzt dran ist. Petrus macht die Augen auf und sieht den Wind und die Wellen. Und da erschrickt er. Er erschrickt vor seinem eigenen Mut.

30 Als er aber den starken Wind sah, erschrak er und begann zu sinken und schrie: Herr, hilf mir!
31 Jesus aber streckte sogleich die Hand aus und ergriff ihn und sprach zu ihm: Du Kleingläubiger, warum hast du gezweifelt?

Für Petrus, den Freund Jesu, ist der Weg auf dem Wasser ein Weg. Ein Weg, weil Jesus ihn zu sich ruft. Ein Weg, zuerst voller Zuversicht und dann wieder voller Angst. Der feste Schritt und das Versinken aus Angst sind ganz nahe beieinander. Nur – Jesus lässt Petrus nicht untergehen.

Ich habe gesagt: Diese Geschichte ist eine Zeit- und Orts-Ansage für die Kirche. Ich weiß, nicht jeder Sturm und nicht jeder Gegenwind kommen aus der Tiefe des Zutrauens und der Zumutungen Jesu. Aber, für Christen ist der Sturm, von außen und innen, normal. Jesus schickt seine Jünger auf das Wasser. Er zwingt sie ins Schiff. Und wir erkennen ihn oft nicht. Wir Christen haben unseren Platz auf der Seite der Opfer, der Mühseligen und Beladenen. Und natürlich sind wir ständig überfordert, wenn es darum geht, Gottes Güte und Liebe zu leben. Aber das ist unser Platz.

Jesus sagt zu Petrus: „Komm!"

Ich möchte diese Stimme hören und hörbar machen, deshalb bin ich vor 40 Jahren Pfarrer geworden, und bin es noch immer gern.

Amen.

1 Denn das Himmelreich gleicht einem Hausherrn, der früh am Morgen ausging, um Arbeiter für seinen Weinberg einzustellen.

2 Und als er mit den Arbeitern einig wurde über einen Silbergroschen als Tagelohn, sandte er sie in seinen Weinberg.

3 Und er ging aus um die dritte Stunde und sah andere müßig auf dem Markt stehen

4 und sprach zu ihnen: Geht ihr auch hin in den Weinberg; ich will euch geben, was recht ist.

5 Und sie gingen hin. Abermals ging er aus um die sechste und um die neunte Stunde und tat dasselbe.

6 Um die elfte Stunde aber ging er aus und fand andere und sprach zu ihnen: Was steht ihr den ganzen Tag müßig da?

7 Sie sprachen zu ihm: Es hat uns niemand eingestellt. Er sprach zu ihnen: Geht ihr auch hin in den Weinberg.

8 Als es nun Abend wurde, sprach der Herr des Weinbergs zu seinem Verwalter: Ruf die Arbeiter und gib ihnen den Lohn und fang an bei den letzten bis zu den ersten.

9 Da kamen, die um die elfte Stunde eingestellt waren, und jeder empfing seinen Silbergroschen.

10 Als aber die Ersten kamen, meinten sie, sie würden mehr empfangen; und auch sie empfingen ein jeder seinen Silbergroschen.

11 Und als sie den empfingen, murrten sie gegen den Hausherrn

12 und sprachen: Diese Letzten haben nur eine Stunde gearbeitet, doch du hast sie uns gleichgestellt, die wir des Tages Last und Hitze getragen haben.

13 Er antwortete aber und sagte zu einem von ihnen: Mein Freund, ich tu dir nicht Unrecht. Bist du mit mir nicht einig geworden über einen Silbergroschen?

14 Nimm, was dein ist, und geh! Ich will aber diesem Letzten dasselbe geben wie dir.

15 Oder habe ich nicht Macht zu tun, was ich will, mit dem, was mein ist? Siehst du scheel drein, weil ich so gütig bin?

16 So werden die Letzten die Ersten und die Ersten die Letzten sein.

Ich will euch geben, was recht ist

Liebe Gemeinde,

„Mich will niemand!", so sagt ein junger Mann und zeigt mir die Mappe seiner vergeblichen Bewerbungen. Und er ist nicht allein. Es gibt viele, die unser Wirtschaftssystem nicht zu brauchen scheint. Es gibt viele, die sich abgeschrieben vorkommen. Ich muss

Ihnen nicht erzählen, wie unsere Welt funktioniert. Wir wissen es alle, es ist nicht gut, zu den Letzten zu gehören. Bei Weltmeisterschaften oder Olympischen Spielen, da sagt man bedauernd: „Er ist nur Zweiter geworden." Und die Statistiken vermelden einem in regelmäßiger Wiederholung: die Schere zwischen Arm und Reich öffnet sich immer weiter, gerade auch bei uns in Deutschland.

In diese Welt hinein erzählt Jesus seine Geschichten. Er erzählt vom „Himmelreich". Er erzählt davon, wie es aussehen kann, wenn Gottes Wille schon heute in unserer Welt geschieht. Eine Geschichte haben wir soeben als Predigttext gehört. Ich will noch einmal erzählen:

Da ist ein Weinbergbesitzer. In seinem Weinberg gibt es viel zu arbeiten. Vielleicht ist es die Zeit der Ernte. Er ist ein Arbeitgeber. Am ganz frühen Morgen geht er auf den Markt. Dort warten die Männer, die nichts haben. Nichts als ihr Leben und ihre Arbeitskraft. Sie stehen da und hoffen, dass sie heute jemand braucht. Sie haben Glück. Der Weinbergbesitzer bietet ihnen Arbeit für einen guten Tagelohn: ein ganzes Silberstück. Davon wird man nicht reich. Aber ein Silberstück ist ausreichend. Wer ein Silberstück am Abend nach Hause bringt, kann für den nächsten Tag seine Familie versorgen. Der Weinbergbesitzer und die Männer auf dem Markt werden einig: ein Silberstück. Und der Herr schickt sie in seinen Weinberg. Um neun Uhr geht der Weinbergbesitzer wieder auf den Markt. Da sieht er andere. Die stehen müßig herum. Sie warten. Sie hoffen noch auf Arbeit. Er sagt zu ihnen:

4 Geht ihr auch hin in den Weinberg; ich will euch geben, was recht ist.

Die Männer gehen. Sie werden gebraucht. Sie hoffen, dass auch der Lohn recht wird. Vielleicht fragen sie auch und rechnen und hoffen auf drei Viertel von einem guten Tagelohn. Merkwürdig. Der Weinbergbesitzer hat noch nicht genug. Auch um die Mittagszeit und nachmittags um drei geht er über den Markt. Er findet Leute, die müßig herumstehen. Und er schickt sie in seinen Weinberg. Eine Stunde vor Arbeitsschluss, um fünf Uhr, geht der Weinbergbesitzer noch einmal hinaus. Er findet andere und er fährt sie an: „Was steht ihr den ganzen Tag müßig herum?" Sie sagen: „Es hat uns niemand gewollt." Da sagt der Herr: „Geht auch ihr hin in den Weinberg." Jetzt ist es Abend. Jetzt ist Arbeitsschluss und Lohnauszahlung.

8 Als es nun Abend wurde, sprach der Herr des Weinbergs zu seinem Verwalter: Ruf die Arbeiter und gib ihnen den Lohn und fang an bei den letzten bis zu den ersten.

Da kommen die Allerletzten. Die, die nur eine Stunde Arbeit hatten. Sie strecken die Hand aus. Und sie bekommen jeder ein ganzes Silberstück. Nicht weniger! Zuletzt kommen die Ersten. Die, die einen Arbeitstag mit zwölf Stunden hinter sich haben. Aufmerksam haben sie zugesehen und sich gewundert: „Ein ganzes Silberstück bekommen die! Das hat der Herr uns auch versprochen. Aber wir sind mehr wert. Wir bekommen sicher mehr! Mehr als diese Letzten!"

So wandern ihre Gedanken und wachsen ihre Erwartungen. Jetzt sind sie an der Reihe. Auch sie strecken ihre Hand aus, und jeder bekommt – ein ganzes Silberstück. Da werden sie laut. Da fangen sie an zu murren und zu schimpfen. Sie beschweren sich beim Chef.

11 Diese Letzten haben nur eine Stunde gearbeitet, doch du hast sie uns gleichgestellt, die wir des Tages Last und Hitze getragen haben.

Der Herr gibt eine dreifache Antwort. Die hat es in sich. Er sagt zu einem der Arbeiter: „Mein Freund, ich tue dir nicht Unrecht. Wurden wir heute Morgen nicht einig: ein Silberstück für den Tag? Also nimm das Deine und geh! Ich aber will diesem Letzten dasselbe geben wie dir. Darf ich nicht mit dem Meinen tun, was ich will? Oder: Bist du neidisch? Machst du böse Augen, weil ich gut bin?"

So weit erzählt Jesus. Und da ist am Ende die Frage: „Machst du böse Augen, weil ich gut bin?" Was machen wir für Augen? Erleben wir die Güte des Weinbergbesitzers auch als ärgerlich? Ich denke schon. Ich kann die Phantasien und die Erwartungen der Ersten gut verstehen. Es muss doch gerecht zugehen in der Welt. Gleiche Arbeit für gleichen Lohn! Das ist doch ein allgemein anerkannter Grundsatz! Und dann dieses Gefühl: „Du hast sie uns gleichgestellt! Wir arbeiten und schwitzen und mühen uns ab, einen ganzen langen Tag. Und die? Die kommen kurz vor Ende. Und sie bekommen den ganzen Lohn! Das geht nicht." Die Empörung ist klar. Sie ist auch unsere, wenn wir uns in die Rolle der Arbeiter der ersten Stunde hineindenken.

Wir haben hier viel miteinander zu reden. Und hoffentlich tun Sie es auch, nach dem Gottesdienst, auf dem Heimweg oder immer wieder. Und da ist dann immer wieder diese Frage: „Was machen wir für Augen?" Nur ein paar Stichworte. Gleicher Lohn für gleiche Arbeit. Das gilt. Aber die Wirklichkeit ist anders.

Noch immer werden Frauen für vieles schlechter bezahlt als Männer! Wie schwer tun wir uns mit gleichem Lohn zwischen den alten und den neuen Bundesländern? Und gleicher Lohn? Angleichungen gehen doch zurzeit nach unten? Da werden Arbeitsbereiche aus Firmen ausgegliedert, damit weniger Lohn bezahlt werden muss? Das „Outsourcen" macht auch vor Kirchengemeinden nicht halt! Es gibt viel zu reden. Die Augen blicken böse. So wollen wir Gottes Herrschaft nicht.

Denken wir uns in die Letzten hinein! Mit einem ganzen Silberstück haben sie nicht gerechnet. Das haben sie nicht verdient. Aber es tut ihnen gut. Sie können es nötig brauchen. Sie können leben. Mit ihrer Familie. Auf einmal sind sie etwas wert! Sie müssen nicht mehr sagen: „Mich will niemand!" Ich stelle mir vor, dass die Letzten am nächsten Morgen die Ersten sind. Sie hoffen, dass sie auch schon am frühen Morgen gebraucht werden. Sie möchten gerne ihren Lohn wert sein. Auch dann, wenn sie genau wissen: „Eigentlich ist es ein Geschenk, dass ich arbeiten darf und kann." Ich glaube, die Güte des Weinbergbesitzers tut gut. Sie hilft den Letzten zum Leben. Die Erfahrung, gebraucht zu werden tut gut. So wie man fröhlich wird, wenn einer plötzlich und unerwartet, und schon fast nicht mehr erhofft, auf die 53. Bewerbung eine positive Antwort bekommt.

Bei den Letzten tut Güte gut. Aber welche Antwort geben die Ersten? Ich merke, Jesus erzählt davon nichts. So wenig, wie bei den Letzten. Aber damit stellt sich seine Frage an mich: „Machst du böse Augen, weil ich gut bin?" Unsere Welt macht böse Augen. Und ich gehöre zu dieser Welt. Die „bösen" Augen sind „neidische" Augen. Ich denke, wir haben da alle Erfahrungen. Eigene und solche, die wir beobachten. Neidgefühle, als Geschwister, gegenüber Schulkameraden, gegenüber Arbeitskollegen. Es gibt so Menschen, denen anscheinend alles glückt und oft auch noch in den Schoß fällt. Aber ich gehöre nicht dazu. In fast jedem Wahlkampf wird eine Neiddebatte geführt. Neid auf die Hartz IV Empfänger, von denen viele angeblich Schmarotzer sind. Neid, auf die Fremden, die in unser Land kommen und es auch noch zu etwas bringen.

Unser Land und die Europäische Union geben viel Geld aus, um uns vor den Armen des Südens abzuschotten. Wir hören, wie viele den lebensgefährlichen Weg von Afrika nach Italien versuchen und wie viele dabei einfach im Mittelmeer Jahr für Jahr ertrinken. Wer Flüchtlingen hilft, nach Italien zu kommen, und so ihr Leben rettet, kommt vor ein italienisches Gericht. Ich bin mir nicht sicher, ob es bei uns anders wäre. Unsere Welt macht böse Augen. Sie ist neidisch. Und ich gehöre zu dieser Welt.

Jesus hofft auf gute Antwort. Jesus hofft, dass sich Erste mitfreuen können. Kann ich mich mitfreuen? Freue ich mich mit dem, der Glück hat? Freue ich mich mit dem, der eine Arbeitsstelle findet? Freue ich mich mit dem, der es gar nicht verdient hat, dass ihm jemand geholfen hat. Aber er hat jemanden gefunden, der ihn unterstützt. Freue ich mich über Kollegen, denen manches leichter von der Hand zu gehen scheint als mir? Freue ich mich, wenn …?

Es gibt keine fertige Antwort. Aber ich bin sicher: Der Hausherr im Gleichnis hofft auf eine gute Antwort. Jesus hofft darauf, dass ich mich, dass wir uns mitfreuen können, weil Gott so unverständlich gütig ist. Er liebt jeden und jede. Und immer auch die anderen. Und auch die Allerletzten. Und auch Sie und mich!

Gott sei Dank.

Amen.

23.11.1997 Letzter Sonntag im Kirchenjahr (Ewigkeitssonntag)
Prädikantenpredigt
Matthäus 25, 1-13

1 Dann wird das Himmelreich gleichen zehn Jungfrauen, die ihre Lampen nahmen und gingen hinaus, dem Bräutigam entgegen.

2 Aber fünf von ihnen waren töricht und fünf waren klug.

3 Die törichten nahmen ihre Lampen, aber sie nahmen kein Öl mit.

4 Die klugen aber nahmen Öl mit in ihren Gefäßen, samt ihren Lampen.

5 Als nun der Bräutigam lange ausblieb, wurden sie alle schläfrig und schliefen ein.

6 Um Mitternacht aber erhob sich lautes Rufen: Siehe, der Bräutigam kommt! Geht hinaus, ihm entgegen!

7 Da standen diese Jungfrauen alle auf und machten ihre Lampen fertig.

8 Die törichten aber sprachen zu den klugen: Gebt uns von eurem Öl, denn unsre Lampen verlöschen.

9 Da antworteten die klugen und sprachen: Nein, sonst würde es für uns und euch nicht genug sein; geht aber zum Kaufmann und kauft für euch selbst.

10 Und als sie hingingen zu kaufen, kam der Bräutigam; und die bereit waren, gingen mit ihm hinein zur Hochzeit, und die Tür wurde verschlossen.

11 Später kamen auch die andern Jungfrauen und sprachen: Herr, Herr, tu uns auf!

12 Er antwortete aber und sprach: Wahrlich, ich sage euch: Ich kenne euch nicht.

13 Darum wachet! Denn ihr wisst weder Tag noch Stunde.

Siehe, der Bräutigam kommt!

Liebe Gemeinde,

„Es hat noch Zeit", sagen wir und lassen alles, wie es ist. Wir schieben etwas hinaus. Wir lassen etwas auf sich beruhen. Warum so eilig? Warum so grundsätzlich? „Es hat doch Zeit!" Eigentlich wissen wir sehr gut, dass das nicht stimmt.

Heute, am letzten Sonntag im Kirchenjahr, haben wir uns vorhin an die Menschen erinnert, von denen wir in diesem Jahr Abschied nehmen mussten. Der Tod hat auch in diesem Jahr seine Ernte reichlich eingeholt. Es ist gut, dass wir heute an die Verstorbenen denken. Sie waren ein Stück unseres Lebens. Das lässt sich nicht so einfach weglegen. Schnelles Vergessen ist keine Tugend. Und die, die wirklich trauern, können das gar nicht. Sie sind immer noch betroffen, weil da so vieles ist, das eigentlich noch Zeit gebraucht hätte.

„Es hat noch Zeit." ? Nein. Vieles hat eben nicht beliebig Zeit. Was uns mit Menschen wichtig ist, lässt sich nicht hinausschieben. Es kann zu spät sein. Wir haben nur die Zeit, die uns geschenkt ist. Am heutigen Sonntag wissen wir das sehr gut.

Der Predigttext für den heutigen Sonntag ist eine Geschichte, die Jesus erzählt hat. Zehn junge Frauen sind auf eine Hochzeit eingeladen. Beim Weitererzählen mag sich manches verändert haben. Und auch ich kann Ihnen heute nur das weitersagen und unterstreichen, was ich höre. Die Geschichte mahnt zu rechtzeitiger Veränderung. Zu einer Veränderung, die dazu hilft, dass das Leben nicht verpasst wird. Denn das Leben im Warteraum der Liebe Gottes, von dem hier erzählt wird, fängt jetzt an. Ich lese Matthäus 25, 1-13.

1 Dann wird das Himmelreich gleichen zehn Jungfrauen, die ihre Lampen nahmen und gingen hinaus, dem Bräutigam entgegen.

2 Aber fünf von ihnen waren töricht und fünf waren klug.

3 Die törichten nahmen ihre Lampen, aber sie nahmen kein Öl mit.

4 Die klugen aber nahmen Öl mit in ihren Gefäßen, samt ihren Lampen.

5 Als nun der Bräutigam lange ausblieb, wurden sie alle schläfrig und schliefen ein.

6 Um Mitternacht aber erhob sich lautes Rufen: Siehe, der Bräutigam kommt! Geht hinaus, ihm entgegen!

7 Da standen diese Jungfrauen alle auf und machten ihre Lampen fertig.

8 Die törichten aber sprachen zu den klugen: Gebt uns von eurem Öl, denn unsre Lampen verlöschen.

9 Da antworteten die klugen und sprachen: Nein, sonst würde es für uns und euch nicht genug sein; geht aber zum Kaufmann und kauft für euch selbst.

10 Und als sie hingingen zu kaufen, kam der Bräutigam; und die bereit waren, gingen mit ihm hinein zur Hochzeit, und die Tür wurde verschlossen.

11 Später kamen auch die andern Jungfrauen und sprachen: Herr, Herr, tu uns auf!

12 Er antwortete aber und sprach: Wahrlich, ich sage euch: Ich kenne euch nicht.

13 Darum wachet! Denn ihr wisst weder Tag noch Stunde.

Zehn Mädchen erwarten ein Fest. Sie haben sich vorbereitet, aber sie müssen warten. Der, der das Fest bestimmt, der Bräutigam, wird erst kommen. Auf ihn müssen sie warten. Sie können nicht allein anfangen zu feiern. Die zehn Mädchen sind eingeladen, die Lichter zu tragen im Festzug, im Hochzeitszug. Die Lampen müssen brennen, wenn das Fest beginnt. Die Lichter gehören bereits zum Fest. Aber das Fest lässt auf sich warten. Der Bräutigam verspätet sich – warum auch immer. Er darf das. Die Mädchen werden müde. Sie schlafen ein. Das ist nicht schlimm. Der Jubel „Er kommt!", wird sie alle wecken.

Dann sind sie wach. Nun richten sie noch einmal ihre Lampen. Aber, o Schreck! Bei der Hälfte stellt sich heraus: sie haben sich verrechnet. Ihr Licht droht zu erlöschen. Sie haben kein Öl, um die Lampen zum Leuchten zu bringen. Und niemand kann ihnen helfen. Und so versäumen sie das Fest.

Es ist eine ärgerliche Geschichte. Ärgerlich, weil niemand mehr helfen kann. Auch nicht die anderen, die genügend Öl für sich haben. Jetzt ist es zu spät. Auch zu spät zum Aushelfen. Anscheinend gibt es das: Zeit, die vertan ist, Warten, das sich nachträglich als unklug erweist. Die jungen Frauen, die töricht genannt werden, haben das versäumt, worauf es ankommt. Ihr Licht leuchtet nicht. „Jetzt ist es zu spät!" Aber die, die bereit sind mit ihren Lichtern, feiern das Fest.

Aber wie soll das aussehen: „Bereit sein"? Und wofür? Können wir verstehen, was mit der Geschichte gemeint ist? Man hat aus dieser Geschichte die Mahnung zum „Wach sein" heraus gehört. Aber das allein kann es doch nicht sein. Denn auch die, die das Fest feiern, haben geschlafen. Müde sein, einschlafen, das darf sein. Aber worum geht es dann? Die Frauen gehen dem Bräutigam entgegen. Es geht um ein Hochzeitsfest. Und Hochzeit, das ist ein Bild für erfüllte Liebe. In dieses Bild fasst Jesus seine Hoffnung: Gottes Fest kommt. Gottes Liebe wird sich erfüllen. Die Liebe zu Gott und die Liebe zu seinen ungemein liebebedürftigen Menschen wird sich erfüllen. Darauf hoffen Christen vor dem Tod, im Sterben und darüber hinaus.

Diese Liebe hat Jesus angesagt. Diese Liebe leuchtet schon heute hinein in die Zeit vor dem Fest. Wir sind im Warteraum der Liebe Gottes. Wer darauf hofft, wer darauf wartet, der kann wohl einschlafen. Aber er wird auch wieder wach. Und er kann nicht sagen: „Es hat ja noch Zeit." Denn die Liebe, die Gott schenkt und die sich erfüllen will, die will heute schon aufleuchten. Und das Licht der Liebe braucht heute seine Nahrung. Dass der Widerschein der Liebe nicht nur aufleuchtet, sondern zuverlässig durchhält, mitten in unserer Welt, darum geht es. Dazu braucht es Geduld. Dazu braucht es Mut – gegen alle Erfahrung. Es braucht viel „Öl", damit die Lichter leuchten können im Dunkel unserer nächtlichen Welt. „Lasst euer Licht leuchten vor den Menschen, dass sie eure guten Taten, die Taten der Liebe, sehen!" sagt Jesus sinngemäß in der Bergpredigt.

Von daher wird deutlich, was Jesus mit seiner Geschichte meint. Wir warten nicht nur auf irgendwann, wenn Glaube, Liebe und Hoffnung sich erfüllen. Nein, jetzt, im Warten auf Gottes Reich will das Licht seiner Liebe schon aufleuchten. Und mit diesem Licht, mit Glaube, Liebe und Hoffnung, sind wir nicht nur bei Gott, sondern auch ganz dicht bei den Nöten der Menschen. Wenn die Lichter der Frauen, die auf das Fest warten, brennen, wenn in der christlichen Gemeinde schon etwas vom Fest Gottes aufleuchtet, dann werden:

„Hungrige gespeist, Durstige getränkt, Kranke besucht, Gefangene nicht vergessen, vom Nötigsten Entblößte versorgt, und die kein Dach über dem Haupt haben, kommen unter. Einsame können in diesem Licht eine geschwisterliche Hand finden, Verzweifelte ein Herz, das es bei ihnen aushält. Im Gewissen Beschwerte hören ein befreiendes Wort, Rückfällige erfahren eine wundersame Vergebung. Gedankenlose finden geistesgegenwärtigen Widerstand, Stumme haben einen, der für sie redet, Hassende und Verletzte einen, der auf Versöhnung bedacht ist."[1]

Das alles und noch viel mehr will im Warten auf die Liebe Gottes heute geschehen, mitten unter uns. Sie haben es recht gehört: Menschen warten bei uns darauf, dass die kleinen Lichter angesteckt werden und genug Nahrung finden. Bei uns warten Men-

---

1 Werner Jetter, Vertrauen lernen – Versuche, vom Glauben zu reden; nach Vandenhoeck & Ruprecht; Göttingen 1981; S. 257.

schen auf das Licht der Liebe. Allerdings, wir wissen es gut, es bleibt alles „Stückwerk". Herzen sind oft zu eng. Die Hände, die helfen wollen, sind oft selbst schmutzig. Der Mund, der das Wort der Hoffnung sagt, gehört oft zu einem verzagten Herzen. Aber darum geht es, dass wir nicht nur warten, nicht nur für uns etwas erwarten, sondern anderen weitergeben, was wir selbst von Gottes Liebe Tag für Tag empfangen.

Hat solch liebevolles Warten einen Sinn? Hat es Sinn, einfach so mit Gottes Güte für alle Menschen zu rechnen? Ist es denn nicht nur zu verständlich, wenn da die Luft und das Öl ausgehen? Gelten in unserer Welt nicht Ellenbogen und Eigennutz? Haben sich nicht viel zu viele dafür entschieden, dass sie sich selbst der Nächste sind? Bleiben die Zeichen der Liebe nicht oft genug zweideutig, nur teilweise hilfreich? Ist nicht doch alles aussichtslos, zum Verzweifeln? Wie lange? Wie lange sollen wir denn warten? Wie lange soll denn der Streit weitergehen zwischen Eigennutz und Liebe, zwischen Recht-haben und Vergebung, zwischen Tod und Hoffnung auf Leben? Wie lange soll denn die Sehnsucht immer wieder enttäuscht, die offene Hand missbraucht, sollen die Ansätze zum Leben erstickt werden? Wie lange darf die Liebe immer wieder verraten werden? Wir haben vorhin Psalm 13 gebetet. Er fängt an mit dem erschütternden Schrei: Gott! Wie lange? Wie lange ...? Wie lange ...? Wie lange ...? Wir denken an die Menschen, die uns der Tod entrissen hat und fühlen deutlich das „zu spät".

Jesus hat selbst so nach Gott geschrien und für die Liebe gelitten. Er hat für seine Hen-ker gebetet und sich in die Hoffnung auf Gottes Liebe verkrallt bis in sein Sterben. Es war ihm alles so wichtig, dass er auch unsere Geschichte erzählt hat: Rechnet mit Gottes Liebe! Heute schon. Heute schon hört Gott unser Schreien. Heute soll es sein, dass Hungrige satt werden und Traurige getröstet; und dass der Friede Gottes eine Chance hat.

Jesus erzählt die Geschichte von den klugen und den törichten jungen Frauen und zündet damit unsere verrußten, flackernden Lichter an. So lasst uns gehen in der Hoff-nung, dass es nicht zu spät ist. Auch wenn es in unserer Welt dunkel ist, wenn wir nicht viel sehen und die Hoffnung oft klein wird: wir dürfen und sollen unser Licht leuchten lassen. Gottes Fest kommt.

Amen.

19.07.2009 6. Sonntag nach Trinitatis
Prädikantenpredigt
Matthäus 28, 16-20

16 Aber die elf Jünger gingen nach Galiläa auf den Berg, wohin Jesus sie beschieden hatte.
17 Und als sie ihn sahen, fielen sie vor ihm nieder; einige aber zweifelten.
18 Und Jesus trat herzu und sprach zu ihnen: Mir ist gegeben alle Gewalt im Himmel und auf Erden.
19 Darum gehet hin und machet zu Jüngern alle Völker: Taufet sie auf den Namen des Vaters und des Sohnes und des Heiligen Geistes
20 und lehret sie halten alles, was ich euch befohlen habe. Und siehe, ich bin bei euch alle Tage bis an der Welt Ende.

Machet zu Jüngern alle Völker

Liebe Gemeinde,
wir kennen diese Worte. Bei jeder Taufe werden sie erinnert.

19 ... machet zu Jüngern alle Völker: ...
20 ... lehret sie halten alles, was ich euch befohlen habe. Und siehe, ich bin bei euch ...

Es ist wichtig, auf diese Worte Jesu zu hören. Die Sehnsucht vieler Menschen nach einer durch die Christen verwandelten Welt macht uns das deutlich.

19 ... machet zu Jüngern alle Völker.

So sagt der auferstandene Christus. Er sagt es zu seinen Jüngern. Er sagt es zu denen, die ihn im Leiden im Stich gelassen haben. Er sagt es zu denen, die auch jetzt zweifeln. Für den Evangelisten Matthäus ist das klar: Die Jünger – und damit meint er die Christen heute – sind hin- und hergerissen. Die Frauen gehen vom Grab in Furcht und mit großer Freude. Hier in Galiläa auf dem Berg fallen sie vor Jesus nieder. Aber einige zweifeln. Es wird immer so sein, dass das, was uns Jesus zutraut und zumutet, uns auch überfordert. Die Freude ist begleitet von der Furcht, der Mut von der Angst, die Hoffnung vom Zweifel. Glaube und Zweifel sind Geschwister. Diesen Jüngern sagt Jesus:

19 ... machet zu Jüngern ...

Was meint er damit? Jünger – das heißt wörtlich aus dem Griechischen: Lernende. Der Jünger ist ein Schüler. Einer, der in die Lehre geht. Einer, der immer wieder Neues lernen darf und lernen muss. Und: er wird nie auslernen. Er wird nie zum „Meister". Er bleibt einer in der Schule Jesu. So gibt es gar keine andere Möglichkeit, Christin oder Christ zu sein, als dauernd von Jesus zu lernen.

Jünger und Jüngerinnen gehen in den Spuren Jesu – und haben auch heute die Aufgabe, das zu leben, was sie bei ihrem Meister sehen und was er ihnen aufträgt. Wer darf Jünger oder Jüngerin werden? Wer darf lernen? Martin Luther übersetzt: „alle Völker". Es kann auch genau so heißen: „alle Heiden".

Der Auferstandene schickt seine Jünger nicht mehr nur zu den Menschen aus dem Volk Israel. Er schickt sie zu allen. Er schickt sie zur ganzen Welt. „Hin-gehen" sollen die Jüngerinnen und Jünger. Auch zu denen, die vom Gott Abrahams, Isaaks und Jakobs nichts wissen. Bei ihnen und mit ihnen sollen sie leben. Sie sollen so leben, dass andere auch in die Schule Jesu kommen und sich taufen lassen wollen.

20 ... lehret sie halten alles, was ich euch befohlen habe.

Hier steht tatsächlich das Wort „lehren"! Alles was Jesus aufgetragen hat, sollen wir lehren. Was sollen die Leute bei uns Christen sehen und lernen? Nichts anderes als das, was es bei Jesus zu sehen gibt. Woran denken Sie zuerst?

Was fällt Ihnen ein? Was soll man bei uns sehen können? Der Evangelist Matthäus denkt dabei an das ganze Evangelienbuch, in dem er von Jesus erzählt hat. Er ist sich sicher: Da wo Jünger und Jüngerinnen Jesu wirklich von Jesus lernen, da gibt es vieles zu sehen und weiter zu sagen. Da wird Welt verändert – wenn nicht im Großen, dann zumindest im Kleinen.

Wie sieht eine Welt aus, in der die Spuren Jesu und seiner Leute sichtbar sind? Liebe für alle Menschen. Auch für die, die nicht oder nicht mehr können. Wir können selbst die Probe machen. Da ist eine alte Frau. Die ist seit mehreren Jahren im Pflegeheim. Wenn sie jemand besucht, dann merkt man an ihrer Freude, dass sie immer noch ganz am Leben Anteil hat, auch wenn sie nicht mehr viel sagen kann. Und auch wenn sie nur aus dem Bett kann, wenn sie jemand in einen Rollstuhl setzt. Sie wird ganz sicher recht versorgt und gepflegt. Aber die Freude über einen Besuch spricht Bände.

Zu den Spuren Jesu, die bei uns sichtbar werden können, gehört ganz sicher auch, wenn Vergebung gelebt wird. Für Jesus gehören Gottes Vergebung und unser Verzeihen zusammen. So beten wir im Vaterunser:

Und vergib uns unsere Schuld, wie auch wir vergeben unsern Schuldigern.
(Mt 6, 12)

Es tut gut, wenn man Menschen begegnet, die nicht immer recht haben müssen. Es tut gut, wenn Verzeihung geschieht. Es braucht sie im Kleinen und im Großen. Wir Deutschen leben davon, dass Versöhnung nach dem 2. Weltkrieg immer wieder ein kleines Stückchen Wirklichkeit geworden ist, bei allen unseren Nachbarn.

20 ... lehret sie halten alles, was ich euch befohlen habe.

So sagt Jesus. Alles halten, was Jesus aufgetragen hat. Wenn Sie fragen: „Ja, was denn?",
dann gehört dazu auch die Bergpredigt Jesu. Damit sind wir noch einmal mitten drin
in der Politik. Es war und ist immer wieder der Streit: Wie ernst soll man die Bergpredigt nehmen? Gilt sie etwa auch für die Politik? Meistens sagt man schnell: „Das geht
ja gar nicht. Solche Menschen, die Jesus meint, gibt es doch gar nicht." Der ehemalige
Bundespräsident Richard von Weizsäcker hat gesagt, er könne sich humane Politik nur
mit der Bergpredigt vorstellen.
Darüber wird man auch unter Christen immer wieder verschiedener Meinung sein.
Aber wir spüren auch: Es braucht Menschen, die wissen, das Frieden nicht unter Waf-
fengewalt wachsen kann. Es braucht immer auch das Verhandeln und das Reden mit
dem sogenannten Feind. Jesus sagt sogar:

Liebt eure Feinde ... (Mt 5, 44)[1]

Alles tun und bewahren, was Jesus aufgetragen hat. Wir merken: Das kann keiner für
sich allein. Da braucht es die anderen, mit denen man sich beraten kann. Da braucht
es immer wieder neue Entscheidungen und neue Schritte. Die muss man mit anderen
zusammen tun. Und da braucht es Menschen, die Mut haben und Mut machen. Das
sind oft dieselben, die dann mit der Frage konfrontiert werden: „Geht ihr da im Namen
Jesu mit eurer Liebe und mit eurem Wunsch nach Frieden nicht zu weit?" Da ist es ein
Glück, dass das letzte Wort Jesu nicht das Gebot ist, sondern ein Versprechen, eine
Zusage, eine Verheißung.

20 Und siehe, ich bin bei euch alle Tage bis an der Welt Ende.

Ich bin bei euch. Da wo es euch gut geht – und da, wo ihr es schwer habt. Ich bin bei
euch, wenn ihr euch um Frieden müht. Ich bin bei euch, wenn euch die Ungerechtigkeit der Welt nicht los lässt. Ich bin bei euch, wenn euch die Not, die euch begegnet, zu
groß wird. Ihr wisst ja: Ich bin bei den Opfern. Und was ihr den Ärmsten und Elends-
ten tut, das tut ihr mir. „Ich bin bei dir!", sagt der Auferstandene. Er sagt es zu der alten
Frau im Pflegeheim – und zu denen, die sie pflegen. Und er macht Mut. Er sagt: „Ihr
spürt die große Anforderung. Aber ich lasse euch nicht allein. Ihr könnt mir vertrauen.
Es hat Sinn, dass ihr tut, was ich euch aufgetragen habe."
„Ich bin bei Dir!" So sagt der Auferstandene zu jedem. Das ist jedem in der Taufe
einzeln versprochen. Dazu sind wir getauft. Martin Luther hat sich damit getröstet. Es
soll auch uns trösten und jeden, der die Bergpredigt beim Wort nehmen will. Und uns,
die wir heute hier sind – und die immer neu so viel lernen dürfen und müssen. Der
Auferstandene sagt es auch zu uns:

---

1 Parallelstelle bei Lk 6, 27

20 Und siehe, ich bin bei euch alle Tage bis an der Welt Ende.

Ich möchte zum Schluss noch eine Geschichte erzählen. Es ist die Geschichte einer alten Frau aus Russland. Die hat auf ihre Weise von Jesus gelernt. Sie war auch mitgegangen, als alle Bewohner des Dorfes zur Versammlung in das Gemeinschaftshaus gegangen waren. Dort hielt ein Parteiredner der „Mitglieder des Bundes Kämpfender Gottloser" einen Vortrag. Er wollte beweisen, dass das Christentum eine überholte, wissenschaftlich unhaltbare Sache sei. Als Höhepunkt wollte er den Beweis für die Nichtexistenz Gottes so antreten. Er sagte: „Ich stehe hier; wenn es Gott gibt, soll er auf der Stelle einen Engel oder irgendeinen Boten herschicken, der mir zum Beweis meines Irrtums und seiner Existenz eine Ohrfeige gibt. Ich warte."
Stille im Saal – quälende Stille. Das Gesicht des Redners verzog sich zum Grinsen. Plötzlich knarrt es hinten im Saal. Schritte schlürfen nach vorne, eine alte Babuschka baut sich vor dem Redner auf: „Einen Engel", sagt sie, „hat Gott gerade nicht zur Verfügung, er hat wichtigeres zu tun als dir zuzuhören. Engel haben zurzeit nämlich wichtigere Geschäfte vor, aber ich soll euch von Gott den Beweis antreten." Und ehe der Redner vom „Bund Kämpfender Gottloser" schaute, hatte er eine schallende Ohrfeige weg. Alles lachte. Der Redner bekam einen roten Kopf und verließ schleunigst den Saal. Da rief die alte Frau triumphierend in die Menge: „Christus ist auferstanden!" Und wie mit einer Stimme antworteten ihr die Dorfleute: „Er ist wahrhaftig auferstanden!" und lachten dazu.

Amen.

10.10.1999 19. Sonntag nach Trinitatis
Stadtkirche Peter und Paul in Calw
Markus 2, 1-12

1 Und nach einigen Tagen ging er wieder nach Kapernaum; und es wurde bekannt, dass er im Hause war.

2 Und es versammelten sich viele, sodass sie nicht Raum hatten, auch nicht draußen vor der Tür; und er sagte ihnen das Wort.

3 Und es kamen einige zu ihm, die brachten einen Gelähmten, von vieren getragen.

4 Und da sie ihn nicht zu ihm bringen konnten wegen der Menge, deckten sie das Dach auf, wo er war, machten ein Loch und ließen das Bett herunter, auf dem der Gelähmte lag.

5 Als nun Jesus ihren Glauben sah, sprach er zu dem Gelähmten: Mein Sohn, deine Sünden sind dir vergeben.

6 Es saßen da aber einige Schriftgelehrte und dachten in ihren Herzen:

7 Wie redet der so? Er lästert Gott! Wer kann Sünden vergeben als Gott allein?

8 Und Jesus erkannte sogleich in seinem Geist, dass sie so bei sich selbst dachten, und sprach zu ihnen: Was denkt ihr solches in euren Herzen?

9 Was ist leichter, zu dem Gelähmten zu sagen: Dir sind deine Sünden vergeben, oder zu sagen: Steh auf, nimm dein Bett und geh umher?

10 Damit ihr aber wisst, dass der Menschensohn Vollmacht hat, Sünden zu vergeben auf Erden – sprach er zu dem Gelähmten:

11 Ich sage dir, steh auf, nimm dein Bett und geh heim!

12 Und er stand auf, nahm sein Bett und ging alsbald hinaus vor aller Augen, sodass sie sich alle entsetzten und Gott priesen und sprachen: Wir haben so etwas noch nie gesehen.

Steh auf!

Liebe Gemeinde,

da liegt der Mensch, der sich nicht rühren kann. Einer der nicht mehr selbst auf die Beine kommt. Einer der es aufgegeben hat.

Ich kenne in Calw manchen Menschen – er oder sie ist nicht an den Beinen gelähmt. Aber der Mut ist längst abhanden gekommen. Sie haben es schon lange aufgegeben, noch zu hoffen, dass sie Arbeit bekommen. Sie haben es schon lange aufgegeben, noch zu hoffen, dass sich Verhältnisse ändern lassen. Sie haben es schon lange aufgegeben, noch zu hoffen, dass sich in einer Beziehung etwas zum Guten wendet. Sie trauen sich schon gar nicht mehr und wehren sich auch nicht mehr. Sie sind gelähmt.

Und ich denke, wir wissen alle etwas von solcher Lähmung: Weil wir mit ansehen müssen, wo wir nicht helfen können. Oder man kann eben nichts machen. Oder, oder ...

Die Geschichten Jesu werden erzählt, damit wir selbst aufstehen. Damit wir unsere lahmen Gewohnheiten hinter uns lassen können. Aber es ist noch schlimmer: Oft sind wir nicht nur nicht mit uns zufrieden. Wir machen es auch noch so, wie im Hintergrund der Geschichte von dem Gelähmten, den Jesus aufstehen ließ.

Die Leute denken bei dem Gelähmten: „Das wird schon so in Ordnung sein, dass der lahm ist. Wer weiß, was er getan hat. Er wird es schon verdient haben." Vielleicht sagen sie es auch. Und so kommt zur eigenen Mutlosigkeit und Verzweiflung und Lähmung der Druck von Außen, die Verurteilung dazu. Oder: wir legen auf die Mutlosigkeit des anderen noch unsere eigene rechtschaffene Hoffnungslosigkeit. Jetzt gibt es überhaupt keinen Ausweg mehr.

Der Gelähmte hat Glück. Er hat Freunde. Freunde, die sich seiner annehmen. Freunde, die bereit sind, ihn zu tragen. Freunde, die ihn noch nicht aufgegeben haben und ihn offensichtlich aushalten. Die haben gehört, dass Jesus im Ort ist und im Haus des Petrus mit den Menschen redet. Und nun sagen sie nicht: „Ach lass doch. Du weißt doch, das hat keinen Wert. Wer bringt schon einen lahmen Menschen wieder auf die Füße?" Nein. Sie nehmen sich ihres Freundes an und bringen ihn zu Jesus. Sie nehmen ihn einfach. Das heißt: So einfach ist das gar nicht. Sie müssen zu viert zusammen helfen, damit sie ihn auf seiner Schlafmatte durch den Ort tragen können. Der Lahme ist nicht nur lästig. Er ist eine Last.

Sie kommen an das Haus, in dem Jesus „das Wort" sagt, wo er von Gottes Güte und Liebe redet. Da ist kein Durchkommen. Niemand macht Platz. Der Lahme soll warten. Was will er überhaupt hier? Wenn es unbedingt sein muss, dann soll er warten, bis Jesus fertig ist, bis die Menschenmenge sich verlaufen hat. Dann kann er sehen, wo er bleibt und ob Jesus für ihn einen Blick oder ein Wort übrig hat.

Aber die Freunde haben keine Zeit. Sie möchten jetzt Hilfe. Sie schauen am Haus hinauf. Sie schauen die Treppe an, die außen am Haus auf das flache Dach geht. Und sie sind sich einig: Der Lahme kann nicht warten. Er muss zu dem, der helfen kann – aber gleich. So schleifen sie ihn auf das Dach. Dort vergrößern sie die Luke, die in dem Dach aus Reisig und Lehm wohl sein mag. Und als das Loch groß genug ist, da lassen sie ihn einfach hinunter – mitten in die Menge, direkt vor die Füße Jesu. Jetzt machen sie Platz, wohl oder übel. Die Freunde bleiben auf dem Dach knien und schauen hinunter. Sie sehen den Lahmen in der Mitte. Und Jesus schaut zu ihnen hinauf – und sieht in ihre erwartungsvollen Gesichter.

Was wird Jesus jetzt tun? Der sieht den Glauben und das Vertrauen der Freunde – und er sieht den Lahmen vor sich auf dem Boden – und er sieht den ängstlichen Blick. Und Jesus wendet sich an ihn und sagt ihm freundlich: „Mein Kind!" „Ja", so sagt er zu dem erwachsenen Mann! „Mein Kind, du hast deine Lähmung nicht mehr und nicht weniger verdient als wir alle. Gott hat dich lieb. Alles, was dich lähmt, alles was dir Angst macht, alle deine Unzufriedenheit und alle Schuld, die du fürchtest – von Gott darf dich nichts trennen. Dir sind deine Sünden vergeben."

Da geht ein Raunen durch die Menge. Die Spitzenleute des Glaubens, die da sind, die Schriftgelehrten, hören es mit Entsetzen. Vergebung zusprechen, Sünden vergeben! Das kann doch nur Gott allein. Wieso redet der so? Das darf man nicht zulassen. Da muss man etwas dagegen unternehmen. Wo kommt man hin, wenn da einer einfach nicht nur Güte predigt, sondern tut, was er sagt – und Vergebung schenkt, wo Strenge angebracht ist? Lahme Gewohnheiten, die brauchen keine Güte und keine Vergebung. Da braucht es Tritte, Stöße, Ermunterungen. Aber nicht so.

Jesus schaut die Menschen an, die sich längst damit abgefunden haben, dass es eben Opfer gibt und dass man nichts machen kann – und dass Recht Recht bleiben muss. Er schaut sie an und sagt:

> 8 Was denkt ihr solches in euren Herzen?
> 9 Was ist leichter, zu dem Gelähmten zu sagen: Dir sind deine Sünden vergeben, oder zu sagen: Steh auf, nimm dein Bett und geh umher?
> 10 Damit ihr aber wisst, dass der Menschensohn Vollmacht hat, Sünden zu vergeben auf Erden – sprach er zu dem Gelähmten:
> 11 Ich sage dir: Steh auf, nimm dein Bett und geh heim!
> 12 Und er stand auf, nahm sein Bett und ging alsbald hinaus vor aller Augen ...

Ich glaube: Markus hat die Geschichte, wie Jesus den Gelähmten zum Aufstehen bringt, deshalb erzählt, damit wir uns nicht von unseren Ängsten und unseren Gewohnheiten lähmen lassen. Damit wir uns nicht mit dem abfinden, von dem wir wissen, dass es eigentlich nicht sein darf.

Markus hat erzählt, damit wir uns anstecken lassen. Jesus ermutigt zum Aufstand. Steh auf! Nimm dein Bett! Nimm deine Matte und geh heim! Jesus ermutigt zum Aufstand. Den Satz: „Damit musst du dich abfinden!", kennt er nicht.

Aufstehen! Das wäre: dem Leben mehr zutrauen als dem Tod. Der Hoffnung mehr glauben als der schlechten Erfahrung. Den Mund rechtzeitig aufmachen – und wenn nötig ihn verbrennen. Sich nicht lähmen lassen, weil man ja einfach nichts machen kann. Vergebung üben – weil Gott vergibt. Es bei einem Menschen aushalten, der sich selbst nicht mehr helfen kann. Jesus sagt:

> 11 ... steh auf, nimm dein Bett und geh heim!

Weil Jesus sich nicht zähmen und nicht lähmen ließ
- nicht durch die Tradition
- nicht durch die schwierigen, hoffnungslosen Verhältnisse
- auch nicht davon, dass man nichts machen kann
- auch nicht von der Gerechtigkeit der Rechthaber und der Rechten,
- weil Jesus sich nicht abschrecken lässt von Sünde, Elend und Verworrenheit,
- weil Jesus sich nicht zahm und brav verhielt,

deshalb haben sie ihn aufs Kreuz gelegt und fest genagelt.

Unsere Welt reagiert auf Aufstehen und Aufstand mit Festnageln, mit Niederschlagen, mit Ersticken ... Auch heute, nicht nur in Osttimor. Aber Gott hat den Jesus, der zum Aufstehen ermutigt, selbst aufstehen lassen. Er hat ihn auferweckt. Deshalb erzählt Markus, deshalb erzählen wir solche Geschichten.

Ich bin in diesen Tagen wieder mit Menschen beschäftigt, die nach unserem Recht eine Aufforderung zur Ausreise bekommen haben. Sie sind ihr nicht nachgekommen, weil sie Angst haben. Und nun droht ihnen die zwangsweise Ausreise, die Abschiebung. Ein Politiker schrieb mir: „Das Asylgesetz müssen wir möglichst streng anwenden." Unsere Landesregierung tut es – und sie verzichtet deshalb auch oft auf die kleinen Spielräume, die doch noch da sind. Der Streit ist eigentlich aussichtslos.

Und ich werde gefragt: „Warum vertun Sie Ihre Kraft bei etwas, wo so gar keine Aussicht besteht?" Und ich gebe recht: Ja, warum? Warum tue ich das? Warum lasse ich mich von der persönlichen Angst von Menschen rühren – auch dann, wenn unsere Behörden und Gerichte festgestellt haben: „Keine Anerkennung. Die Angst ist unbegründet. Sie können ruhig in ihre Heimat, aus der Sie geflohen sind, zurückkehren, auch dann, wenn Sie vor Angst nicht schlafen und krank werden."

Für mich hat das etwas mit diesem Jesus zu tun, der sagt: „Kind, dir sind deine Sünden vergeben. Steh auf! Nimm dein Bett und geh." Für mich hat das mit diesem Jesus zu tun, der sich selbst aufs Kreuz legen lässt, aber Lahme aufstehen heißt und aufstehen lässt.

Wenn wir jetzt anschließend Abendmahl feiern, dann lassen wir uns von dem einladen, der uns aus unseren lahmen Gewohnheiten und hilflosen Lahmheiten befreit und sagt: „Dir sind deine Sünden vergeben. Steh auf!"

Amen.

25.07.1993 7. Sonntag nach Trinitatis
Stadtkirche Peter und Paul in Calw
Markus 10, 13-16

13 Und sie brachten Kinder zu ihm, damit er sie anrühre. Die Jünger aber fuhren sie an.

14 Als es aber Jesus sah, wurde er unwillig und sprach zu ihnen: Lasst die Kinder zu mir kommen und wehret ihnen nicht; denn solchen gehört das Reich Gottes.

15 Wahrlich, ich sage euch: Wer das Reich Gottes nicht empfängt wie ein Kind, der wird nicht hineinkommen.

16 Und er herzte sie und legte die Hände auf sie und segnete sie.

Und er herzte sie und legte die Hände auf sie und segnete sie

Liebe Gemeinde,

mit dieser kleinen Geschichte von der Kindersegnung ist es merkwürdig. Wir kennen sie alle – von jedem Gottesdienst, in dem eine Taufe stattfindet. Und trotzdem hat diese Geschichte ganz wenig in der christlichen Kirche bewirkt. Wir hören sie. Aber sie ist ein Beispiel dafür, dass bei der Bibel oft jeder eben das hört, was er schon weiß oder das, was ihm eben passt. Vielleicht gelingt es uns heute, dass Sie das eine oder andere neu hören. Allerdings, ich muss auch selbst die Einschränkung machen: Ich kann Ihnen nur das sagen, was mir aufgegangen ist.

Ich will die Geschichte jetzt mit Ihnen zusammen durch-denken:

Da bringen Menschen Kinder zu Jesus, dass er sie anrühre. Niemand weiß, wie sie auf den Gedanken gekommen sind. Er ist allerdings nicht ganz so außergewöhnlich, wie es klingt. Man verspricht sich schon etwas vom Segen eines Lehrers.

Beim großen Versöhnungstag werden die ganz kleinen Kinder, die noch nichts von Buße und Vergebung verstehen, gesegnet, damit sie auch Anteil haben an Gottes Güte. Deshalb wollen wohl die Eltern, dass er sie anrühre.

Wenn Kranke unter den Händen Jesu gesund werden, warum soll es dann nicht auch den Kindern gut tun, wenn Jesus sich ihnen zuwendet und sie anrührt? Immerhin zeigt es ein erstaunliches Vertrauen, dass sich diese Eltern mit ihren Kindern auf den Weg zu Jesus machen. Aber da kommen sie schlecht an.

Um Jesus sind seine Jünger. Und von denen heißt es:

13 Die Jünger aber fuhren sie an.

Die Jünger Jesu, das sind im Markusevanglium die, die versuchen Jesus nachzufolgen, weil er sie gerufen hat. Aber sie verstehen ihn oft nicht, sie sind zum Gehorsam nicht fähig. Auch hier spielen sie keine glückliche Rolle.

13 Die Jünger aber fuhren sie an.

Sie kennen alle die mehr oder weniger rührenden Erklärungen aus Ihrer Schul- oder Kinderkirchzeit. Da stellt man sich vor, Jesus sei müde. Kinder seien zu laut. Oder schon besser: Man möchte eben, dass die dummen Kinder die klugen Gespräche der Männer nicht stören. Und wahrscheinlich sind es ja doch Mütter, die ihre kleinen Kinder bringen und sich das ausgedacht haben. Die galten auch nichts. So wenig wie die Kinder.

Merkwürdig, wie selbstverständlich wir meinen, wenn es um Jesus gehe, wenn es um den christlichen Glauben gehe, dann müsste man gescheit sein. Vielleicht kommt das von unseren Erfahrungen mit christlicher Predigt. Oder von Erinnerungen an anstrengenden Konfirmandenunterricht.

Im Judentum dürfen die Kinder schon mit in die Synagoge. Man lässt sich von ihnen nicht stören. Sie dürfen ganz dabei sein. Aber zum öffentlichen Lesen aus der Bibel, dazu muss man 13 sein. Wenn es um das Reich Gottes geht, dann sind Kinder eben doch zu klein. Sie sollen erst einmal groß werden. Sie sollen erst einmal denken lernen. Sie sollen erst einmal etwas darstellen. Dann ...

13 Die Jünger aber fuhren sie an.

So heißt es. Die Jünger fühlen sich also gestört. Und sie sind sich ihrer Sache sehr sicher. Es ist genau das Bild, das unsere gewöhnlichen Erwachsenen-Gottesdienste bieten. Da hat eine Mutter ihr Kind in den Gottesdienst mitgebracht. Es ist lebendig. Es jauchzt und springt. Die umgebenden Gottesdienstbesucher kommen in Konflikt. Sollen sie dem Pfarrer oder dem Kind Beachtung schenken? Bohrende Blicke treffen die Mutter. Es wird immer kälter. Bis schließlich die Mutter ihr Kind nimmt und mit ihm hinausgeht.

13 Die Jünger aber fuhren sie an.

Und wer von uns freut sich nicht auch, wenn er nicht durch muntere Kinder gestört wird beim Zuhören? Aber nun kommt es anders.

14 Als es aber Jesus sah, wurde er unwillig und sprach zu ihnen.

Ich denke, wir sollten uns das ruhig sehr drastisch vorstellen. Jesus wird unwillig. Auf schwäbisch: Er wird narret. Er regt sich auf. Er ist nicht der liebe Jesus, wie wir ihn kennen und schätzen. Es wird selten erzählt, dass Jesus narret wurde. Aber wenn, dann gegenüber seinen Nächsten, seinen Jüngern. Nicht gegenüber den Leuten, nicht gegenüber solchen, die ihn ausfragen oder auf die Probe stellen. Aber bei seinen Freunden, da fällt Jesus aus der Rolle.

Offensichtlich ist er getroffen. Offensichtlich ist er enttäuscht. Enttäuscht von seinen Freunden und Schülern, von dem, was sie denken. Und deshalb sagt er zu ihnen:

14 Lasst die Kinder zu mir kommen und wehret ihnen nicht;
denn solchen gehört das Reich Gottes.

Und dann, dann nimmt Jesus die Kinder, eines nach dem anderen, auf den Schoß. Er wendet sich dem Kind zu, lässt es spüren: „Ich habe dich lieb." Und er bittet Gott um seinen Segen.

Warum nimmt Jesus die Kinder an? Warum segnet er sie? Warum dürfen sie zu ihm? Warum kann Jesus einfach sagen: „Ihnen gehört das Reich Gottes."?

Sie können darüber viele gute Gedanken hören. Man hat immer wieder versucht, bei den Kindern etwas Vorbildliches zu finden. Anscheinend können wir es uns nicht anders vorstellen, als dass Jesus die Kinder deshalb annimmt, weil sie es auf irgendeine geheimnisvolle Weise verdient haben.

Sie haben es nicht verdient. Kinder sind nicht ohne Fehler. Wenn ich allein an die Machtkämpfe denke, die ich von weitem miterlebe, die Kinder ihren Müttern beim Einkaufen liefern, dann vergeht mir das liebliche Bild von den unschuldigen Kindlein. Kinder sind nicht „gut". Auch nicht, solange sie klein sind. Aber: Sie werden auch bei uns oft zurückgewiesen. Sie werden übersehen, sie werden missachtet. Und deshalb kommt niemand auf den Gedanken, den Jesus hat:

14 … solchen gehört das Reich Gottes.

Jawohl: Jesus wendet sich den Kindern zu, weil sie Liebe und Fürsprache und Segen bitter nötig haben. Sie brauchen Gottes Güte besonders, gerade weil sie so gefährdet sind. Das Reich Gottes gehört den Kindern. Einfach, weil Gott sein Reich und seine Güte schenkt – und nichts anderes.

Es hat mich als Kinderkirchpfarrer immer beschäftigt: Jesus erzählt keine Geschichte. Er hätte dazu jetzt Gelegenheit. Die Kinder würden ihm zuhören. Aber nein. Er herzt sie und segnet sie. Und auch das andere macht nachdenklich:

Jesus mahnt nicht zu Bekehrung und Buße. Er sagt nicht: „Ihr Kinder habt alle schwarze Herzen. Jetzt kehrt euch zu mir. Wenn ihr bereit seid, euch mit eurem ganzen Leben mir anzuvertrauen, dann …"

Nichts von alledem wird erzählt. Jesus nimmt die Kinder an, so wie sie sind. Er nimmt sie an, einfach weil sie es nötig haben. Ohne Belehrung, ohne Ermahnung, ohne Vorbedingung. Die Liebe Jesu rechnet nicht.

16 Und er herzte sie und legte die Hände auf sie und segnete sie.

Warum betone ich das alles so? Die Welt der Vorbedingungen, die wir Kindern stellen, ist auch heute lebendig. Da sind Eltern, die es mit ihrem Kind besonders gut meinen. Deshalb soll es sich anstrengen in der Schule. Es bekommt auch gern schon in der 2. Klasse Nachhilfeunterricht. Das Kind merkt: Ich werde nur geliebt, wenn ich gut bin. Die Angst bricht aus. Es gerät unter Leistungsdruck. Es wird krank. Es wird Opfer des gut gemeinten Ehrgeizes der Eltern.

Ich möchte von diesem Jesus lernen, der keine Vorbedingungen stellt, der liebt und nicht rechnet, dem Kinder nicht zu klein und nicht zu unwichtig sind, sondern der sie annimmt und sie seine Liebe spüren lässt. Einfach so. Aber nun sind wir noch nicht fertig. Mit dieser Geschichte wird ja auch noch ein anderes Wort Jesu überliefert. Jesus spricht es zu uns Erwachsenen.

15 Wahrlich, ich sage euch: Wer das Reich Gottes nicht empfängt wie ein Kind, der wird nicht hineinkommen.

Was soll das heißen? Zunächst das eine: Kindern gehört Gottes Liebe. Das ist sicher. Schwierig ist es mit uns Erwachsenen. Nicht die Kinder sind ein Problem, sondern wir Erwachsenen. So sagt Jesus und macht die Kinder nun doch zum Maßstab, zum Vorbild.

Bei Kindern ist es klar: für sie ist Gottes Liebe Geschenk. Ihnen bleibt gar nichts anderes übrig. Kinder können sich nur beschenken lassen. Aber da verdrehen wir das in unserem Herzen. Und – da glaubt plötzlich jemand allen Ernstes, es sei bei uns Erwachsenen anders!

Das eigene Herz glaubt, Erwachsene könnten mit ihrem Tun und Lassen so sein, dass sie Gottes Güte verdienen! Merkwürdigerweise tun wir immer wieder so, als ob es so wäre. Und dabei wissen wir es eigentlich ganz genau: Gott schenkt. Gottes Reich kann man nur empfangen wie ein Kind.

Nur, das Herz widerspricht. Das Herz ist es gewöhnt, dass einem nichts geschenkt wird und dass alles etwas kostet. Wieso soll es bei Gott anders sein? Merkwürdigerweise gibt es diese Verdrehung gerade bei denen, denen ihr Glaube besonders wichtig ist. Hierin hat sich seit Jesu Zeiten wenig geändert.

Und so ist dieses Wort gerade uns gesagt. Es wird solchen gesagt, die sich Mühe geben mit ihrem Leben und die auch in Sachen des Glaubens Bescheid wissen und die aber nun in ihrem Eifer für sich und andere immer wieder eine Mauer nach der anderen zwischen Gott und uns Menschen aufbauen.

Denen, die für sich und andere wissen, wie viel man wissen und lernen und glauben und leben muss, damit Gottes Reich zu uns kommt. Denen, die sich auch etwas zugute halten auf ihre Bemühungen und die beten möchten: Vater ich danke dir, dass ich nicht so bin wie viele andere. Denen sagt Jesus:

15 Wahrlich, ich sage euch: Wer das Reich Gottes nicht empfängt wie ein Kind, der wird nicht hineinkommen.

Ihr könnt euch Gottes Güte nur schenken lassen. Etwas anderes gibt es nicht. Ihr habt vor den Kindern keinerlei Vorzug oder Vorsprung. Wenn es darauf ankommt, dann ist alles, worauf es im Leben ankommt, aber auch alles, Geschenk, nichts als unverdientes Geschenk. Freuen wir uns darüber? Ich bin mit der Geschichte nicht fertig. Mir ist es nicht gleichgültig, dass wir Christen hier von Jesus so wenig gelernt haben. Wir haben hier zu lernen. Von den Kindern und mit den Kindern. Wir sind da immer wieder bestenfalls am Anfang. Ich lese Ihnen deshalb einfach noch einmal die Geschichte:

13 Und sie brachten Kinder zu ihm, damit er sie anrühre. Die Jünger aber fuhren sie an.
14 Als es aber Jesus sah, wurde er unwillig und sprach zu ihnen: Lasst die Kinder zu mir kommen und wehret ihnen nicht; denn solchen gehört das Reich Gottes.
15 Wahrlich, ich sage euch: Wer das Reich Gottes nicht empfängt wie ein Kind, der wird nicht hineinkommen.
16 Und er herzte sie und legte die Hände auf sie und segnete sie.

Amen.

23.02.1997 Reminiszere
Stadtkirche Peter und Paul in Calw
Markus 12, 1-12

1 Und er fing an, zu ihnen in Gleichnissen zu reden: Ein Mensch pflanzte einen Weinberg und zog einen Zaun darum und grub eine Kelter und baute einen Turm und verpachtete ihn an Weingärtner und ging außer Landes.

2 Und er sandte, als die Zeit kam, einen Knecht zu den Weingärtnern, damit er von den Weingärtnern seinen Anteil an den Früchten des Weinbergs hole.

3 Sie nahmen ihn aber, schlugen ihn und schickten ihn mit leeren Händen fort.

4 Abermals sandte er zu ihnen einen anderen Knecht; dem schlugen sie auf den Kopf und schmähten ihn.

5 Und er sandte noch einen andern, den töteten sie; und viele andere: die einen schlugen sie, die andern töteten sie.

6 Da hatte er noch einen, seinen geliebten Sohn; den sandte er als Letzten auch zu ihnen und sagte sich: Sie werden sich vor meinem Sohn scheuen.

7 Sie aber, die Weingärtner, sprachen untereinander: Dies ist der Erbe; kommt, lasst uns ihn töten, so wird das Erbe unser sein!

8 Und sie nahmen ihn und töteten ihn und warfen ihn hinaus vor den Weinberg.

9 Was wird nun der Herr des Weinbergs tun? Er wird kommen und die Weingärtner umbringen und den Weinberg andern geben.

10 Habt ihr nicht dieses Schriftwort gelesen: „Der Stein, den die Bauleute verworfen haben, der ist zum Eckstein geworden.

11 Vom Herrn ist das geschehen und ist ein Wunder vor unsern Augen"[1]?

12 Und sie trachteten danach, ihn zu ergreifen, und fürchteten sich doch vor dem Volk; denn sie verstanden, dass er auf sie hin dies Gleichnis gesagt hatte. Und sie ließen ihn und gingen davon.

Ein Mensch pflanzte einen Weinberg

Liebe Gemeinde,

ein Gleichnis, das Jesus erzählt hat, ist heute unser Predigttext. Ein Gleichnis, das die erste Gemeinde schon so durcheinander gebracht hat, dass sie es immer ausführlicher erzählt und ergänzt hat. Daraus ist eine Geschichte geworden, die in der Geschichte Schlimmes angerichtet hat. Die Geschichte hat den Hochmut der Christen gegenüber den Juden gestärkt. Man hat gesagt: „Da sieht man es. Es ist Gottes Gericht, dass im Jahre 70 der Tempel und Jerusalem zerstört wurden. Es ist Gottes Gericht, dass die Juden auf der ganzen Welt immer wieder verfolgt wurden – bis hin zum 3. Reich. Sie haben Jesus gekreuzigt. Gott hat sie gestraft."

---

1 Ps 118, 22-23

Sie werden verstehen, dass ich mit Unbehagen diesen Predigttext gelesen habe. Darüber soll ich predigen? Dann habe ich genauer hingehört. Dann habe ich mein Handwerkszeug gebraucht, das Theologen zum Bibellesen mitbekommen haben. Dann habe ich mich mit Freunden besprochen. Jetzt freue ich mich. Allerdings: Ich kann Ihnen den Text nur schrittweise lesen und erläutern – weil Sie es sonst immer schon besser wissen. Es ist heute besonders schwer, hinzuhören und hinzuhorchen. Aber versuchen wir es. Es lohnt sich. Ich lese zunächst Markus 12, 1-8:

> 1 Und er fing an, zu ihnen in Gleichnissen zu reden: Ein Mensch pflanzte einen Weinberg und zog einen Zaun darum und grub eine Kelter und baute einen Turm und verpachtete ihn an Weingärtner und ging außer Landes.
> 2 Und er sandte, als die Zeit kam, einen Knecht zu den Weingärtnern, damit er von den Weingärtnern seinen Anteil an den Früchten des Weinbergs hole.
> 3 Sie nahmen ihn aber, schlugen ihn und schickten ihn mit leeren Händen fort.
> 4 Abermals sandte er zu ihnen einen andern Knecht; dem schlugen sie auf den Kopf und schmähten ihn.
> 5 Und er sandte noch einen andern, den töteten sie; und viele andere: die einen schlugen sie, die andern töteten sie.
> 6 Da hatte er noch einen, seinen geliebten Sohn; den sandte er als Letzten auch zu ihnen und sagte sich: Sie werden sich vor meinem Sohn scheuen.
> 7 Sie aber, die Weingärtner, sprachen untereinander: Dies ist der Erbe; kommt, lasst uns ihn töten, so wird das Erbe unser sein!
> 8 Und sie nahmen ihn und töteten ihn und warfen ihn hinaus vor den Weinberg.

Soweit die Geschichte, die Jesus erzählt hat. Versuchen wir noch einmal hinzuhören. Da ist Jesus auf dem Weg nach Jerusalem. Er weiß inzwischen: „Die Oberen trachten mir nach dem Leben. Sie halten es nicht aus, wie ich Gottes Güte beim Wort nehme. Sie halten es nicht aus, dass ich ihnen in Freiheit begegne und ihnen nicht gehorche. Sie halten es nicht aus, dass die Armen und Kranken und Elenden und die Zu-Kurz-Gekommenen bei mir Hoffnung schöpfen."
Jesus hofft, dass auch den Oberen noch die Augen aufgehen. Darum geht er nach Jerusalem. Darum erzählt er Geschichten. Und er erzählt: Stellt euch vor: Da ist ein Mensch. Der macht sich die Mühe und legt einen Weinberg an. Alles macht er sorgfältig und gut.

> 1 Er zog einen Zaun darum und grub eine Kelter und baute einen Turm.

Dann übergab er seinen Weinberg Fachleuten. Er verpachtete ihn an Weingärtner. Und ging davon, weit weg, außer Landes. Die Weingärtner konnten in großer Selbständigkeit und in eigener Verantwortung das Nötige tun. Dann kam die Zeit der Ernte. Da schickte der Besitzer einen Knecht zu den Weingärtnern. Er schickte ihn zur rechten

Zeit. Er sollte von den Früchten des Weinbergs nehmen. Er sollte den Pachtanteil, der ihm gehörte, abholen.

3 Sie nahmen ihn aber, schlugen ihn und schickten ihn mit leeren Händen fort.

Der Knecht kam wieder zu seinem Herrn. Zerschlagen und geschunden – und vor allem mit leeren Händen. Einfach ohne irgendetwas!

Was wird der Herr des Weinbergs jetzt tun? Er schickte noch einmal einen Knecht mit der gleichen Aufgabe, mit der gleichen Bitte: „Bringe mir von meinem Weinberg, was mir gehört. Bringe mir, was recht ist." Aber die Pächter waren nicht bereit zu geben, was recht war. Sie waren nicht bereit zu teilen. Sie waren nicht bereit zuzugestehen, dass sie nicht die Herren, sondern die Knechte waren: Bauern wohl, aber solche, denen der Weinberg ausgeliehen war. Nein. Das wollten sie nicht sein. Darum schlugen sie den zweiten Boten des Herren des Weinbergs zum Empfang auf den Kopf, so dass ihm Hören und Sehen verging. Dann verspotteten sie ihn und verlachten ihn. Was will der von uns? Und auch der zweite Knecht kam mit leeren Händen zurück.

Was wird der Herr des Weinbergs jetzt tun? Wird er jetzt drein schlagen? Wie wird er seine Forderung geltend machen? Wie wird er zeigen, dass er der Herr ist? Nichts tut der Herr. Er schickt noch einmal einen Knecht. Den brachten die Weinbergpächter einfach um.

Als der dritte Knecht nicht mehr zurückkam, da sagte sich der Herr des Weinbergs: „Sie haben meine Knechte nicht geachtet. Jetzt schicke ich meinen geliebten Sohn. Vor ihm werden sie Achtung haben. Auf ihn werden sie hören. Ihm werden sie gehorchen und geben, was recht ist." Und der Sohn ging. Er ging in den Weinberg. Er ging zu den Weinbauern, im Namen seines Vaters. Aber die Weingärtner sahen ihn von weitem kommen. Und sie sagten: „Das ist der Sohn. Das ist der Erbe. Kommt, wir schlagen ihn tot. Dann sind wir die Erben."

8 Und sie nahmen ihn und töteten ihn und warfen ihn hinaus vor den Weinberg.

Wie einen überfahrenen Hund, so warfen sie den Leichnam des Sohns hinaus vor den Weinberg. Wie geht die Geschichte jetzt weiter? Was denken Sie? Was wird der Besitzer des Weinbergs jetzt tun? Haben Sie eine Antwort? Ist nicht schon längst das Ende der Geduld angesagt? Muss man dem Weinbergbesitzer nicht einmal zeigen, wie man richtig mit seinen Pächtern umgeht? Ich weiß nicht, wie Ihre Antwort aussieht: Was wird der Besitzer des Weinbergs jetzt tun?

Ich will ein wenig weiter erzählen. Die Leute hatten zugehört. Sie haben gespannt zugehört. Beim zweiten Knecht fingen sie an den Kopf zu schütteln. „Das gibt es doch nicht. Geduld ist gut. Aber eine harte Hand ist besser. Das kann er doch nicht machen! Das kann er sich doch nicht gefallen lassen. Unmöglich!"

Ein anderer griff sich plötzlich an die Stirn und erschrak: „Der redet ja von uns. Weinberg – das sind doch wir! Die Pächter – die sind doch wir. Uns fragt Gott, wie wir mit seinem Gut umgehen, mit seinen Menschen und mit seiner Welt!" Und ein anderer sagte: „Das würde dem so passen. Dieser Jesus erzählt, wie wenn er selbst der Abgesandte dieses Weinbergbesitzers wäre. Dieser Jesus erzählt, wie wenn er uns sagen könnte, was recht ist. Nein. Da tun wir nicht mit. Es ist gut, dass unsere Oberen bereits beschlossen haben, was sie tun wollen: Weg muss er, der Jesus. Weg, so wie die Knechte in seiner Geschichte."

Aber ein anderer sagte: „Das würde ich mir nicht gefallen lassen. Irgendwann hat einmal die größte Geduld ein Ende. Den Sohn, den Sohn wird er ihnen nicht verzeihen. Ich weiß, was der Weinbergbesitzer tun wird. Schlimmes wird er tun." Und wieder andere verstanden Jesus und dachten oder sagten gar: „Der Jesus meint sich selbst. Er selbst ist so wie der Sohn im Gleichnis. Er selbst beansprucht, dass wir auf ihn hören. Er selbst beansprucht, dass er der rechtmäßige Bote Gottes ist. Wir werden ihn töten. Dann lässt er uns in Ruhe. Dann lässt uns Gott in Ruhe." So schrieb es Markus am Ende auf:

12 Und sie trachteten danach, ihn zu ergreifen, und fürchteten sich doch vor dem Volk; denn sie verstanden, dass er auf sie hin dies Gleichnis gesagt hatte.

Und wieder andere sagten: „Es ist ein Wunder, dass Gott mit uns noch immer Geduld hat. Es ist ein Wunder, dass Gott uns verzeiht. Es ist Gottes Geschenk, dass er diesen Jesus geschickt hat, der solche Geschichten erzählt. Gott sei Dank."

Soweit die Geschichte. Aber Markus hat sie aufgeschrieben – und als er sie aufschrieb, da war die Geschichte schon gewachsen. Zwei Zusätze hatte sie bekommen:

Erstens: „Was wird der Besitzer des Weinbergs jetzt tun?" So fragte man. Und voller Entsetzen gaben sich viele die Antwort:

9 Er wird kommen und die Weingärtner umbringen und den Weinberg andern geben.

War es nicht so? Ist nicht Jerusalem zerstört? Gehört nicht jetzt alles den Römern? Der zweite Zusatz ist eine Antwort auf diese Gerichtsdeutung. Da sagten manche: „Ihr glaubt, Gott hat sich einfach an dem Volk Israel gerächt." Und sie sagten: „In meiner Bibel steht es anders:

10 Habt ihr denn nicht dieses Schriftwort gelesen: „Der Stein, den die Bauleute verworfen haben, der ist zum Eckstein geworden.
11 Vom Herrn ist das geschehen und ist ein Wunder vor unsern Augen"?

Nein. Gott hat den Jesus, den die anderen für überflüssig hielten, auferweckt. Er ist der Grund unseres Lebens. Er ist der Grund des Lebens für alle Menschen.

Die Strafe liegt auf ihm, auf dass wir Frieden hätten. (Jes 53, 5)

Gott hat das Gericht nicht gegen uns gewendet. Gott sei Dank."
Als ich die Geschichte mit Freunden besprach, stöhnte jemand auf und sagte: „Nein. Das dürft ihr doch nicht. Da ist diese Geschichte vom Gericht Gottes über Israel. Und ihr macht daraus eine Geschichte von der Geduld Gottes, die Jesus erzählt haben soll. Irgendwann muss doch auch bei Gott Schluss sein. Es gibt doch ein ‚zu spät'!"
Ich höre manchmal solche Hilferufe nach dem harten, strengen Gott. Aber auch die Hilfrufer leben davon, dass Gottes Geduld mit ihnen und mit uns noch nicht zu Ende ist. Auch sie leben davon, dass Gott seine Liebe nicht mehr in Zorn umschlagen lässt – und dass er aus dem Karfreitag Ostern gemacht hat.

Wer Ohren hat, zu hören, der höre! (Mk 4, 9)

Amen.

25.11.2007 Letzter Sonntag des Kirchenjahrs (Ewigkeitssonntag)
Prädikantenpredigt
Markus 13, 31–37

> 31 Himmel und Erde werden vergehen; meine Worte aber werden nicht vergehen.
> 32 Von dem Tage aber und der Stunde weiß niemand, auch die Engel im Himmel
> nicht, auch der Sohn nicht, sondern allein der Vater.
> 33 Seht euch vor, wachet! Denn ihr wisst nicht, wann die Zeit da ist.
> 34 Wie bei einem Menschen, der über Land zog und verließ sein Haus und gab
> seinen Knechten Vollmacht, einem jeden seine Arbeit, und gebot dem Türhüter, er
> solle wachen:
> 35 so wacht nun; denn ihr wisst nicht, wann der Herr des Hauses kommt, ob am
> Abend oder zu Mitternacht oder um den Hahnenschrei oder am Morgen,
> 36 damit er euch nicht schlafend finde, wenn er plötzlich kommt.
> 37 Was ich aber euch sage, das sage ich allen: Wachet!

Das sage ich allen: Wachet!

Liebe Gemeinde,

wir gedenken heute, am letzten Sonntag im Kirchenjahr, an die Menschen, die in unserer Gemeinde in diesem Kirchenjahr gestorben sind. Viele Erinnerungen werden dabei wieder wach, an Leben und Sterben. Erinnerungen, die wir gerne festhalten und solche, die wir viel lieber verscheuchen würden. Wir hören jetzt auf Worte Jesu und lassen uns von diesen in unsere Erinnerungen und Gedanken dreinreden. Ich lese aus Markus 13, 31-37:

> 31 Himmel und Erde werden vergehen; meine Worte aber werden nicht vergehen.
> 32 Von dem Tage aber und der Stunde weiß niemand, auch die Engel im Himmel
> nicht, auch der Sohn nicht, sondern allein der Vater.
> 33 Seht euch vor, wachet! Denn ihr wisst nicht, wann die Zeit da ist.
> 34 Wie bei einem Menschen, der über Land zog und verließ sein Haus und gab
> seinen Knechten Vollmacht, einem jeden seine Arbeit, und gebot dem Türhüter, er
> solle wachen:
> 35 so wacht nun; denn ihr wisst nicht, wann der Herr des Hauses kommt, ob am
> Abend oder zu Mitternacht oder um den Hahnenschrei oder am Morgen,
> 36 damit er euch nicht schlafend finde, wenn er plötzlich kommt.
> 37 Was ich aber euch sage, das sage ich allen: Wachet!

Wir haben sie gehört, die Mahnung zur Wachsamkeit. Wie ist sie gemeint? Bei uns wird ja viel gewacht. Viel zu viel. Da sind Menschen, die halbe und ganze Nächte nicht mehr schlafen, sondern wachen, weil sie nicht abschalten können.

Weil das, was sie zu tragen und zu verantworten haben, sie nicht los lässt. Weil sie überreizt sind und weil die Hetze einen bis in den Schlaf verfolgt. Oder, weil ihre Seele erschöpft ist, zu müde, um noch zu schlafen. Man sehnt sich nach Ruhe und Schlaf und hilft vielleicht durch Medikamente nach, aber man wacht. Und hier heißt es einfach:

37 Wachet!

Wie ist das gemeint? Eine Geschichte, die Martin Buber[1] erzählt hat, hat mich aufmerken lassen: Der Berditschewer sah einen auf der Straße eilen, ohne rechts und links zu schauen. „Warum rennst du so?" fragte er ihn. „Ich gehe meinem Erwerb nach", antwortete der Mann. „Und woher weißt du", fuhr der Rabbi fort zu fragen, „dein Erwerb laufe vor dir her, daß du ihm nachjagen mußt? Vielleicht ist er dir im Rücken, und du brauchst nur innezuhalten, um ihm zu begegnen, du aber fliehst vor ihm."
Der Rabbi bringt den, der da so durch sein Leben eilt, mit seiner Frage zum Aufmerken und Nachdenken. Vielleicht schüttelt er diese Frage auch einfach als lästig ab. „Woher weißt du, dass dein Erwerb nicht hinter dir her kommt?" Im Grunde fragt der Lehrer: „Bist du wach? Weißt du, was du tust?" Die große Geschäftigkeit und der Eifer, vielleicht sind sie auch der Ausdruck von: „Nicht wach werden wollen. Ich bin einfach fleißig, damit ich nicht nachdenken muss. Ich mache weiter, damit ich nicht zu viel sehe und zu viel wahrnehme."
Es gibt viel, vor dem ich für mich persönlich oder auch in Blick auf unsere Welt die Augen verschließen kann. Und vielleicht glaube ich, es gehe nicht anders. Ich halte mich in Atem, damit ich nicht zu sehr wach werde.
Der heutige Tag erinnert daran, dass nichts einfach so weiter geht. Der Abschied von einem Menschen, der mir lieb war, lässt einen stolpern und bringt durcheinander. Wenn Jesus uns ermahnt:

37 Wachet!

dann meint er nicht die Schlaflosigkeit, sondern im Gegenteil eine Aufmerksamkeit, die dem Leben dient.
Wachsamkeit, die dem Leben dient. Die ist mir in einer Dokumentation im Fernsehen begegnet. Völlig unvermutet. Es wurde die Geschichte des Landschulheims Herrlingen bei Ulm erzählt. Zwei Schwestern aus Ulm hatten zusammen mit einer Jüdin eine Schule gegründet, in der Kinder mit Freude lernen und zum Leben befähigt wurden. Durch den antijüdischen Druck wurden schon vor 1933 immer mehr jüdische Kinder in dieses Landschulheim geschickt, um sie vor den üblen Plagen ihrer Mitschüler zu behüten. Dann kam das 3. Reich und vom ersten Tag an machte die Jüdin Käthe Hamburg Pläne, um die Schule mit allen jüdischen Kindern nach England zu verlegen.

---

1 Martin Buber, Die Erzählungen der Chassidim, © 1949, Manesse Verlag, Zürich, in der Verlagsgruppe Random House GmbH, München.

Sie sagte: „In diesem Land will ich keine Kinder erziehen. Jüdische Kinder können hier nicht zu gesunden erwachsenen Menschen werden." Es wurde daraus eine Hilfsaktion, die bis zum Kriegsausbruch etwa 10.000 Kindern einen Platz zum Leben in England ermöglicht hat.

Mich hat diese Geschichte betroffen gemacht, wegen der unerhörten Wachsamkeit dieser Frauen. Sie hatten leider recht in ihrer Einschätzung des 3. Reichs. Aber sie waren wach und handelten rechtzeitig. Sie waren wach, weil sie durchdrungen waren von der Liebe zu den anvertrauten Kindern. Fromm waren sie nicht. Und doch hatten sie etwas von dem verstanden und gelebt, was Jesus sagt:

33 Seht euch vor, wachet! Denn ihr wisst nicht, wann die Zeit da ist.

Über diese Wachsamkeit, die Jesus bei uns sucht, möchte ich noch ein wenig mehr sagen. Er sagt:

31 Himmel und Erde werden vergehen; meine Worte aber werden nicht vergehen.

Darum:

37 Wachet!

Jesus mahnt zu einer Wachsamkeit, die mit seinem Wort zu tun hat. So gesehen ist jeder Gottesdienst ein Stückchen Einübung in Wachsamkeit oder eine Gelegenheit zum Aufwachen. Ich will versuchen, etwas von dem zu beschreiben, was nicht vergeht. Ich will etwas sagen von Worten Jesu, die nicht vergehen. Jedem fällt da sicher anderes ein. Drei Richtungen von Worten Jesu will ich beschreiben:

Erstens: Gott sieht dich und hört dich und weiß, was du zum Leben brauchst. Darum kannst du leben wie ein Kind. Dein Leben ist ein Geschenk. Du kannst den Kopf heben, wach und aufmerksam. Für dich und andere. „Selig sind, die hungern und dürsten nach Gottes Reich und nach seiner Gerechtigkeit. Gott wird sie satt machen."

Zweitens: Du musst dir nichts vormachen. Gott kennt dich. Du kannst dir leisten, auch dich selbst zu kennen. Nichts ist so mühsam oder so erbärmlich oder so beschämend an dir, dass du es verbergen müsstest. Gott kennt dich. Und er liebt dich. Und er zeigt dir einen Weg, den du gehen kannst. Sein letztes Wort heißt Vergebung. Für dich – und die anderen.

Drittens: Wer sein Leben festhalten will, verliert's. Du kannst nicht dein Leben auf Kosten anderer retten. Aber du musst es auch nicht. Die Liebe darf das letzte Wort haben – bei Gott und Menschen. Gott sorgt, dass nicht die Angst sondern die Liebe recht behält.

Sie merken: Ich höre bei den unvergänglichen Worten Jesu vor allem die Stimme des Trostes und der Ermutigung: „Hab keine Angst!" und: „Sei aufmerksam! Denn Gott schenkt uns das Leben." Für mich hat die Einladung zum Wachen noch einen anderen, einen größeren Horizont. Der Hausherr überlässt sein Haus den Knechten. Gott hat uns seine Welt anvertraut. Gott mutet uns zu, mit ihm in unserer Welt zu wachen und dafür einzustehen, dass Liebe und Menschlichkeit Macht gewinnen.

Im Militärgefängnis in Berlin schreibt zwei Tage vor dem 20. Juli 1944, also am 18.07.1944 Dietrich Bonhoeffer[2] an seinen Freund. Er denkt dabei nach über das, worauf es beim Christsein ankommt. Er erinnert an die Geschichte von den Jüngern, die lieber schlafen, als mit Jesus in Gethsemane wach zu sein angesichts der Not und des Elends, das auf Jesus wartet. Er schreibt:

„Könnt ihr nicht eine Stunde mit mir wachen?" fragt Jesus in Gethsemane. Das ist die Umkehrung von allem, was der religiöse Mensch von Gott erwartet. Der Mensch wird aufgerufen, das Leiden Gottes an der gottlosen Welt mitzuleiden. ... Christsein heißt ... Menschsein. ... Nicht der religiöse Akt macht den Christen, sondern das Teilnehmen am Leiden Gottes im weltlichen Leben." Mit Gott leiden, an und in der Welt. Mit Gott wach sein, in unserer Welt. Einstehen für Liebe und Güte, für Vergebung und Barmherzigkeit. Wach sein für das, wofür Gott uns braucht, im ganz Kleinen oder auch im Größeren. Das traut Gott uns zu. Die Grundlage ist das Versprechen Jesu:

31 Himmel und Erde werden vergehen; meine Worte aber werden nicht vergehen.

Darum:

37 Wachet!

Mit Gott leiden an einer Welt, die Krieg für sinnvoll hält. Mit Gott leiden an einer Welt, die Krieg so wenig verhindern kann. Mit Gott leiden an der Rücksichtslosigkeit und Gedankenlosigkeit, die man bei uns für das Leben ausgibt. Jesus lädt uns ein mit IHM zu wachen um unsretwillen und um unserer Welt willen.

Lassen Sie es mich noch einmal sagen in Gedanken an den Schmerz und die Trauer, die in vielen Herzen ist:

Gott hat Jesus auferweckt. Deshalb sind bei ihm unsere Gedanken gut aufgehoben. Auch gerade die Gedanken an unsere Verstorbenen. Am Ende steht nicht die Angst, sondern Jesu gutes Wort.

Siehe, ich bin bei euch. (Mt 28, 20)

Amen.

---

2 Dietrich Bonhoeffer, Widerstand und Ergebung; Brief vom 18.07.1944; © 1998, Gütersloher Verlagshaus, Gütersloh, in der Verlagsgruppe Random House GmbH.

1 Es waren noch zwei Tage bis zum Passafest und den Tagen der Ungesäuerten Brote. Und die Hohenpriester und Schriftgelehrten suchten, wie sie ihn mit List ergreifen und töten könnten.

2 Denn sie sprachen: Ja nicht bei dem Fest, damit es nicht einen Aufruhr im Volk gebe.

3 Und als er in Betanien war im Hause Simons des Aussätzigen und saß zu Tisch, da kam eine Frau, die hatte ein Glas mit unverfälschtem und kostbarem Nardenöl, und sie zerbrach das Glas und goss es auf sein Haupt.

4 Da wurden einige unwillig und sprachen untereinander: Was soll diese Vergeudung des Salböls?

5 Man hätte dieses Öl für mehr als dreihundert Silbergroschen verkaufen können und das Geld den Armen geben. Und sie fuhren sie an.

6 Jesus aber sprach: Lasst sie in Frieden! Was betrübt ihr sie? Sie hat ein gutes Werk an mir getan.

7 Denn ihr habt allezeit Arme bei euch, und wenn ihr wollt, könnt ihr ihnen Gutes tun; mich aber habt ihr nicht allezeit.

8 Sie hat getan, was sie konnte; sie hat meinen Leib im Voraus gesalbt für mein Begräbnis.

9 Wahrlich, ich sage euch: Wo das Evangelium gepredigt wird in aller Welt, da wird man auch das sagen zu ihrem Gedächtnis, was sie jetzt getan hat.

10 Und Judas Iskariot, einer von den Zwölfen, ging hin zu den Hohenpriestern, dass er ihn an sie verriete.

11 Als die das hörten, wurden sie froh und versprachen, ihm Geld zu geben. Und er suchte, wie er ihn bei guter Gelegenheit verraten könnte.

Sie hat ein gutes Werk an mir getan

Liebe Gemeinde,

mit drei kleinen Geschichten beginnt im Evangelium des Markus die eigentliche Leidensgeschichte Jesu. Am Anfang steht das Vorhaben der Hohenpriester und Schriftgelehrten: „Wir wollen Jesus noch vor dem Fest ergreifen, dass wir ihn töten." Zu ihrer großen Freude verspricht der Jünger Judas Iskariot, ihnen Jesus auszuliefern. Doch zuvor berichtet Markus eine überraschende Geschichte. Ich will einfach erzählen.

Ihr Mann war aus Jerusalem heim gekommen. Er erzählte, was bei den Schriftgelehrten im Tempel gesprochen wird. „Jesus muss weg!" „Er bringt das ganze Volk durcheinander." „Der bringt uns bloß in Schwierigkeiten mit den Römern." „Und wo kommen wir da hin, wenn die Nächstenliebe wichtiger ist, als das Studium der Heiligen Schriften und wichtiger als der Gottesdienst?" „Glaubst du, sie meinen es ernst?" fragt die Frau. Er sagt: „Sie meinen es ernst, todernst. Sie wollen ihm auflauern und ihn umbringen." „Redet denn niemand zum Guten?" „Die werden immer weniger. Es geht nicht mehr lange gut. Und sie wollen alles noch vor dem Fest erledigen." „Aber das geht doch nicht! Auflauern und töten. Gibt es denn niemand, der Jesus Gutes tut?" „Heute geht es ihm gut. Heute ist er zum Abendessen eingeladen mit seinen Freunden bei Simon. Bei dem Simon, der früher aussätzig war. Simon ist so dankbar, dass er gesund geworden ist. Da möchte er auch Jesus Gutes tun." „Wann geht Jesus zu Simon?", fragt die Frau. „Ich glaube, er ist schon dort.", sagt ihr Mann. Da fangen ihre Augen an zu leuchten. Und sie fasst einen Entschluss. Die Frau geht in ihre Kammer. Sie sucht. Sie braucht nicht lange. Dann hat sie das Kostbarste in der Hand, das sie besitzt. Sie schiebt es in die Tasche ihres Obergewands. Es ist das unauffällige braune. Dann geht sie zur Tür. „Willst du wirklich zu Jesus?", fragt ihr Mann. „Freilich", sagt sie, „jetzt oder nie."

Sie ist schnell am Haus des Simon. Es ist nur ein paar Straßen weiter. Jetzt werden ihre Schritte langsamer. Auf einmal ist sie ein wenig unsicher. Soll sie wirklich? Was werden die Leute sagen? Auch ihr Mann weiß nicht, was sie vor hat. Er weiß nur: Sie will zu Jesus. Und er hat sie gehen lassen.

Sie klopft bei Simon nicht an die Tür. Die ist unverschlossen. Im Flur hört sie die Stimmen der Männer aus dem Raum, in dem die Gäste versammelt sind. Die scheinen schon ziemlich fröhlich zu sein. Vorsichtig öffnet sie die Zimmertür. Da sitzen sie miteinander um einen großen Tisch: Simon, einige seiner Freunde, Jesus und seine Jünger. Ehe irgendjemand etwas merkt, huscht sie zu Jesus hin. Mit einem Ruck zerbricht sie das Fläschchen, das sie in der Tasche hat. Und dann gießt sie kostbares Öl – direkt Jesus auf den Kopf. Alles, bis zum letzten Tropfen.

Die Frau salbt Jesus, so wie man einen König salbt. Liebevoll verstreicht sie das Öl auf dem Haupt von Jesus. Und das fängt an zu duften. Der Duft des unverdünnten Nardenöls verbreitet sich im ganzen Raum.

Keiner hat schon einmal so etwas Edles gerochen. Und die Frau sieht Jesus in seine freundlichen Augen und streicht ihm noch einmal über das Haupt. Jesus lässt es sich gefallen. Er freut sich. Vielleicht denkt er auch an das Wort aus dem Psalm:

Du salbest mein Haupt mit Öl. (Ps 23, 5)

Tief atmen die Männer den köstlichen Duft. Zuerst ist es ganz still. Sprachlos sind sie. Aber dann fangen sie an zu murmeln und zu schwätzen. Und es wird immer lauter. „Sieh dir das an! Kommt diese wildfremde Frau einfach in unsere Männerrunde." „Siehst du, wie Jesus es genießt? Er lässt es sich einfach gefallen." „So eine Verschwendung! Das Öl hätte für uns alle gereicht, wenn Simon uns hätte salben wollen. Aber nein. Alles nur für Jesus. Sie gießt das ganze Fläschchen Jesus auf das Haupt." „Sie meint nur ihn!" „Und was das kostet! Das kann sich doch kein Mensch leisten. Ein ganzes Jahr müsste ich arbeiten, wenn ich solches Öl kaufen wollte." „Und jetzt ist einfach alles weg. Alles weg für Jesus!" „Verkaufen hätte man das sollen. Auf dem Markt in Jericho hätte man 300 Silberstücke dafür bekommen. Stelle dir vor, wie viel man damit den Armen helfen könnte!" Die Männer reden sich immer mehr in Zorn hinein. Manche fangen auch an, die Frau direkt zu beschimpfen. „So blöd wie du – das ist typisch Frau!" „Hast du gar nichts Besseres mit deiner Kostbarkeit tun können?"

„Lasst sie in Frieden!" So hört man auf einmal die Stimme Jesu. Der ist aufgestanden. Er hat seinen Arm um die Frau gelegt. „Warum macht ihr sie traurig? Sie hat etwas Schönes für mich getan. Und ihr riecht es ja alle! Arme habt ihr immer, denen ihr Gutes tun könnt. Mich habt ihr nicht für alle Zeit. Wenn ihr wollt, dann seht es so: Sie hat mir mit der Salbung die Ehre erwiesen, die man sonst erst dem Toten erweist.

Aber eines möchte ich euch sagen: Überall, wo man von mir erzählt, da wird man auch erzählen, was sie jetzt für mich getan hat." Freundlich sieht Jesus noch einmal die Frau an und nickt ihr zu. Die geht jetzt zur Tür. Sie macht sich auf den Heimweg. Ihr Herz ist voll. Voll von allem, was sie getan und erlebt hat.

Daheim fragt sie ihr Mann: „Warst du bei Jesus? Bist du bis zu ihm gekommen?" „Ja, freilich, und er hat mich sogar beschützt. Die Männer bei Jesus haben noch nicht viel verstanden."

Noch eine Beobachtung zum Schluss: Auch bei uns erzählt man von dieser Frau. Sie hat Jesus zum Messias, zum Christus gesalbt. Und sie hat die Salbung zu seinem Begräbnis vorweggenommen. Sie gibt alles – und Jesus lässt es sich gefallen. So steht am Anfang des Leidensweges Jesu nicht nur der böse Vorsatz der Hohenpriester und der Verrat des Jüngers. Sondern da steht das Zeichen einer großen Liebe. Und diese Liebe bekommt Recht: zuerst von Jesus und dann an Ostern.

Amen.

05.04.1999 Ostermontag
Versöhnungskirche in Heumaden
Markus 16, 1-8

1 Und als der Sabbat vergangen war, kauften Maria von Magdala und Maria, die Mutter des Jakobus, und Salome wohlriechende Öle, um hinzugehen und ihn zu salben.
2 Und sie kamen zum Grab am ersten Tag der Woche, sehr früh, als die Sonne aufging.
3 Und sie sprachen untereinander: Wer wälzt uns den Stein von des Grabes Tür?
4 Und sie sahen hin und wurden gewahr, dass der Stein weggewälzt war; denn er war sehr groß.
5 Und sie gingen hinein in das Grab und sahen einen Jüngling zur rechten Hand sitzen, der hatte ein langes weißes Gewand an, und sie entsetzten sich.
6 Er aber sprach zu ihnen: Entsetzt euch nicht! Ihr sucht Jesus von Nazareth, den Gekreuzigten. Er ist auferstanden, er ist nicht hier. Siehe da die Stätte, wo sie ihn hinlegten.
7 Geht aber hin und sagt seinen Jüngern und Petrus, dass er vor euch hingehen wird nach Galiläa; dort werdet ihr ihn sehen, wie er euch gesagt hat.
8 Und sie gingen hinaus und flohen von dem Grab; denn Zittern und Entsetzen hatte sie ergriffen. Und sie sagten niemandem etwas; denn sie fürchteten sich.

Und sie sagten niemandem etwas; denn sie fürchteten sich

Liebe Gemeinde,
der katholische Seelsorger für die Aidskranken in Stuttgart, Petrus Ceelen, hat vor einigen Jahren einmal für seine Freunde einen Text aufgeschrieben, wie Ostern bis zu mir kommt. Er hat geschrieben:

Jeden Tag aufstehen
auf eigenen Beinen stehen
Jeden Tag im Leben stehen,
das Alte neu bestehen.

Jeden Tag andere ausstehen
und zu sich selbst stehen.
Jeden Tag verstehen,
daß GOTT hinter allem steht.

Jeden Tag aufstehen
zu neuem Leben.
Jeden Tag neu.[1]

Das ist mir wieder eingefallen im Zusammenhang mit der Geschichte vom Ostermorgen, die Markus erzählt. Und Sie werden natürlich sagen: „Das ist doch ganz weit auseinander, was hat das miteinander zu tun: Die Geschichte vom leeren Grab und das, ob wir zu neuem Leben aufstehen an jedem Tag neu?" Mir ist es in diesem Jahr mit dieser Geschichte vom Ostermorgen besonders ergangen, und das möchte ich Ihnen erzählen. Vielleicht haben Sie sich auch schon gewundert, dass das so aufhören darf:

8 Und sie sagten niemandem etwas; denn sie fürchteten sich.

Mit diesem Satz hat mit großer Sicherheit die Erzählung des Markus vom Leben und Leiden Jesu aufgehört. Mit diesem Satz:

8 Und sie sagten niemandem etwas; denn sie fürchteten sich.

Und das hat von Anfang an die Menschen, die das abgeschrieben haben, aufgeregt. Und dann haben sie überall gesucht. Sie finden heute im Markusevangelium noch einiges aus späteren Handschriften, in aller Kürze, angefügt, wie es dann recht Ostern wird. Nämlich: Geschichten von Ostern, von Unglauben und Glauben – und von den Zeichen, die die Nachricht von dem Auferstandenen begleiten. Die Christen haben das von Anfang an nicht ausgehalten, dass das Markusevangelium so aufhört: Ostern – und dann:

8 Und sie sagten niemandem etwas.

Aber wenn ich die Augen aufmache und ein wenig nachdenke, dann kann ich das ganz gut verstehen. Was erzählen wir denn von Ostern? Was sage ich denn weiter? Daheim – und auf der Straße? Bei der Arbeit? Da passt es doch ganz gut:

8 Und sie sagten niemandem etwas.

Ich bin also vorsichtiger geworden, und habe auf die gehört, die einem zeigen, was da wohl dahinter steckt hinter diesem überraschenden Schluss des Evangeliums. Ich mag diese Frauen. Ich mag diese Frauen, von denen erzählt wird, dass sie nicht, wie die Männer, fertig sind mit dem Karfreitag.
Ich mag es, dass sie in ihrer Liebe auch jetzt noch etwas tun möchten. Sie haben brav gewartet und still gehalten, solange es Sabbat war. Sie haben sicher am Abend des Sams-

1 © Petrus Ceelen. Petrus.Ceelen@gmx.de

tags, als der Sabbat beendet war, alles vorbereitet, damit sie ganz früh am ersten Tage, am Sonntag, an das Grab konnten. Und dann wird erzählt, dass sie sich unterwegs plötzlich fragen:

> 3 Wer wälzt uns den Stein von des Grabes Tür?

Ich habe das immer ein bisschen dumm gefunden, dass den Frauen dies erst so spät einfällt. Ich finde es nicht mehr dumm. Die Steine, die einem in den Weg kommen, und die Steine, die weggewälzt werden müssten, die Steine, die wir dieses Jahr auf dem Herzen haben, die sind einfach da. Und da kann man nicht vorher Vorsorge treffen. Die Steine, sie drücken. Oder sie sind im Weg. Und da kann nicht die kluge Planung etwas ändern; und meine Besserwisserei schon gar nicht.

Und noch einmal verstehe ich, dass die Frauen auf dem Weg sind – und dann denken sie plötzlich: „Es ist doch eigentlich ein unmöglicher Weg. Wer wälzt uns denn den Stein von des Grabes Tür?"

Und dann ist der Stein nicht da, wo er hingehört, sondern weggewälzt. Ich denke, es ist wichtig, dass man sich daran erinnert. Sie haben das ja auch schon erlebt, dass Steine plötzlich weg sind, wo Sie meinten, da müssten sie sein. Und dass sich ein Weg auftut, wo Sie geglaubt haben, dass da kein Weg ist.

Schon von daher bin ich froh, dass diese Ostergeschichte bis in unser Gesangbuch gekommen ist. Und dass Sie sie einfach nachlesen können.[2]

Der Stein ist nicht an seinem Platz, wo er hingehört. Der Weg ist frei. Bloß wozu? Die Frauen kommen ans offene Grab. Dort ist der Engel. Und der Engel sagt zu ihnen:

> 6 Entsetzt euch nicht! Ihr sucht Jesus von Nazareth, den Gekreuzigten. Er ist auferstanden, er ist nicht hier. Siehe da die Stätte, wo sie ihn hinlegten.
> 7 Geht aber hin und sagt seinen Jüngern und Petrus, dass er vor euch hingehen wird nach Galiläa; dort werdet ihr ihn sehen, wie er euch gesagt hat.

Die späteren Ostergeschichten, die erzählen dann, dass die Frauen gehen und erzählen. Markus, der als erster das Evangelium aufgeschrieben hat, der schreibt:

> 8 Und sie sagten niemandem etwas; denn sie fürchteten sich.

Warum? Nicht weil er die bessere Erinnerung hat. Auch ihm ist das erzählt worden. Aber warum dann? Das Markusevangelium gibt eine Antwort. Allerdings muss man das ganze Markusevangelium anschauen und sich erinnern.

Im Evangelium nach Markus, da kommen die Jünger ziemlich schlecht weg. Die sind voller Eifer. Sie sind Menschen, die sich auf das Wort Jesu hin auf den Weg machen und dann, dann wird immer wieder erzählt, wie sie etwas nicht verstehen. Wie sie etwas

---

2 EG, S. 235, bei Nr. 102

nicht tun. Wie sie offensichtlich der Güte und der Barmherzigkeit Gottes, die ihnen in diesem Christus begegnet, einfach nicht gewachsen sind. Und dann spitzt sich das zu – und das haben Sie dann auch im Gedächtnis – in dieser Szene, wo Jesus zu ihnen sagt[1]: „Heute Nacht, da werdet ihr euch alle an mir ärgern." Da sagen sie: „Das tun wir nie! Wir ärgern uns doch nicht an dir!" Und da sagt Jesus: „Ihr werdet euch an mir ärgern und ihr werdet davonlaufen." Da sagen die Jünger: „Und wenn wir mit dir sterben müssten, das tun wir nicht."

Und dann ist da das Gespräch mit Petrus, das wir besonders gut kennen. Und wir kennen die Geschichte von dem Hahn, der kräht.

Der gute Wille ist echt. Der gute Wille der Jünger ist echt. Sie möchten bei dem Christus bleiben. Aber sie tun es nicht. Und genauso erzählt Markus nun auch von den Frauen an Ostern. Sie bekommen das Wort des Engels: „Geht und sagt es den andern: Der Christus geht euch voraus." Und da sagen sie nichts.

Warum? Man merkt da als erstes, dass auch Markus weiß, dass die schöne Geschichte vom Ostermorgen es in den Herzen der Menschen noch nicht Ostern werden lässt. Überhaupt nicht. Und man merkt das andere: Jesus hat seinen Jüngern gesagt: „Ich gehe euch voraus nach Galiläa." Aber was heißt das? Galiläa, das ist das, was sie hinter sich gelassen hatten mit Jesus. Sie waren von Galiläa hinaufgezogen nach Jerusalem. Jetzt sollen sie wieder hinunter, jetzt sollen sie wieder dorthin, wo sie herkommen. Jetzt sollen sie wieder dorthin, wo sie daheim sind. Jetzt sollen sie wieder dorthin, wo das Leben ist und die Schwierigkeiten. Und jetzt sollen sie wieder zu denen, über die sie doch froh waren, dass sie sie nicht gesehen haben. Zu den Menschen, mit denen sie sich verstehen und sich nicht verstehen. Und mit denen sie sich reiben und mit denen sie sich ärgern und die auf die Nerven gehen. Das ist Galiläa. Da sollen sie wieder hin. Und dort, dort soll der Jesus sein – im Alltag?

8 Und sie sagten niemandem etwas; denn sie fürchteten sich.

Ich denke, dass Markus schon wollte, dass sich die Leute aufregen, wenn er so mit der Geschichte aufhört. Er wollte, dass seine Leser, dass Sie und ich jetzt in unser Galiläa gehen und dass wir da unsere Augen und Ohren sehnsüchtig aufmachen. Dass wir etwas merken, dass der Auferstandene mitgeht. Und dass das Wunder passieren kann, dass Menschen aufeinander hören. Oder so, wie es Petrus Ceelen gesagt hat:

Jeden Tag andere ausstehen und zu sich selbst stehen.
Jeden Tag verstehen, daß GOTT hinter allem steht.

Das könnte ein Stückchen von Ostern sein, dass ich im Gesicht des anderen etwas von den Zügen des Christus erkenne.

---

1 Mk 14, 26ff

Zu unserem Galiläa gehört auch, dass wir immer noch auf die Nachrichten achten. Auf das, was in Israel und Palästina und was im Irak geschieht und nicht geschieht. Man möchte da ja schon verzagen. Der Krieg war das eine. Den Frieden zu gewinnen das andere. Das ist das Schwierigere. Wir haben als Kirchen in den letzten 50 Jahren sehr mühselig und zögernd dieses grundsätzliche Wort gelernt: „Krieg soll nach Gottes Willen nicht sein." Das ist kein Besserwissersatz. Das ist auch nicht bloß ein Vorschlag oder ein Verbot von militärischen Maßnahmen. Sondern das ist Evangelium. „Krieg soll nach Gottes Willen nicht sein." Gott will unsere Welt anders. Anders als wir das fertig bringen. Der Christus, der hat den Frieden mit seinem Leben bezahlt. Und Gott will den Frieden – mitten in der Angst. Und will das Leben nicht bloß im Tod – sondern aus dem Tod.

> 7 Geht aber hin und sagt seinen Jüngern und Petrus, dass er vor euch hingehen
> wird nach Galiläa; dort werdet ihr ihn sehen ...

Verstehen Sie nun auch auf einmal, dass ich gut verstehe, dass die Frauen nichts sagen? Und was tun wir? Was tun wir heute? Was tun wir diese Woche? Ich denke, dass dies wichtig ist, dass dann irgendwann das Wunder passiert und der Mut kommt. Und dass wir merken, dass dazu Jesus auferstanden ist. Dass wir nicht bloß hoffen, dass er unser Leben in seiner Hand hat, sondern auch, dass wir bitten können für die Freunde und für die Feinde. Denken wir noch einmal an Petrus Ceelen.

Jeden Tag aufstehen
auf eigenen Beinen stehen
Jeden Tag im Leben stehen,
das Alte neu bestehen.

Jeden Tag andere ausstehen
und zu sich selbst stehen.
Jeden Tag verstehen,
daß GOTT hinter allem steht.

Jeden Tag aufstehen
zu neuem Leben.
Jeden Tag neu.

Gehen Sie heim! Der Engel sagt: „Der Christus geht uns voraus; und ihr werdet ihn sehen. Und ihr werdet ihn auch sehen in dem Galiläa, in dem ihr jetzt gerade seid." Wir können darüber nur staunen.

Amen.

22.04.2001 Quasimodogeniti
Stadtkirche Peter und Paul in Calw
Markus 16, 9-20

9 Als aber Jesus auferstanden war früh am ersten Tag der Woche, erschien er zuerst Maria von Magdala, von der er sieben böse Geister ausgetrieben hatte.

10 Und sie ging hin und verkündete es denen, die mit ihm gewesen waren und Leid trugen und weinten.

11 Und als diese hörten, dass er lebe und sei ihr erschienen, glaubten sie es nicht.

12 Danach offenbarte er sich in anderer Gestalt zweien von ihnen unterwegs, als sie über Land gingen.

13 Und die gingen auch hin und verkündeten es den andern. Aber auch denen glaubten sie nicht.

14 Zuletzt, als die Elf zu Tisch saßen, offenbarte er sich ihnen und schalt ihren Unglauben und ihres Herzens Härte, dass sie nicht geglaubt hatten denen, die ihn gesehen hatten als Auferstandenen.

15 Und er sprach zu ihnen: Gehet hin in alle Welt und predigt das Evangelium aller Kreatur. Wer da glaubt und getauft wird, der wird selig werden; wer aber nicht glaubt, der wird verdammt werden.

17 Die Zeichen aber, die folgen werden denen, die da glauben, sind diese: In meinem Namen werden sie böse Geister austreiben, in neuen Zungen reden,

18 Schlangen mit den Händen hochheben, und wenn sie etwas Tödliches trinken, wird's ihnen nicht schaden; auf Kranke werden sie die Hände legen, so wird's besser mit ihnen werden.

19 Nachdem der Herr Jesus mit ihnen geredet hatte, wurde er aufgehoben gen Himmel und setzte sich zur Rechten Gottes.

20 Sie aber zogen aus und predigten an allen Orten. Und der Herr wirkte mit ihnen und bekräftigte das Wort durch die mitfolgenden Zeichen.

Und der Herr wirkte mit ihnen

Liebe Gemeinde,

die Geschichte vom Ostermorgen, wie die Frauen zum Grab Jesu gehen und dann mit panischem Schrecken davonlaufen und niemand etwas sagen, das war wohl 100 Jahre lang der Schluss des Markusevangeliums.

Aber dann, in der Mitte des zweiten Jahrhunderts unserer Zeitrechnung, da hat jemand, der das Markusevangelium abgeschrieben hat, das nicht mehr ausgehalten, dass da das letzte Wort ist:

Und sie sagten niemandem etwas. (Mk 16, 8)

Er hat wohl gesagt: „Da fehlt doch jetzt das Wichtigste. Es ist doch eine christliche Gemeinde aus den davon gelaufenen Jüngern geworden. Und zum Evangelium von Christus gehört doch das Neue hinzu, was uns nun bewegt. Wir sehen doch die Welt im Licht von Ostern anders! Und da ist der Mut, der aus dem Glauben an den Christus kommt, den Auferstandenen! Und die Hoffnung!"

Und so schreibt dieser Unbekannte eine österliche Zusammenfassung des Neuen, in Andeutung an alte Geschichten, die vielleicht auch jeder kennt, 100 Jahre später. Und dieser zweite Schluss des Markusevangeliums ist heute unser Predigttext. Ich habe darüber noch nie gepredigt und deswegen staune ich nicht schlecht. Da schreibt einer einfach das Evangelium weiter. Wie? Ich lese:

9 Als aber Jesus auferstanden war früh am ersten Tag der Woche, erschien er zuerst Maria von Magdala, von der er sieben böse Geister ausgetrieben hatte.

10 Und sie ging hin und verkündete es denen, die mit ihm gewesen waren und Leid trugen und weinten.

11 Und als diese hörten, dass er lebe und sei ihr erschienen, glaubten sie es nicht.

12 Danach offenbarte er sich in anderer Gestalt zweien von ihnen unterwegs, als sie über Land gingen.

13 Und die gingen auch hin und verkündeten es den andern. Aber auch denen glaubten sie nicht.

14 Zuletzt, als die Elf zu Tisch saßen, offenbarte er sich ihnen und schalt ihren Unglauben und ihres Herzens Härte, dass sie nicht geglaubt hatten denen, die ihn gesehen hatten als Auferstandenen.

15 Und er sprach zu ihnen: Gehet hin in alle Welt und predigt das Evangelium aller Kreatur. Wer da glaubt und getauft wird, der wird selig werden; wer aber nicht glaubt, der wird verdammt werden.

17 Die Zeichen aber, die folgen werden denen, die da glauben, sind diese: In meinem Namen werden sie böse Geister austreiben, in neuen Zungen reden,

18 Schlangen mit den Händen hochheben, und wenn sie etwas Tödliches trinken, wird's ihnen nicht schaden; auf Kranke werden sie die Hände legen, so wird's besser mit ihnen Werden.

19 Nachdem der Herr Jesus mit ihnen geredet hatte, wurde er aufgehoben gen Himmel und setzte sich zur Rechten Gottes.

20 Sie aber zogen aus und predigten an allen Orten. Und der Herr wirkte mit ihnen und bekräftigte das Wort durch die mitfolgenden Zeichen.

Das ist die Botschaft 100 Jahre später. Es ist an Ostern alles neu geworden. Und dieser Mensch ist so weit weg von Ostern wie wir von der Gründung des Deutschen Reichs im Jahr 1871. Wir sind jetzt fast 2000 Jahre weit weg.

Und immer begegne ich dieser Klage: „Es ist doch gar nichts neu geworden. Es plagt uns doch, dass unsere Welt so ist, wie sie ist. Und es plagt uns oft auch, dass wir so sind wie wir sind." Woher kommt der Mut so zu reden? Ich will mit Ihnen Schritt für Schritt ein wenig genauer hinhören.

Da wird also diese Geschichte von den erschrockenen Frauen am leeren Grab durch die Erinnerung an zwei andere Geschichten ergänzt, die wir auch zu kennen glauben. Maria Magdalena am Grab, die vom Auferstandenen bei ihrem Namen gerufen wird, und die zwei, die wir identifizieren mit denen, die nach Emmaus gehen, die der Auferstandene unerkannt begleitet; denen dann das Herz brennt, als er ihnen die Bibel erklärt, und sie ihn erkennen, als er mit ihnen zu Tische sitzt und das Brot bricht. Beide Geschichten erzählen davon, dass der Auferstandene zuerst überhaupt nicht erkannt wird. Und dann wird gesagt, dass ihnen die Augen aufgehen. Und wenn wir das von den Geschichten her, die wir kennen, füllen, dann gehen Maria die Augen auf, weil sie beim Namen gerufen wird. Und dann gehen den Emmausjüngern die Augen auf, weil sie zusammen sind und das Brot brechen, so wie Jesus es mit ihnen tat, in der Nacht, da er verraten ward. (1. Kor 11, 23)

Und da wird erzählt: Daran können auch heute die Augen aufgehen, dass du merkst, du wirst beim Namen gerufen, wie in der heiligen Taufe und dass du merkst, dass der Auferstandene selber dich an seinen Tisch lädt. Aber dann, und das haben Sie vorhin beim Lesen gehört, dann wird etwas ganz anderes betont. Nämlich:

> 11 Und als diese hörten, dass er lebe und sei ihr erschienen, glaubten sie es nicht.

Nicht mehr das Entsetzen und das Davonlaufen ist jetzt 100 Jahre später das Wichtige und die erste Reaktion auf Ostern, sondern einfach der Zweifel. „Ich kann das nicht glauben." Die Botschaft von der Auferweckung des Gekreuzigten wird durch die Zeit nicht glaubwürdiger. Sie hören und glauben nicht. So wird erzählt. Und Sie kennen das doch von sich selber. Auferstehung? Was ist das? Kann ich da etwas glauben? Was sollen diese Geschichten?

Und nun lohnt es sich, dass man genau hinhört, wie da weiter erzählt wird. Da wird gesagt, dass der Auferstandene selber den Unglauben schilt. Ich lese:

> 14 Zuletzt, als die Elf zu Tisch saßen offenbarte er sich ihnen und schalt ihren Unglauben und ihres Herzens Härte, dass sie nicht geglaubt hatten denen, die ihn gesehen hatten als Auferstandenen.
> 15 Und er sprach zu ihnen: Gehet hin in alle Welt und predigt das Evangelium aller Kreatur.

Der Auferstandene schimpft mit seinen Freunden. Und dann? Dann geschieht dieses Merkwürdige: Er gibt diesen Zweiflern, diesen Unsicheren, diesen Ungläubigen den Auftrag und die Vollmacht sein Evangelium zu verkündigen. Sie sollen das Evangelium ausbreiten in der ganzen Welt Und das sei so wichtig, weil jeder, der davon nichts erfährt, eben der Welt ausgeliefert bleibt.

Christus überlässt also diese Zweifelnden nicht ihrem Zweifel. Er sagt auch nicht: „Das müsst ihr eben glauben." Sondern er gibt ihnen diesen Auftrag. Und so ist Glaube dann also nicht meine Entscheidung und auch nicht meine Tat, sondern eine unheimliche Zumutung, die da mir abverlangt wird.

Als Konfirmanden haben wir einmal mit Martin Luther gelernt: Ich glaube, dass ich nicht aus eigener Vernunft noch Kraft an Jesus Christus, meinen Herrn, glauben oder zu ihm kommen kann; sondern der Heilige Geist hat mich durch das Evangelium berufen.[1] Wir haben das alle gelernt und trotzdem hören Sie in unserem Nordschwarzwald überall dieses: Wie wenn WIR den Glauben selber machen könnten und müssten.

Aber nun geht es noch einen Schritt weiter und da wird es uns ja dann etwas unbehaglich. Weil der Glaube nicht bloß eine persönliche Entscheidung ist und auch nicht einfach eine psychische Selbstüberwindung, deshalb ist es für diese christliche Gemeinde 100 Jahre später wichtig, dass das Wort immer wieder wenigstens zeichenhaft beglaubigt, bekräftigt, bestätigt wird.

17 Die Zeichen aber, die folgen werden denen, die da glauben

heißt es da. Und wenn solche Zeichen in den ersten hundert Jahren des Christentums ausgeblieben wären, dann hätte dieser Unbekannte den Schluss des Markusevangeliums so nicht ergänzt. Denn er schreibt ja so, wie wenn das noch in der Zukunft liegt, obwohl bereits drei Generationen von Christen solche Erfahrungen gemacht haben.

Was sind die Zeichen? Da wird zuerst die bedrohliche Welt geschildert: Böse Geister treiben ihr Unwesen. Wenn man durchs Dorf ging, konnte unter jedem Stein eine Schlange lauern. Wenn man etwas trank, konnte man nicht wissen, ob es nicht giftig ist. Wenn man morgens aufstand, konnte man schon am Abend desselben Tages von einer rätselhaften Krankheit befallen sein. Aber das galt ja alles zugleich auch im übertragenen Sinn, im Großen:

- für die teuflischen Pläne der Mächtigen,
- für die Freunde, die sich als Giftschlangen herausstellen, die man an der eigenen Brust genährt hat,
- für die Gegner, die den Schierlingsbecher vorbereiten,
- für die Elenden, die nicht nur krank sondern auch gekränkt, und nicht nur vom Fieber, sondern von Angst geschüttelt waren.

Das alles hatte sich nicht geändert. Die Welt war immer noch genau so voller Angst und Bedrohung. Und dann das Neue: Sie hatten offenbar diese Erfahrung gemacht, dass zuletzt Christus stärker gewesen war als die bedrohlichen Kräfte.

Eine Gemeinde, die durch Verfolgung, Leiden, Tod überlebt, wohlbehalten, unversehrt. Menschen, die zu Märtyrern werden. Aber, das was Paulus geschrieben hatte nach Rom:

---

1 Martin Luther, Kleiner Katechismus, 2. Hauptstück, 3. Artikel

„Nichts kann uns scheiden von der Liebe Gottes"[2], das ist ihre Erfahrung. Und mit dieser Botschaft luden sie ihre Zeitgenossen zur Taufe ein. Diese Menschen, die auf vielerlei Weise gekränkt und vergiftet sind.

Und wenn dann der Glaube gekommen ist, wenn der geschenkt wurde bei oder vor oder nach der Taufe, dann war da etwas Neues. Sie waren immer noch bedroht, aber sie gingen nicht zugrunde. Angefochten, im Zweifel, aber nicht verlassen. Gefährdet, aber sie kamen nicht um.

Und es ist wichtig, dass man das weiter sagt. Weil doch der, der nicht glauben kann, dazu verurteilt ist, sich aus allem selbst herauszuhelfen. Gnadenlos ausgeliefert einer bedrohlichen Welt. Nur auf das bisschen Stolz und Kraft angewiesen, das einem immer abhanden kommt. Und so höre ich auch das ganz neu. Nicht als eine richtende Vorhersage, sondern als eine dringliche Bitte:

15 Gehet hin in alle Welt und predigt das Evangelium aller Kreatur.
16 Wer da glaubt und getauft wird, der wird selig werden; wer aber nicht glaubt, der wird verdammt werden.

Also geht! Ich glaube, dass wir dieses weiter geschriebene Evangelium auf der einen Seite sehr gut verstehen. Denn diese Erfahrungen mit dem Zweifel und mit dem Unglauben, die haben wir ja. Manchmal sehen wir auch etwas. Spuren von Ostern:
dass jemand aufsteht,
dass jemand den Mund aufmacht und am Leben bleibt,
dass einer einen Schritt tut, der unmöglich ist
und es wird gut.
Manchmal. Der unbekannte Christ, der dieses Markusevangelium weiter geschrieben hat, der möchte dazu Mut machen, dass wir das glauben: Wer glaubt und durch die Taufe zu Christus gehört, ist auch im 21. Jahrhundert ein Geretteter. Einer, der sich einmischen kann, bedroht, gefährdet, geängstet, aber ungeschieden von der Liebe Gottes und deswegen immer wieder auch voller Hoffnung. In einer Welt, in der man manchmal sagt: Es gibt doch nichts mehr zu hoffen.
Sind Ihnen solche Worte zu groß? Mir manchmal schon. Vielleicht sehen Sie auch oft mehr den Kleinmut, die Hilflosigkeit, die Feigheit, das Schweigen, das Weggucken, das „den Kopf in den Sand stecken" der Christen? Aber ich merke hier, dass dieser Unbekannte, der da geschrieben hat, mit weniger nicht zufrieden wäre, als mit dieser Erfahrung: Der geschenkte Glaube wird von ZEICHEN der Kraft begleitet.
Nachher gehen Sie wieder aus der Kirche. Und Sie können gespannt sein auf Zeichen, die Sie begleiten. Mitten in unserer Welt, in der es sich lohnt, dass einer den Mund aufmacht, dass einer einsteht für das Leben.

---

2 vgl. Röm 8, 38-39

Es gibt nicht bloß die Worte, es gibt auch die begleitende Tat. Und da sind Sie und ich mitten drin – seit Ostern. Und wenn Sie dann gehen und sagen: „Das gilt doch alles nicht für mich!" Der Auferstandene wird mit Ihnen auch noch fertig.

So wie er immer wieder auch merkwürdigerweise mich packt und für das Neue gebrauchen will.

Amen.

06.09.2009 13. Sonntag nach Trinitatis
Prädikantenpredigt
Lukas 10, 25-37

25 Und siehe, da stand ein Schriftgelehrter auf, versuchte ihn und sprach: Meister, was muss ich tun, dass ich das ewige Leben ererbe?

26 Er aber sprach zu ihm: Was steht im Gesetz geschrieben? Was liest du?

27 Er antwortete und sprach: „Du sollst den Herrn, deinen Gott, lieben von ganzem Herzen, von ganzer Seele, von allen Kräften und von ganzem Gemüt, und deinen Nächsten wie dich selbst."[1]

28 Er aber sprach zu ihm: Du hast recht geantwortet; tu das, so wirst du leben.

29 Er aber wollte sich selbst rechtfertigen und sprach zu Jesus: Wer ist denn mein Nächster?

30 Da antwortete Jesus und sprach: Es war ein Mensch, der ging von Jerusalem hinab nach Jericho und fiel unter die Räuber; die zogen ihn aus und schlugen ihn und machten sich davon und ließen ihn halb tot liegen.

31 Es traf sich aber, dass ein Priester dieselbe Straße hinabzog; und als er ihn sah, ging er vorüber.

32 Desgleichen auch ein Levit: Als er zu der Stelle kam und ihn sah, ging er vorüber.

33 Ein Samariter aber, der auf der Reise war, kam dahin; und als er ihn sah, jammerte er ihn;

34 und er ging zu ihm, goss Öl und Wein auf seine Wunden und verband sie ihm, hob ihn auf sein Tier und brachte ihn in eine Herberge und pflegte ihn.

35 Am nächsten Tag zog er zwei Silbergroschen heraus, gab sie dem Wirt und sprach: Pflege ihn; und wenn du mehr ausgibst, will ich dir´s bezahlen, wenn ich wiederkomme.

36 Wer von diesen dreien, meinst du, ist der Nächste gewesen dem, der unter die Räuber gefallen war?

37 Er sprach: Der die Barmherzigkeit an ihm tat. Da sprach Jesus zu ihm: So geh hin und tu desgleichen!

Wer von diesen ist der Nächste gewesen?

Liebe Gemeinde,

es ist Schule. Schule im Freien, auf einem Platz. Die Schüler stehen oder sitzen um Jesus, ihren Lehrer. Und die Schüler fragen. Sie sind voller Neugier. Und Jesus gibt ihnen Antwort.

Da meldet sich einer, der lesen kann. Er ist ein Schriftgelehrter. Das ist damals etwas Besonderes. Der möchte Jesus testen. Wer weiß denn, ob Jesus wirklich etwas zu sagen hat? Und so fragt der Schriftgelehrte:

---

1 5. Mose 6, 5; 3. Mose 19, 18

25 Meister, was muss ich tun, dass ich das ewige Leben ererbe?

Klug ist seine Frage. Jeder Mensch will Leben gewinnen, das den Namen Leben verdient. Wir alle suchen nach Sinn. Was muss ich tun …? fragt er – und wartet, ob er eine gute Antwort bekommt. Aber Jesus überlegt gar nicht.
Er sagt zu ihm: „Du kannst doch lesen! Was liest du? Was steht in der Bibel?"
Und der Schriftgelehrte, er fängt an herzusagen. Er kennt seine Bibel. Er hat sie gut gelernt. Auch er muss eigentlich nicht überlegen. Es sprudelt einfach aus ihm heraus.

27 Du sollst den Herrn, deinen Gott, lieben von ganzem Herzen, von ganzer Seele, von allen Kräften und von ganzem Gemüt, und deinen Nächsten wie dich selbst.

Jesus sagt: „Richtig. Siehst du. Du weißt es doch selbst ganz gut. Warum fragst du mich? Gott lieben und den Nächsten lieben. Tu das! Dann lebst du. Dann hat dein Leben Sinn, und es gibt Antworten auf deine Fragen."
Erschrocken merkt der Schriftgelehrte: Ich habe ja selbst die Antwort gegeben. Ich wollte doch Jesus testen. Und ich gebe ihm auch noch Antwort! Nein. So wollte ich es nicht.
Darum sagt er: „So einfach ist das aber nun auch wieder nicht: Tu das, so wirst du leben. Wer ist denn mein Nächster? Ist das meine Familie? Meine Mitschüler? Die Kolleginnen und Kollegen? Oder meine Nachbarn? Oder das ganze Dorf? Irgendwo muss das doch auch eine Grenze haben! Und wie ist das mit denen, die einen anderen Glauben haben?"
Der Schriftgelehrte hätte so gerne diskutiert. Und dieses Mal wollte ER recht haben. Und so fragt er:

29 Wer ist denn mein Nächster?

Jesus schaut ihn an. Er merkt, dass der Schriftgelehrte ihn einfach testen und in eine Diskussion verwickeln will. So gibt er keine direkte Antwort. Er fängt an zu erzählen. Die Leute spitzen die Ohren. Und sie hören zu.
Ein Mensch ging von Jerusalem hinunter in die Palmenstadt Jericho. Ihr kennt den Weg. Er ist weit. Und – er ist einsam. Ihr kennt die Schlucht, die durch das Gebirge hinunter nach Jericho an den Jordan führt.
Der Mensch war allein unterwegs. Da lauerten ihm Räuber auf. Die schlugen ihn zusammen. Sie zogen ihn aus und raubten ihn aus. Sie machten sich davon und ließen ihn halbtot liegen. Da lag er nun. Er konnte sich kaum rühren. Nackt lag er in der Sonne. Er horchte. Ob wohl jemand kommen würde? Aber die Gegend ist sehr einsam. Doch halt! Er hört Schritte. Er hat Glück. Er hebt den Kopf und sieht einen kommen.

So ein Glück – ausgerechnet ein Priester, ein Pfarrer ist da unterwegs. Der wird ihm helfen.

Voller Erleichterung lässt der von den Räubern Zusammengeschlagene seinen Kopf wieder sinken. Die Hilfe kommt ja. Und der Priester kommt. Er sieht ihn liegen. Und dann – dann drückt er sich so gut es geht, möglichst weit weg, auf der anderen Seite vorbei. Er geht vorüber.

Da liegt er wieder. Halbtot. In der Sonne. Aber er hört noch einmal Schritte. Er hat noch einmal Glück. Er sieht es. Da kommt ein Levit aus dem Tempel in Jerusalem. Der wird ihm helfen. Der lässt ihn nicht im Stich. Ein Tempeldiener tut das nicht. Der Levit kommt an die Stelle. Er sieht den Verletzten. Und – auch er beschleunigt seine Schritte, drückt sich auf die andere Seite des schmalen Wegs. Er geht vorüber, vorbei.

Gespannt hörten die Leute zu. Unerhört, was da geschah. Lassen den einfach liegen! Das geht doch nicht. Doch, es geht. Der Priester und der Levit sind weg. Man sieht sie nicht mehr.

Aber Jesus erzählt weiter. Da kommt noch ein Mensch auf dem einsamen Weg von Jerusalem nach Jericho. Es ist ein Kaufmann aus Samarien. Auch er kommt an die Stelle. Der Verletzte schaut auf und lässt traurig den Kopf sinken. Einer aus Samarien. Der wird nicht helfen. Mit denen haben wir Leute aus Jerusalem ja Streit. Sie sind uns fremd, ja, fast unsere Feinde.

Der Samaritaner kommt. Er sieht den zusammen geschlagenen Menschen. Und es fährt ihm durch und durch. Er hat Mitleid. Es bewegt ihn. Und – er geht zu ihm hin. Ganz vorsichtig rührt er ihn an und spricht ihn an. Er versorgt seine Wunden. Er reinigt sie mit Wein und pflegt sie mit Öl. Er verbindet ihn und hebt ihn auf sein Tier. (Ich denke, es ist ein Esel.) Er nimmt ihn mit bis in ein Gasthaus. Und dort pflegt er ihn selbst und versorgt ihn mit allem, was er braucht. Er sorgt, dass es ihm gut geht.

Am nächsten Tag zieht der Samaritaner zwei Silberstücke aus seinem Beutel und gibt sie dem Wirt. Der staunt nicht schlecht. Das ist eine gute Bezahlung. Und er hört erstaunt: „Ich muss weiter. Bitte pflege und versorge du den Menschen, der ausgeraubt worden ist. Du kennst mich ja. Wenn es mehr braucht als die zwei Silberstücke, schreib's auf die Rechnung. Ich will's bezahlen, wenn ich wieder vorbei komme."

Wer war der Nächste für den unter die Räuber Gefallenen? Jesus ist fertig mit seiner Geschichte. Aber mit dem Mann, der ihn testen wollte, ist er noch nicht fertig. Er wendet sich ihm zu und er fragt ihn:

„Was meinst Du? Welcher von den Dreien war der Nächste für den, der unter die Räuber gefallen ist?" Auch jetzt muss der Schriftgelehrte nicht überlegen. Er sagt: „Das ist doch klar. Der, der geholfen hat. Der, der die Barmherzigkeit an ihm tat, der war der Nächste." Da sagt Jesus: „Einverstanden. Mach es genau so. Tu das, was der Samariter tat. Da, wo es in deinem Leben nötig ist. Dann wirst du leben."

Soweit die Geschichte. Sie haben es gemerkt. Ich mag sie. Sie bewegt mich immer wieder neu. Es hat mir immer schon gefallen, wie Jesus den Schriftgelehrten, der sich so wichtig macht, einfach dran kriegt. Und es erschreckt mich auch jedes Mal neu, dass

Jesus von einem Priester, einem Pfarrer erzählt, der einfach vorbei geht. Natürlich habe ich auch gemerkt, dass Jesus die Frage umgedreht hat.

Der Schriftgelehrte fragte: „Wer ist mein Nächster?" Jesus fragt aber: „Wer war der Nächste für den Zusammengeschlagenen?" Der Priester kam als Erster. Aber Nächster wurde er nicht. Der Diener aus dem Tempel kam auch. Aber er ging vorbei. Nächster wurde er nicht. Der Samaritaner. Der wendete sich dem Verletzten zu. Der hatte Mitleid. Der half und sorgte und tat alles, was nötig war. Der war der Nächste. Ausgerechnet der!

Und Jesus sagt: Wenn du dran bist, dass du der Helfer, der Nächste sein kannst, dann tu das. Dann wirst du leben. Das macht das Leben reich.

Noch ein letztes: Ich habe es erst jetzt nach 40 Jahren richtig gemerkt. Die Frage des Schriftgelehrten wird nicht nur umgekehrt. Das wusste ich schon lang. Die Frage: „Wer ist denn mein Nächster?", wird gar nicht beantwortet. Man kann sich Nächste also wohl nicht aussuchen.

Aber manchmal werde ich selbst zum Nächsten. Oder da ist jemand, der mich braucht. Und es ist gut, wenn ich nicht wegschaue. Menschen, die zu Nächsten werden, die werden auch geliebt. Ihr Leben hat Sinn.

Amen.

06.03.2011 Estomihi
Prädikantenpredigt
Lukas 10, 38-42

> 38 Als sie aber weiterzogen, kam er in ein Dorf. Da war eine Frau mit Namen Marta, die nahm ihn auf.
> 39 Und sie hatte eine Schwester, die hieß Maria; die setzte sich dem Herrn zu Füßen und hörte seiner Rede zu.
> 40 Marta aber machte sich viel zu schaffen, ihm zu dienen. Und sie trat hinzu und sprach: Herr, fragst du nicht danach, dass mich meine Schwester lässt allein dienen? Sage ihr doch, dass sie mir helfen soll!
> 41 Der Herr aber antwortete und sprach zu ihr: Marta, Marta, du hast viel Sorge und Mühe.
> 42 Eins aber ist Not. Maria hat das gute Teil erwählt; das soll nicht von ihr genommen werden.

... und hörte seiner Rede zu

Liebe Gemeinde,
ich kann Marta sehr gut verstehen. Da hat man Gäste. Da gibt man sich Mühe. Man sorgt für Essen und Trinken. Man räumt die letzten Dinge weg, die im Weg sind. Kurz: Marta macht sich viel Sorge und Mühe. Der Gast ist es wert. Aber Mühe macht es eben doch.
Es wird nicht erzählt, ob Jesus allein kommt oder in Begleitung von Jüngern und Jüngerinnen. Aber Marta, die Hausherrin, ist gastfrei – vorbildlich. Nur: dieses Vorbildliche ist anstrengend. Es gibt viel zu tun.
Da fällt Martas Blick auf ihre Schwester Maria. Was tut die eigentlich? Wo ist sie denn? Doch sie ist da. Auch sie widmet sich dem Gast.

> 39 Und sie hatte eine Schwester, die hieß Maria; die setzte sich dem Herrn zu Füßen und hörte seiner Rede zu.

Dort findet Marta Maria. Jesus gegenüber. Maria hat ihren Platz gefunden. Dort sitzt sie. Dort hört sie Jesus zu. Dort ist sie nicht mehr wegzukriegen.
Und nun packt Marta der Unmut, vielleicht sogar der Zorn. Auch das kann ich verstehen. Maria könnte doch ... Sie könnte doch mit Hand anlegen. Sie könnte doch jetzt geschwind helfen und nachher zuhören. Sie könnte doch merken, wie unverschämt sie sich benimmt, ungerecht und rücksichtslos. Aber Maria merkt natürlich nichts.
Und Jesus? Der lässt sich das einfach gefallen. Der erzählt der Maria vom Reich Gottes. Der genießt es, dass diese Frau ihm gegenübersitzt und zuhört und sich von seinem Wort anrühren lässt.

Nein. So hat es sich Marta nicht gedacht. Und deshalb geht sie jetzt und stört. Sie spricht nicht Maria an. Sie macht einen Umweg. Sie macht Jesus verantwortlich für ihre Schwester. Marta fragt: „Herr, warum schiltst du sie nicht, meine Schwester, die mich allein schaffen lässt? Kannst du das mit ansehen? Ist dir das egal? Sag ihr doch, was sich gehört. Sag ihr: ‚Hilf mit und leg Hand an!' Es geht doch nicht an, dass die eine dient und die andere hört."

Aber Jesus? Jesus gibt eine merkwürdige Antwort. Er sagt Marta zunächst einfach, was er bei ihr sieht.

41 Marta, Marta, du hast viel Sorge und Mühe.

Wir kennen dieses Bild. Das Bild einer treu sorgenden Frau, die sich viel Sorge und Mühe und Gedanken und Unruhe macht, sich und ihrer Umgebung. Sie will es ja recht machen. Sie möchte ja, dass es der Gast gut hat. Und nun lässt Jesus merkwürdigerweise nicht zu, dass sich diese Unruhe ausbreitet und alle ergreift. Sondern er sagt:

42 Eins aber ist Not. Maria hat das gute Teil erwählt; das soll nicht von ihr genommen werden.

Was tut Marta jetzt? Geht sie wieder in die Küche? Versteht sie, was Jesus meint? Oder hat sie nun einen Kopf, hochrot vor Zorn? Und was tut Maria? Ist sie einfach dankbar, dass Jesus sie so in Schutz genommen hat? Sie muss doch jetzt gerade einfach zuhören! Oder steht sie jetzt doch auf und sagt: „Jesus, ich werde geschwind helfen. Dann können wir beide dir zuhören und mit dir zusammen reden und hören und nachdenken."
Ich weiß es nicht.

Lukas erzählt nicht weiter. So bleibt die Geschichte offen. Das Wort Jesu, das Maria in Schutz nimmt, bleibt das letzte Wort:

42 Eins aber ist Not. Maria hat das gute Teil erwählt; das soll nicht von ihr genommen werden.

Immer wenn Christen auf diese Geschichte gehört haben, dann sind sie mit ihr in Schwierigkeiten gekommen. Anscheinend gefällt es uns nicht so sehr, was da erzählt wird. Oder wir verstehen es auch einfach nicht. Ich möchte einige Dinge zeigen und so mit Ihnen zusammen ein wenig weiterdenken. Da ist zuerst dieses grundsätzliche Jesuswort:

42 Eins aber ist Not.

Diese Parteinahme für die Maria, die auf Jesu Wort hört, hat schon immer Unruhe gemacht. Schon in ganz alten Handschriften des Neuen Testaments haben die Abschreiber an dieser Stelle ergänzt.

42 Eins aber ist Not.

Das konnten sie so nicht schreiben. Da sträubte sich die Feder. Weniges ist not. Das klang schon besser. Oder wenigstens eine Kombination von beidem.
Leben wir nicht alle davon ganz gut, dass es Menschen wie Maria und Menschen wie Marta gibt? Würden wir nicht im Zweifel der Marta recht geben? Würden wir nicht im Zweifel Marta der Maria vorziehen? Die greift zu. Die packt an. Die sieht, was nötig ist. Und wenn es drauf ankommt, schaut sie sich auch rechtzeitig nach Hilfskräften und Helfershelfern um. Warum stellt sich Jesus so einseitig auf die Seite der Maria?
Jesus nimmt Maria in Schutz. Wenn ich das merke, wird alles auf einmal ganz offen und weit. Jesus steht ja immer wieder auf der Seite von denen, die ihn brauchen. Er steht ein für Blinde und Lahme. Er hat Zeit für Zöllner und Sünder und isst mit ihnen.
Und jetzt – jetzt stellt er sich schützend vor Maria. Er beschützt Maria vor ihrer Schwester Marta, die alles so viel besser weiß und richtig anpackt und für Ordnung sorgt.

42 Maria hat das gute Teil erwählt; das soll nicht von ihr genommen werden.

Mit diesem Wort bewahrt Jesus Maria davor, dass sie jetzt einfach von der Hektik der Marta angesteckt und gefressen wird.
Aber: Jesus denkt auch an Marta. Deshalb sagt er ihr so freundlich und genau, was er bei ihr beobachtet.

41 Marta, Marta, du hast viel Sorge und Mühe.
42 Eins aber ist Not. Maria hat das gute Teil erwählt; das soll nicht von ihr genommen werden.

Ich möchte dem natürlich gerne zustimmen. Aber ich merke: Ich selbst handle oft wie ein Bruder, wie eine Schwester der Marta. Ich kümmere mich um vieles und vielerlei. Das Sorgen ist zur zweiten Natur geworden. Wir nennen es dann nur anders: Weitblick oder Verantwortungsbewusstsein oder Tatkraft. Die dabei entstehende Unruhe kennen wir. Von uns selbst und in unserer Kirche.
Es scheint so: Wir sind eine Kirche, die wie Maria hören will. Aber wenn es darauf ankommt, dann orientieren wir uns an Marta, an ihr allein. Wir nehmen alles selbst in die Hand. Wie soll es sonst gut gehen?
Ich möchte noch ein wenig weiterdenken. Lukas gibt einen Hinweis, wie er die Geschichte verstanden wissen will. Er erzählt direkt vor der Geschichte von Maria und Marta, wie Jesus vom Barmherzigen Samariter erzählt.

Und wenn da am Ende der Leser aus vollem Herzen zustimmt und sagt: Ja, ich will tun und handeln wie der Samariter. Ich will es tun und so leben, dann kommt die Geschichte von Maria und Marta. Sie erinnert: Handeln ist oft das einzig Richtige. Jetzt gleich. Aber für Maria gilt, als Jesus kommt: Eins ist not. Das Hören auf das Wort Jesu. Vielleicht hat Jesus auch der Maria noch einmal vom Barmherzigen Samariter erzählt. Vielleicht lernt auch die Maria zu tun, was nötig ist. Vielleicht erkennt sie sogar, wie ihre Schwester Marta unter die Räuberin „Sorge" gefallen ist und deshalb Hilfe braucht, von ihr als der Nächsten.

Es geht nicht darum, dass wir Marta und Maria gegeneinander ausspielen: dienen und hören, Verkündigung und Diakonie, Kirche des Worts und Kirche der Tat. Maria und Marta sind Schwestern.

Aber zu Marta sagt Jesus: Eins ist not. Er sagt es gegen das Sorgen. Er sagt es gegen das viele Mühen und Bemühen. Er sagt es gegen den Eifer, der den anderen aufzwingen will, was mir wichtig ist. Er sagt es auch solchen, die die Kirche oder den Glauben retten wollen und alles besser wissen.

42 Eins aber ist Not.

Hören. Miteinander aufmerksam hören. So hören, dass ich dann doch nicht Maria und Marta zugleich sein will. So hören, dass etwas von der Ruhe und der Verheißung Jesu auf uns übergeht und uns am gottlosen Sorgen hindert, auch wenn das Sorgen doch nur gut gemeint ist.

42 Eins aber ist Not.

So hören, dass das Tun ganz von selbst kommt. Denn Jesus sagt zugleich: So geh hin und tu desgleichen! (Lk 10, 37)

42 Eins aber ist Not.

Was ist jetzt dran? Kann ich hören und horchen auf das, was mich aus dem täglichen Alltag oder der Sorge und Mühe des Tages herausruft? Ist es möglich, das zu hören, was jetzt dran ist, und es dann auch zu tun? Mit ganzem Herzen?

42 Eins aber ist Not.

Und das ganz. Wie viel Freiheit will und kann da entstehen. Hören wir es noch einmal:

38 Als sie aber weiterzogen, kam er in ein Dorf. Da war eine Frau mit Namen Marta, die nahm ihn auf.
39 Und sie hatte eine Schwester, die hieß Maria; die setzte sich dem Herrn zu Füßen

und hörte seiner Rede zu.

40 Marta aber machte sich viel zu schaffen, ihm zu dienen. Und sie trat hinzu und sprach: Herr, fragst du nicht danach, dass mich meine Schwester lässt allein dienen? Sage ihr doch, dass sie mir helfen soll!

41 Der Herr aber antwortete und sprach zu ihr: Marta, Marta, du hast viel Sorge und Mühe.

42 Eins aber ist Not. Maria hat das gute Teil erwählt; das soll nicht von ihr genommen werden.

Amen.

28.06.2009 3. Sonntag nach Trinitatis
Prädikantenpredigt
Lukas 15, 1-7

1 Es nahten sich ihm aber allerlei Zöllner und Sünder, um ihn zu hören.
2 Und die Pharisäer und Schriftgelehrten murrten und sprachen: Dieser nimmt die Sünder an und isst mit ihnen.
3 Er sagte aber zu ihnen dies Gleichnis und sprach:
4 Welcher Mensch ist unter euch, der hundert Schafe hat und, wenn er eins von ihnen verliert, nicht die neunundneunzig in der Wüste lässt und geht dem verlorenen nach, bis er`s findet?
5 Und wenn er`s gefunden hat, so legt er sich`s auf die Schultern voller Freude.
6 Und wenn er heimkommt, ruft er seine Freunde und Nachbarn und spricht zu ihnen: Freut euch mit mir; denn ich habe mein Schaf gefunden, das verloren war.
7 Ich sage euch: So wird auch Freude im Himmel sein über einen Sünder, der Buße tut, mehr als über neunundneunzig Gerechte, die der Buße nicht bedürfen.

Freut euch mit mir!

Liebe Gemeinde,

7 So wird auch Freude im Himmel sein über einen Sünder, der Buße tut, mehr als über neunundneunzig Gerechte, die der Buße nicht bedürfen.

Empfinden Sie das auch als ungerecht? Der Himmel freut sich über den einen, der umkehrt. Und die 99 anderen? Die, die sich wie wir Mühe geben, recht und schlecht das Leben zu leben, auch ein christliches Leben? Was ist mit uns?
Keine Angst. Die 99 Gerechten müssen nicht neidisch sein. Es ist nicht schön, verloren zu gehen. Aber: Seit Jesus diese Geschichte vom verlorenen Schaf, das der Hirte findet, erzählt hat, schütteln Menschen den Kopf. Das kann doch nicht sein. Mehr Freude über den Einen. Mehr Freude über „so einen"!
Wir spüren hier etwas davon, dass Jesus oft nicht wirklich verstanden wird. Auch nicht bei einer so bekannten und beliebten Geschichte wie der „Vom verlorenen Schaf". Und erst recht wird Jesus nicht verstanden, bei dem was er tut. Auch heute verstehen wir es nicht.

7 So wird auch Freude im Himmel sein über einen Sünder, der Buße tut, mehr als über neunundneunzig Gerechte, die der Buße nicht bedürfen.

Sind denn die Gerechten nichts wert? Sind denn wir nichts wert? Wir müssen uns die Geschichte, die unser heutiger Predigttext erzählt, doch genauer ansehen. Auch wenn sie uns sehr bekannt vorkommt.

Wenn Jesus ein Gleichnis erzählt, dann ist das ein Argument bei einem Konflikt. Das Gleichnis lädt ein, eine Sache aus einem anderen Blickwinkel anzusehen. Wenn man weiß, worum gestritten wird, dann versteht man die Absicht einer Geschichte fast von selbst. Und nun haben wir heute Glück: Lukas beschreibt eine Situation, in der Jesus seine Gleichnisse vom Verlorenen erzählt.

Worum geht es? „Sage mir, mit wem du umgehst, und ich sage dir, wer du bist." Nach diesem Grundsatz beurteilen die Gesetzeslehrer und die Pharisäer, was sie bei Jesus sehen. Das scheint doch ganz in Ordnung zu sein.

Die verantwortlichen Männer im Ort sehen, von was für Leuten Jesus umgeben ist. Sie sagen: „Bei Jesus sind Leute, die grüße ich nicht einmal!" „Das sind ja Leute, bei denen wir froh sind, wenn sie uns nicht zu nahe kommen." „Für Gottes Reich sind die unbrauchbar. Sie sind verloren! Es lohnt sich nicht, sich mit ihnen abzugeben."

So urteilen die Gesetzeslehrer und Männer, denen Gottes Wille besonders wichtig ist. Sie haben ihre Erfahrungen. Wer einmal auf dem falschen Weg ist, bei dem gibt es nicht viel zu hoffen. Man muss ihn abschreiben. Die Männer beobachten: Zu dem kommen Zöllner, die ja überhaupt nicht nach Gottes Willen fragen. Und die anderen? Man kann nur sagen: „Sünder".

1 Es nahten sich ihm aber allerlei Zöllner und Sünder, um ihn zu hören.

Das mag ja noch angehen. Zuhören kann man nicht verbieten. Aber Jesus lädt zum Essen ein. Er setzt sich mit „diesen da" an einen Tisch. Und so wird der Ärger bei denen, die das von Ferne beobachten, immer größer.

2 Und die Pharisäer und Schriftgelehrten murrten und sprachen: Dieser nimmt die Sünder an und isst mit ihnen.

Der Vorwurf ist hart. Wenn man die Tischgenossen Jesu sieht, dann kann man nur feststellen: „Der gehört nicht zu uns. Wer Gottes Willen tun will, der achtet darauf, mit wem er sich abgibt." Jesus hört und sieht das Murren. Er fängt aber nicht an zu streiten. Er fängt an, zu erzählen. Er erzählt eine Geschichte für die, die über ihn murren. Er erzählt eine Geschichte für die, die ihm zuhören.

Wer von euch, wer von euch Zuhörern und von euch Schimpfern, wer macht es nicht genau so, wie der in meiner Geschichte? Da ist einer, der hat 100 Schafe. Er ist Hirte. Er sorgt für sie Tag für Tag. Er führt sie hinaus in die Steppe. Dorthin, wo die Schafe etwas zu fressen finden. Er führt sie dorthin, wo es zu trinken gibt. Er kennt seine Schafe. Und seine Schafe kennen ihn. Und trotzdem passiert es.

Am Abend, als er die Schafe für die Nacht in den Pferch treibt, da fehlt eines. Der Hirte kann zählen wie er will: Es sind nur 99. Ein Schaf ist abhanden gekommen. Ein Schaf ist zurückgeblieben. Ein Schaf ist verloren.

Und nun macht der Hirte, was doch alle Hirten machen. Er lässt die 99 stehen und geht. Er geht den ganzen Tagesweg zurück. Er geht und sucht. Er ruft und lockt. Er gibt nicht auf. Immer weiter geht er und sucht.

Denn wenn das Schaf nicht gefunden wird, dann ist es verloren. Sein Blöken lockt die wilden Tiere. Dann lebt es nicht mehr lange. Das eine Schaf ist von der Herde abgekommen und findet den Rückweg zu den anderen nicht. Der Hirte geht und sucht. Er sucht bis er es findet.

4 Welcher Mensch ist unter euch, der hundert Schafe hat und, wenn er eins von ihnen verliert, nicht die neunundneunzig in der Wüste lässt und geht dem verlorenen nach, bis er`s findet?

Nicht alle verlorenen Schafe werden gefunden. Viele kommen elendig um. Aber: wenn der Hirte es gefunden hat – ihr wisst, was er tut. Er hält keine Strafpredigt. Er macht keine Vorwürfe. Er zieht ihm auch nicht die Beine oder die Ohren lang. Nein. Er greift in das Fell des zitternden Schafs. Er streicht ihm über den Kopf, damit es sich beruhigt. Und dann? Dann legt er es sich auf seine Schultern. Heimtreiben kann der Hirte das Schaf nicht. Dafür ist es zu schwach. Den weiten Weg zurückzugehen, dazu ist es unfähig. Der Hirte nimmt es auf seine Schultern und trägt es heim.

Einer, der gefunden hat, ist im Glück. Ein Hirte, der sein Schaf heimträgt, kann nicht so tun, als wäre nichts geschehen. Er ist einfach froh. Die große Freude hat ihn gepackt: „Mein Schaf ist wieder daheim." So geht er überall herum. Er ruft seine Freunde und seine Nachbarn:

6 Freut euch mit mir; denn ich habe mein Schaf gefunden, das verloren war.

So ruft er. Und das Schaf? Das Schaf ist sicher auch froh. Es ist ja gerettet.

Aber Jesus redet noch weiter. Er sagt: „Wer ist unter euch, der es nicht genau so macht wie dieser Hirte? Könnt ihr nicht alle zustimmen? Werdet ihr euch jetzt nicht alle mit dem Hirten freuen?"

Ich stelle mir vor: Die Zöllner und Sünder am Tisch Jesu haben zugehört. Auch die murrenden Männer haben zugehört. Jesus fragt noch einmal: „Wer unter euch würde sich nicht mit dem Hirten mitfreuen?" Viele stimmen zu. Vielleicht zögern auch manche. Und dann sagt Jesus:

7 Ich sage euch: So wird auch Freude im Himmel sein über einen Sünder, der Buße tut, mehr als über neunundneunzig Gerechte, die der Buße nicht bedürfen.

Oder für uns noch etwas deutlicher: Gott ist wie der Hirte. Er kann nicht zusehen, dass einer von seinen Menschen verloren geht. Er freut sich über jeden, den er findet.

Der Streit zwischen Jesus und den Männern, die sich um ihn wegen seiner schlechten Gesellschaft Sorgen machen, geht jetzt erst los. Einer traut sich und sagt: „Willst du sagen, dass diese Leute da, an deinem Tisch, diese Leute da, von denen wir wissen, dass bei ihnen alles nichts nützt, dass die Gefundene sind? Willst Du sagen: Gott hat an dir und an deiner Tischgesellschaft seine wahre Freude? Willst du sagen: Die sind nicht mehr verloren?

Wir sehen doch gar nichts davon. Da ist keiner, der gekommen wäre, um Buße zu tun. Da ist keiner, der ein neues Leben angefangen hat. Zöllner sind sie und Sünder. Das Schlimmste, was man von ihnen sagen kann. Du hast sie vielleicht an deinem Tisch gefunden.

Aber willst du etwa sagen: Auch Gott hat sie gefunden? Willst du sagen: Gott geht wie du jedem Einzelnen nach? Willst du sagen: Gott gibt sich nicht zufrieden mit uns Gerechten? Willst du sagen: Wer an deinem Tisch sitzt, über den freut sich der Himmel?"

Ganz außer Atem ist der Mann gekommen, der Jesus seine Vorwürfe macht. Aber Jesus sagt: „Du hast mich recht verstanden."

7 Ich sage euch: So wird auch Freude im Himmel sein über einen Sünder, der Buße tut, mehr als über neunundneunzig Gerechte, die der Buße nicht bedürfen.

Der Streit ist nicht erledigt. Wir merken es ja an unserem eigenen Unbehagen. Über einen mehr Freude als über die 99 anderen!

Lukas erzählt deshalb noch zwei Geschichten, in denen Jesus darum wirbt: Freut euch mit mir! Sie kennen beide. Es ist das Gleichnis von der Frau, die ihr verlorenes Silberstück sucht und findet. Und es ist das Gleichnis von den beiden Söhnen. Jesus erzählt von dem Vater: Er freut sich, dass er seinen für tot gehaltenen, verlorenen Sohn gesund wieder hat. Er sagt von seinem Sohn:

Denn dieser mein Sohn war tot und ist wieder lebendig geworden; er war verloren und ist gefunden worden. (Lk 15, 24)

Auch hier lädt Jesus ein zur großen Freude.

Viele haben sich bei Jesus mitgefreut. Sie sind gekommen, um ihn zu hören. Und er lud sie an seinen Tisch. Gerade solche, die in den Augen anderer „verloren" sind, freuen sich an Jesu Tisch. Aber andere haben sich nicht mitgefreut. Die haben es Jesus übel genommen und schimpften nach wie vor.

2 Dieser nimmt die Sünder an und isst mit ihnen.

Der Konflikt entsteht immer wieder neu. Können wir uns mitfreuen? Können wir uns mitfreuen, dass Gott keinen verloren gibt – auch nicht den oder die, die wir längst abgeschrieben haben? Aber vielleicht verstehe ich das ja sehr gut ...

Ist es denn so sicher? Bin ich immer auf der Seite der 99? Kann nicht auch ich verloren gehen? Komme ich mir nicht selbst oft verloren vor? Bin ich denn so gerecht, wie die murrenden Schriftgelehrten?

Da bin ich doch froh, dass Gott keinen verloren gibt. Jesus lädt uns ein: „Freut euch mit mir! Ich kann keinen verloren geben. Ich suche euch. Kommt an meinen Tisch."

Freut euch!

Freut euch über die anderen, die da sind. Helft, dass auch andere sich freuen können. Der Himmel freut sich über jeden, der von Jesus gefunden wird. Auch über Dich und mich.

Amen.

14.06.2009 1. Sonntag nach Trinitatis
Prädikantenpredigt
Lukas 16, 19-31

19 Es war aber ein reicher Mann, der kleidete sich in Purpur und kostbares Leinen und lebte alle Tage herrlich und in Freuden.

20 Es war aber ein Armer mit Namen Lazarus, der lag vor seiner Tür voll von Geschwüren

21 und begehrte sich zu sättigen mit dem, was von des Reichen Tisch fiel; dazu kamen auch die Hunde und leckten seine Geschwüre.

22 Es begab sich aber, dass der Arme starb, und er wurde von den Engeln getragen in Abrahams Schoß. Der Reiche aber starb auch und wurde begraben.

23 Als er nun in der Hölle war, hob er seine Augen auf in seiner Qual und sah Abraham von ferne und Lazarus in seinem Schoß.

24 Und er rief: Vater Abraham, erbarme dich meiner und sende Lazarus, damit er die Spitze seines Fingers ins Wasser tauche und mir die Zunge kühle; denn ich leide Pein in diesen Flammen.

25 Abraham aber sprach: Gedenke, Sohn, dass du dein Gutes empfangen hast in deinem Leben, Lazarus dagegen hat Böses empfangen; nun wird er hier getröstet und du wirst gepeinigt.

26 Und überdies besteht zwischen uns und euch eine große Kluft, dass niemand, der von hier zu euch hinüberwill, dorthin kommen kann und auch niemand von dort zu uns herüber.

27 Da sprach er: So bitte ich dich, Vater, dass du ihn sendest in meines Vaters Haus;

28 denn ich habe noch fünf Brüder, die soll er warnen, damit sie nicht auch kommen an diesen Ort der Qual.

29 Abraham sprach: Sie haben Mose und die Propheten; die sollen sie hören.

30 Er aber sprach: Nein, Vater Abraham, sondern wenn einer von den Toten zu ihnen ginge, so würden sie Buße tun.

31 Er sprach zu ihm: Hören sie Mose und die Propheten nicht, so werden sie sich auch nicht überzeugen lassen, wenn jemand von den Toten auferstünde.

Sie haben Mose und die Propheten; die sollen sie hören

Liebe Gemeinde,
Jesus erzählt eine Geschichte. Es ist eine Geschichte, die er selbst einmal gehört hat. Das Märchen vom Armen und vom Reichen stammt ursprünglich aus Ägypten. Aber Jesus erzählt die Geschichte neu. Er erzählt sie so, dass die Herzen der Zuhörer mitgenommen werden oder mitgehen können.

Bevor ich mit Ihnen einfach die Geschichte durchgehe und durchdenke, möchte ich uns auf eines besonders aufmerksam machen: Es wird hier in guter biblischer Tradition davon erzählt, dass Menschen aufeinander angewiesen sind, dass sie miteinander leben, dass die Reichen die Armen und die Armen die Reichen etwas angehen.

Vor 50 Jahren hat man in Deutschland deshalb die „Aktion Brot für die Welt" gegründet. Und vor 40 Jahren hat man angefangen, zu begreifen, dass es auch um das Thema „Arm – Reich" im Weltmaßstab geht. Lazarus und der Reiche waren damals Thema auf einer Ökumenischen Versammlung in Schweden.[1]

Christen haben damals begriffen, dass der Hunger in der sogenannten „Dritten Welt" auch politische Ursachen hat. Wir haben begriffen, dass wir eine Welthandelsordnung haben, die die Reichen reicher und die Armen ärmer macht. Und dass uns das nicht gleichgültig lassen kann. Das wissen auch unsere Politiker. Doch es scheint sehr schwierig zu sein, hier etwas zu ändern.

Aber seither hat sich etwas merkwürdig und bedrohlich verändert: zuerst in Amerika – dann auch bei uns in Europa. Man sagt, wir können die Armut nicht mehr bezahlen. Man sagt, wir können die Hilfe bei der Krankheit nicht mehr bezahlen. Es mag sein, dass manches schwieriger geworden ist.

Aber: Plötzlich kündigt man die Solidarität auf. Es heißt zum Beispiel: Die Armen sind selbst schuld. Aber das ist einfach nicht wahr. Wenn junge Leute 100 Bewerbungen schreiben und keinen Platz bekommen, dann sind sie nicht selbst schuld. Ihre Eltern mussten sich um den Arbeitsplatz nicht sorgen.

Wir Alten haben nicht erlebt, dass man uns nicht braucht und dass wir übrig sind. Und wenn überall Arbeitsplätze abgebaut werden, wenn Menschen arbeitslos werden und wenn einer mit 50 sagen muss: „Mich will niemand mehr!", dann sind die nicht selbst schuld.

Wir lügen uns da in die Tasche. Wir proklamieren das Recht des Stärkeren. Wir werden rücksichtslos. Es hat sich etwas geändert. Man glaubt immer öfter, die gemeinsame Verantwortung für alle könnte man vergessen. Wir glauben, jeder müsste eben selbst sein Glück machen. Wir denken, es sei unser Verdienst, wenn wir es zu etwas gebracht haben – und verschließen die Augen vor der Wirklichkeit. So ist es vielleicht auch für uns heute wichtig und sogar aufregend, wenn wir die Erzählung Jesu hören.

Jesus erzählt so, dass die Herzen der Zuhörer mitgenommen werden oder mitgehen können. Wo ist Ihr Herz bei der Geschichte vom reichen Mann und armen Lazarus? Wo ist mein Herz? Mein Herz ist zuerst bei dem armen Bettler.

Der liegt vor der Tür eines Reichen. Er ist über und über mit Geschwüren bedeckt. Und er hat Hunger. Er hofft, dass er von dem, was von des Reichen Tisch abfällt, satt werden kann. Niemand sieht ihn. Aber die herumstreunenden Hunde kommen und lecken seine Geschwüre. Ob ihm das gut tut?

---

1 Vierte Vollversammlung des Ökumenischen Rates der Kirchen; Uppsala, Schweden 04.07.-19.07.1968.

Hinter dem Tor lebt ein Reicher. Der kleidet sich in Purpur und kostbares Leinen und lebt alle Tage herrlich und in Freuden. Er sieht den Bettler nicht. Und wenn, dann über-sieht er ihn.

Mein Herz schlägt für den Bettler, für den armen Lazarus.

Jesus erzählt weiter: Der Arme stirbt und die Engel tragen Lazarus in Abrahams Schoß. Auch der Reiche stirbt. Er wird begraben.

> 23 Als er nun in der Hölle war, hob er seine Augen auf in seiner Qual und sah Abraham von ferne und Lazarus in seinem Schoß.
>
> 24 Und er rief: Vater Abraham, erbarme dich meiner und sende Lazarus, damit er die Spitze seines Fingers ins Wasser tauche und mir die Zunge kühle; denn ich leide Pein in diesen Flammen.

Jetzt bekomme ich Mitleid mit dem Reichen! Er leidet Pein in diesen Flammen und hat nichts, um seine brennende Zunge zu kühlen. In der Ferne sieht er Abraham und Lazarus. Die bittet er um Hilfe. Um einen Tropfen Wasser am Finger des Lazarus. Bekommen Sie jetzt auch Mitleid mit dem Reichen? Ein solches quälendes Bild müsste doch nicht gemalt werden. Das Herz, das für Lazarus schlägt, es bekommt auch den Reichen in Blick. Es schlägt auch für den Reichen! Aber es kommt noch schlimmer.

Auch der Reiche ist Abrahams Sohn. Aber Abraham redet Klartext. „Erinnere dich!" ruft Abraham: „Du hast im Leben Glück genossen. Lazarus lag im Elend. Nun empfängt Lazarus den Trost und Du die Schmerzen." Aber noch schlimmer: Es ist zu spät. Abraham sagt:

> 26 Und überdies besteht zwischen uns und euch eine große Kluft.

„Es gibt keine Brücke. Niemand kann von hier hinüber zu euch. Niemand kann von euch herüber zu uns. Auch dann nicht, wenn er wollte."

Abraham sagt einfach: „So ist es. Nun empfängt Lazarus den Trost und Du die Schmerzen." Zornig möchte ich werden. Das ist doch ungerecht. Abraham stellt einfach fest: Das Leben ist verspielt. Es gibt kein Zurück.

Der Abgrund war schon zu Lebzeiten zwischen dem Reichen und Lazarus. Da hätte man ja Brücken bauen können! Aber der Reiche

> 19 ... lebte alle Tage herrlich und in Freuden und merkte gar nicht, dass Lazarus vor seiner Tür lag.

Oder ist das, was vom Totenreich erzählt wird, ein Bild für die Innenseite des Lebens? Wenn man beides zusammen sieht, dann heißt das ja: Das herrliche Leben des Reichen ist gar nicht so herrlich, und Lazarus vor der Tür ist nicht so ganz verlassen. Und bin ich nicht selbst ein Reicher? Und wie ist das mit den Armen? Die Geschichte Jesu verbindet beide.

Und wie ist das in unserer Welt heute? Der Riss zwischen ganz reich und ganz arm wird immer größer.

Hier wird erzählt: Der Arme gehört zum Leben des Reichen und der Reiche zum Leben des Armen. Und sie können in der Tiefe gar nicht so aneinander vorbei leben. Warum kann ich das sagen?

Jesus erzählt weiter: Der Reiche hat begriffen. Zum Leben gehören auch die anderen. Zum Leben gehört die Liebe, die den Lazarus nicht übersieht. Und er erfährt: Für ihn ist es zu spät. Aber seine Brüder! Er hat fünf davon. So sagt der Reiche:

27 Da sprach er: So bitte ich dich, Vater, dass du ihn sendest in meines Vaters Haus; 28 denn ich habe noch fünf Brüder, die soll er warnen, damit sie nicht auch kommen an diesen Ort der Qual.

Wenn Lazarus kommt und den Brüdern alles schildert, dann kann sich ihr Leben ändern. Aber Abraham sagt nur:

29 Sie haben Mose und die Propheten; die sollen sie hören.

Entsetzt schreit der Reiche auf:

30 Nein, Vater Abraham, sondern wenn einer von den Toten zu ihnen ginge, so würden sie Buße tun.

Abraham bleibt nüchtern.

31 Hören sie Mose und die Propheten nicht, so werden sie sich auch nicht überzeugen lassen, wenn jemand von den Toten auferstünde.

Hier hört die Geschichte auf. Und nun ist mein Herz ganz durcheinander. Es ist auf der Seite des Lazarus. Aber es versteht auch die Verzweiflung des Reichen. Dem wird gesagt: Nicht einmal eine Botschaft aus dem Totenreich kann etwas ändern.

Es ist ja richtig. Wir wissen ja alles. Wir kennen das Gebot: „Du sollst Gott lieben und deinen Nächsten." Wir kennen die Propheten, die in Israel immer wieder an die Verantwortung erinnert haben. Und wir wissen: Leben ohne Liebe geht in die Brüche. Wenn es uns unbehaglich ist, weil wir in unserer Welt in vielem aneinander vorbei leben, dann ist das ja richtig! Ich sage „wir".

Und ich merke: Einer der fünf Brüder, das bin ich. Ich darf noch leben. Bei mir ist noch nicht alles endgültig. Ich kann die Augen aufmachen. Mein Herz kann sich von der Liebe bewegen lassen. Es ist nicht zu spät.

Jesus will mit seiner Geschichte die Herzen gewinnen. Die Herzen der Menschen füreinander. Unsere Herzen.

Die tiefe Kluft zwischen den Menschen, die sehen wir sehr wohl. Da muss ich jetzt gar nicht belehren. Wo wir hinsehen, gibt es Gewinner und Verlierer.

Kann da so eine alte Geschichte aus Ägypten und aus dem Mund Jesu etwas ändern? Macht sie mich wach? Vielleicht doch.

Die Geschichte erzählt von dem Schreck des Reichen. Jesus erzählt, damit ein rechtzeitiger Schreck möglich ist. Jesus erzählt, um uns zum Leben zu helfen – heute, nicht erst morgen und nicht erst nach dem Tod.

Wir haben Mose und die Propheten und die Geschichten Jesu, damit unser Leben gelingen kann. Uns kann der Schreck des Reichen die Augen öffnen. Wir werden keine Patentrezepte haben. Aber die Liebe macht erfinderisch. Auch bei uns.

Amen.

02.07.1995 3. Sonntag nach Trinitatis
Stadtkirche Peter und Paul in Calw
Lukas 19, 1-10

1 Und er ging nach Jericho hinein und zog hindurch.

2 Und siehe, da war ein Mann mit Namen Zachäus, der war ein Oberer der Zöllner und war reich.

3 Und er begehrte, Jesus zu sehen, wer er wäre, und konnte es nicht wegen der Menge; denn er war klein von Gestalt.

4 Und er lief voraus und stieg auf einen Maulbeerbaum, um ihn zu sehen; denn dort sollte er durchkommen.

5 Und als Jesus an die Stelle kam, sah er auf und sprach zu ihm: Zachäus, steig eilend herunter; denn ich muss heute in deinem Haus einkehren.

6 Und er stieg eilend herunter und nahm ihn auf mit Freuden.

7 Als sie das sahen, murrten sie alle und sprachen: Bei einem Sünder ist er einge-kehrt.

8 Zachäus aber trat vor den Herrn und sprach: Siehe, Herr, die Hälfte von meinem Besitz gebe ich den Armen, und wenn ich jemanden betrogen habe, so gebe ich es vierfach zurück.

9 Jesus aber sprach zu ihm: Heute ist diesem Hause Heil widerfahren, denn auch er ist Abrahams Sohn.

10 Denn der Menschensohn ist gekommen, zu suchen und selig zu machen, was verloren ist.

... denn ich muss heute in deinem Haus einkehren

Liebe Gemeinde,
ich will uns heute die Geschichte erzählen, die im Predigttext für den heutigen Sonn-tag erzählt wird. Manche glauben, es sei die Geschichte, die neben der Weihnachtsge-schichte die bekannteste sei – vom Kindergarten an. Vielleicht ist es so. Aber ich denke, es ist nicht wichtig, wie bekannt die Geschichte ist, sondern ob sie mich anspricht. Das hat sie getan und tut sie noch. Deshalb will ich erzählen.
In der Oasenstadt Jericho lebte zur Zeit Jesu ein Mann mit Namen Zachäus. Jeder im Ort kannte ihn. Keiner war auf ihn gut zu sprechen. Er war Zöllner und hatte für den Kaiser die Steuern einzuziehen.
Bei diesem Geschäft durfte man nicht zimperlich sein. Man musste zulangen, wenn der Steuersäckel des Kaisers voll werden sollte. Zachäus war nicht zimperlich. Er konnte zu-langen. Wenn nötig auch mit Gewalt und mit Unterstützung der römischen Soldaten. So hatte er es zum Obersten der Zöllner in der Region Jericho gebracht. Jedes Jahr machte ein römischer Beamter mit Zachäus aus, wie viel Steuern er einzutreiben hatte.

Was darüber war, war der Verdienst der Zöllner: der Unterzöllner und der Oberzöllner und auch des Obersten. Oder vielleicht auch zuerst des Obersten. Schließlich trug er ja die Verantwortung. Und wenn nicht alles so lief, dann wurde er dafür haftbar gemacht. Zachäus war reich geworden in seinem Gewerbe und einsam. Sehr einsam.

Wer viel Steuern zahlen musste, schimpfte nicht auf den Kaiser. Das war gefährlich. Dafür aber schimpfte er auf Zachäus. Das war nicht gefährlich. Und die, die die Gebote Gottes besonders gut halten wollten, die nahmen es Zachäus einfach übel, dass er sich in römische Dienste begeben hatte.

Sie sagten: „Zachäus, wie kannst du dem Kaiser in Rom dienen? Gott will, dass wir ihm allein dienen." Zachäus konnte darauf nichts sagen. Die Leute hatten ja recht.

So kam es: Niemand mochte Zachäus. Am Ende nicht einmal Zachäus selbst. Er war unzufrieden mit sich und mit der Welt. Und die Steuereintreiber des Zachäus und die Leute bekamen das gründlich zu spüren. Nein, mit Zachäus wollte niemand zu tun haben. Nicht einmal in Freundschaft. Man ärgerte sich über ihn. Er war ein Zöllner. Ein Sünder. Man wusste, was sich gehörte. Am besten: man behandelte ihn wie Luft. Darin war man sich einig und darin war man recht erfolgreich.

Zachäus war nicht glücklich. Man ist nicht gerne Luft für die anderen und man hält das auch nicht lange aus. Aber Einsamkeit lässt sich nicht einmal mit Geld beseitigen. Wenn Zachäus irgendjemand einladen wollte, dann bekam er nur Absagen. Da kam das Gerücht:

Jesus von Nazareth ist auf dem Weg nach Jerusalem. Er kommt durch unsere Stadt, durch Jericho. Viele hatten schon von ihm gehört. Man war neugierig. Und so standen die Leute auf der Straße und am Weg. Da, wo Jesus wohl vorbeikommen würde. Man wollte ihn sehen. Und vielleicht hatte man Glück. Bei Jesus war man vor Überraschungen nie sicher. Man erzählte sich von ihm gute Geschichten und gute Taten. Auch auf der Zollstation hörte man von Jesus. Man war neugierig, wie die ganze Stadt. Auch Zachäus war neugierig.

Er wollte, wie die anderen, Jesus sehen. Aber die Straße war schon voll. Zachäus versuchte, sich nach vorne durch zu schlängeln. Aber es ging nicht. Wenn die Leute merkten, wer da kam und drängelte, dann schlossen sie sich enger zusammen. Zachäus kam nicht bis in die vorderste Reihe. Und das war nötig. Denn er war ausgesprochen klein. Vielleicht war er deshalb ein so unausstehlicher Steuereintreiber, weil er wenigstens beim Eintreiben und „die Leute Plagen" groß war.

Niemand ließ Zachäus durch. Die Leute machten sich geradezu einen Spaß, ihm im Weg zu stehen. Hier konnten sie es ihm endlich einmal zeigen. Aber nun geschah etwas Merkwürdiges. Zachäus überlegte. Und dann, dann ging er voraus bis dahin, wo die Leute noch weniger dicht standen. Und dann suchte er. Und er fand, was er suchte: einen Maulbeerfeigenbaum.

Auf den kletterte er. Es ging nicht ganz leicht. Der kleine dicke Mann war schon lange nicht mehr geklettert. Aber jetzt stand er sicher oben in einer Astgabel und konnte die ganze Straße übersehen.

Wer zufällig hinauf schaute, musste lachen. „Schau! Da steht Zachäus! Da oben, auf dem Baum!" „Was ist in den gefahren?" „Seit wann klettern Männer wie kleine Buben auf die Bäume?" „Schau nur! Ausgerechnet Zachäus."

So kam es, dass auch Jesus schon von weitem den kleinen, vornehm gekleideten Mann auf dem Baum sah. So kam es, dass Jesus bereits Bescheid wusste, als er an den Maulbeerbaum kam. „Dieser Zöllner ist einer der bestgehassten Männer in der Stadt. Man kann nur einen Bogen um ihn machen."

Und dann stand Jesus unter dem Baum. Und er sah hinauf. Und er sah Zachäus. Und er sah den kleinen Mann und den Widerstreit seiner Gefühle. Die Hilflosigkeit und die Sehnsucht. Und Jesus rief hinauf:

5 Zachäus, steig eilend herunter; denn ich muss heute in deinem Haus einkehren.

Fast wäre Zachäus vor Staunen und vor freudigem Erschrecken vom Baum gefallen. Aber er fing sich gerade noch. Und dann, dann rutschte er vom Baum. So schnell, wie das niemand dem kleinen dicken Mann zugetraut hätte. Und er verbeugte sich vor Jesus und sagte: „Danke. Ich lade dich gerne ein. Komm. Komm, du und deine Freunde. Ihr sollt meine Gäste sein."

Und Zachäus zeigte Jesus den Weg in sein Haus. Er schickte jemanden voraus, der die Knechte und Mägde in Bewegung bringen musste. Und die Obermagd sagte: „Das ist mir in meiner ganzen Zeit bei Zachäus noch nicht passiert, dass er Gäste hat. Zu ihm kommt ja keiner. Wer setzt sich denn mit einem Obersten der Zöllner an einen Tisch? Heute wird auch niemand kommen. Wie sollte auch?"

Aber dann kamen sie. Zachäus und Jesus und seine Freunde. Und es dauerte nicht lange, da war alles für ein kleines Festmahl gerichtet. Es fehlte an nichts.

„Soll ich wirklich den guten Wein nehmen und auf den Tisch stellen?" fragte die Obermagd. „Das wird teuer. Er trinkt doch sonst nur allein." Aber sie sollte. Auch wenn sie die Welt nicht mehr verstand. Denn so fröhlich und so großzügig hatte sie ihren Obersten der Zöllner, Zachäus, noch nie erlebt. Und sie kannte ihn gut.

Draußen wurde es unruhig. Immer wieder schauten Leute in den Innenhof des Hauses des Zachäus. Sie wollten mit eigenen Augen sehen. Und sie sahen. Tatsächlich! Jesus von Nazareth war bei Zachäus eingekehrt. Wusste er denn nichts Besseres? Wenn Jesus von Gott kam, dann musste er doch die Sünder meiden!

Und wenn in Jericho einer ein Sünder war, dann der Oberste der Zöllner. Man kannte ja seine Einstellung und die Art, wie er sein Geschäft mit harter Hand führte. Und bei diesem Giftzwerg, der nichts nach Gott und der Welt fragte (sondern nur im Namen des Kaisers den Leuten das Geld aus der Tasche zog), bei diesem Giftzwerg, da war Jesus eingekehrt. Das war nicht zum Aushalten. Darüber ärgerte man sich. Und man sagte das auch laut. Die sollten das ruhig hören. Man kehrt nicht bei einem Sünder ein. Nein!

Jesus hörte das Murren. Er nahm es ernst. Und er verstand es. Er ging hinaus und sagte: „Seid nur ruhig. Ihr habt nichts zu schimpfen. Heute ist im Haus des Zachäus Freude und Glück und Gottes Heil eingekehrt." „Das hat er nicht verdient!", schimpften sie. Jesus sagte: „Ja. Verdient hat er es nicht. Aber auch er ist ein Nachkomme Abrahams. Gott hat auch ihn lieb. Einfach so. Das habt ihr vergessen. Ich habe Zachäus gesucht und gefunden. Ich bin gekommen, um zu suchen und zu retten, was verloren ist."

Die Obermagd erzählte später noch etwas Merkwürdiges. Sie sagte: „Als Zachäus da so mit Jesus am Tisch saß, da war er ganz fröhlich und glücklich. Er war wie ein neuer Mensch.

Und dann, dann sagte er zu Jesus: „HERR, ich bin reich. Ich brauche nicht alles. Die Hälfte meiner Güter gebe ich den Armen." Und dann, dann sagte er noch etwas. Da traute die Obermagd kaum ihren Ohren. Zachäus sagte: „Herr, ich habe oft auch zu viel Zoll genommen. Ich habe betrogen. Ich werde es wieder gut machen. Vierfach. Wo ich jemand übers Ohr gehauen habe, leiste ich vierfachen Ersatz."

Der einsame habgierige Zachäus wurde ein fröhlicher freigebiger Mensch. Nur, weil Jesus ihn sah und von seinem Baum herabrief.

9 ... denn auch er ist Abrahams Sohn.

Heute würden wir sagen: „Denn auch er ist getauft."

Amen.

20 Es waren aber einige Griechen unter denen, die heraufgekommen waren, um anzubeten auf dem Fest.

21 Die traten zu Philippus, der von Betsaida aus Galiläa war, und baten ihn und sprachen: Herr, wir wollten Jesus gerne sehen.

22 Philippus kommt und sagt es Andreas, und Philippus und Andreas sagen's Jesus weiter.

23 Jesus aber antwortete ihnen und sprach: Die Zeit ist gekommen, dass der Menschensohn verherrlicht werde.

24 Wahrlich, wahrlich, ich sage euch: Wenn das Weizenkorn nicht in die Erde fällt und erstirbt, bleibt es allein; wenn es aber erstirbt, bringt es viel Frucht.

25 Wer sein Leben lieb hat, der wird's verlieren; und wer sein Leben auf dieser Welt hasst, der wird's erhalten zum ewigen Leben.

26 Wer mir dienen will, der folge mir nach; und wo ich bin, da soll mein Diener auch sein. Und wer mir dienen wird, den wird mein Vater ehren.

Wenn es aber erstirbt, bringt es viel Frucht

Liebe Gemeinde,

das Thema „Loslassen, Sterben, Leben gewinnen durch Leben verschenken" – es scheint uns in diesem Jahr eindringlich hartnäckig zu begegnen, fast zu verfolgen. Da war die Jahreslosung, die sagt: Was nützt es dem Menschen, wenn er die ganze Welt gewinnt ... [1] Und da war das Jesuswort:

Wer mir nachfolgen will, der verleugne sich selbst und nehme sein Kreuz auf sich und folge mir nach. (Mk 8, 34)

Und nun heute:

24 Wahrlich, wahrlich, ich sage euch: Wenn das Weizenkorn nicht in die Erde fällt und erstirbt, bleibt es allein; wenn es aber erstirbt, bringt es viel Frucht.

25 Wer sein Leben lieb hat, der wird's verlieren; und wer sein Leben auf dieser Welt hasst, der wird's erhalten zum ewigen Leben.

---

1 Jahreslosung 1997: Jesus Christus spricht: Was nützt es einem Menschen, wenn er die ganze Welt gewinnt, dabei aber sich selbst verliert und Schaden nimmt? (nach Lk 9, 25)

Es ist ja alles richtig. Aber ich sterbe nicht gern. Meine Hände werden leicht zu Krallen, die festhalten wollen. Darf man das? Einfach so predigen? Einfach so dieses Bild vor die Augen malen:

> 24 Wahrlich, wahrlich, ich sage euch: Wenn das Weizenkorn nicht in die Erde fällt und erstirbt, bleibt es allein; wenn es aber erstirbt, bringt es viel Frucht.

Darf man das so? Darf man so sagen:

> 25 Wer sein Leben lieb hat, der wird's verlieren.

Ich habe ein wenig nachgedacht, gefragt, geschimpft, mich gewehrt. Ich habe dabei ein paar Erfahrungen gemacht. Ich will einfach versuchen, ein wenig zu erzählen.

Am letzten Samstag hatten wir hier in Calw die Bezirkssynode. Wir wollten uns gegenseitig die Augen dafür öffnen, wie reich wir sind. Reich in der Kirche an Gaben und Begabungen, an Aktionen und Ideen und an Menschen, die in großer Treue mittun. Da ging die Tür auf und es kamen vier ausländische Frauen mit ihren kleinen Kindern. Frauen von Asylbewerbern, selbst Flüchtlinge, um Asyl nachsuchend. Die brachten der Synode von ihrem Brot. Die teilten ihr Brot des Elends mit uns.

Und sie erzählten ganz kurz von ihren Schicksalen: die Männer bereits abgeschoben oder untergetaucht. Sie selbst, um den Schlaf gebracht, voller Angst, wann im Namen des deutschen Volkes auch sie zurück gezwungen werden. Dorthin, von wo sie geflohen sind. Darunter eine Frau aus Zaire. Der Mann war vor zwei Monaten in die Bürgerkriegsregion abgeschoben. Seitdem keine Nachricht. Lebt er noch? Ist er umgekommen? Ist er inhaftiert? Niemand weiß es.

Diese Menschen teilen mit uns ihr Brot – und sie schreien um Hilfe – und sie hoffen auf unsere Anteilnahme und Solidarität. Aber: wir können natürlich nichts machen. Wir danken und zucken mit den Achseln.

Später merke ich: In meinem Namen, im Namen unseres Rechts wird hier Leiden und vielleicht Tod verordnet. Wir sagen: „Es ist rechtens, dass du heim musst. Wo kommen wir da hin, wenn ihr einfach ungefragt kommt?" Wir wollen unser Leben festhalten. Deshalb schieben wir ab. Deshalb sehen wir zu.

Plötzlich geht es mir durch den Kopf. Das Weizenkorn, man will es retten, nicht fallen lassen. Also bleibt es allein. Es bringt keine Frucht. Sind wir nicht solche, die krampfhaft festhalten und dabei Leben verspielen, nichts gewinnen, allein bleiben?

Und etwas anderes wird mir deutlich: Unsere Ordnung weiß, wem Leiden und Sterben verordnet werden darf. Wir lassen leiden, damit wir selbst weniger leiden. Wir machen leiden, um uns zu retten.

Diese Rechnung wird nicht aufgehen. Wir sind mit Recht betroffen. Jesus sagt:

> 24 Wahrlich, wahrlich, ich sage euch: Wenn das Weizenkorn nicht in die Erde fällt
> und erstirbt, bleibt es allein; wenn es aber erstirbt, bringt es viel Frucht.
> 25 Wer sein Leben lieb hat, der wird's verlieren; und wer sein Leben auf dieser Welt
> hasst, der wird's erhalten zum ewigen Leben.

Eine zweite Erfahrung:

Ich begegne einem Menschen, der weiß: Bei mir ist Sterben angesagt. Ich werde nicht mehr sehr lange leben. Ich bin vom Tod gezeichnet. Und das Besondere: Er redet davon. Er redet mit mir. Er redet von seiner Angst und von seiner Hoffnung. Und merkwürdig: Wir haben angesichts des Todes ein Stück Gemeinschaft. Weil der Freund dem Tod in die Augen sieht und sie nicht verschließt, wächst bei uns ein wenig Leben. Als es dann ans Sterben ging, war es möglich, dass die ganze große Familie bei dem Sterbenden war – und ausgehalten hat. Und sie hat die schreckliche Zeit des Leidens und Sterbens zugleich erlebt als ein Stück Gemeinsamkeit, als ein Stück Getragen werden, auch durch die Lieder, wie z.B. das, was wir vorhin gesungen haben: Jesu meine Freude (EG 396).

Leben – angesichts des Todes. Leben – weil da ein Mensch sich nicht nur festkrallen musste, sondern Sterben zulassen durfte und konnte. Ich bin dabei ins Staunen geraten. Ein paar Tage später wurde mir von einer Großmutter erzählt, die im Krankenhaus von allen ihren Kindern und Enkeln Abschied nehmen konnte. Auf einmal war auch das Gedächtnis wieder da. Und die, die Abschied genommen haben, haben geweint – und zugleich ein Stück Trost und Leben empfangen. Hat das auch etwas zu tun mit dem, was Jesus sagt:

> 24 Wahrlich, wahrlich, ich sage euch: Wenn das Weizenkorn nicht in die Erde fällt
> und erstirbt, bleibt es allein; wenn es aber erstirbt, bringt es viel Frucht. ?

Ich glaube ja. Ich glaube, ich habe ein wenig Frucht gesehen, erlebt.

Matthäus erzählt: Unter dem Kreuz Jesu stehen die Spötter. Sie lästern und schütteln ihre Köpfe und sagen: „Hilf dir selber! Bist du Gottes Sohn, dann steig herab vom Kreuz!" Andere rufen: „Anderen hat er geholfen, sich selber kann er nicht helfen. Er hat Gott vertraut, soll doch der ihn retten." Die Spötter wissen nicht, wie sehr sie ins Schwarze treffen.

Sie glauben an das Leben, das man festhalten kann. Sie glauben: Der, der sich rettet, hat Gott auf seiner Seite. Sie meinen: Der ist gut, der am besten festhält, der sich am besten festkrallt. Sich selbst retten ist angesagt – doch nicht Hilfe für andere. Aber der, der da am Kreuz von Gott und Menschen verlassen stirbt, der bringt viel Frucht bis heute. Der bewegt Menschen und Herzen. Den hat Gott auferweckt.

Und noch etwas: Dieser Jesus, dieser Gott, der verordnet nicht anderen Leiden und Sterben. Er schiebt nicht ab und grenzt nicht aus. Er leidet lieber selbst. Es wird zur Frage an mich. Zur Frage an die Kirche.

Auf einmal bin ich dankbar, dass am Samstag die Frauen kamen und unsere Überlegungen gestört haben. Denn Gott zeigt uns die Menschen, die in Not sind,
damit wir nicht allein bleiben,
damit wir uns betreffen lassen,
damit wir mitleiden.
Wir werden dabei Leben nicht verlieren, sondern gewinnen.
Eine Freundin hat mich an das Gedicht von Dietrich Bonhoeffer erinnert, das er aus dem Gefängnis geschickt hat. Es ist überschrieben: „Christen und Heiden". Ich denke, es zeigt etwas von dem, was das Bild vom Weizenkorn uns sagt. Es zeigt etwas von dem, wie Gott uns zum Leben hilft.

Christen und Heiden[1]

Menschen gehen zu Gott in ihrer Not,
flehen um Hilfe, bitten um Glück und Brot,
um Errettung aus Krankheit, Schuld und Tod.
So tun sie alle, alle, Christen und Heiden.

Menschen gehen zu Gott in seiner Not,
finden ihn arm, geschmäht, ohne Obdach und Brot,
sehn ihn verschlungen von Sünde, Schwachheit und Tod.
Christen stehen bei Gott in seinen Leiden.

Gott geht zu allen Menschen in ihrer Not,
sättigt den Leib und die Seele mit seinem Brot,
stirbt für Christen und Heiden den Kreuzestod,
und vergibt ihnen beiden.

24 Wahrlich, wahrlich, ich sage euch: Wenn das Weizenkorn nicht in die Erde fällt und erstirbt, bleibt es allein; wenn es aber erstirbt, bringt es viel Frucht.
25 Wer sein Leben lieb hat, der wird's verlieren; und wer sein Leben auf dieser Welt hasst, der wird's erhalten zum ewigen Leben.

Dieses Wort ist für mich nicht einfacher geworden. Ich werde weiter Leben festhalten und andere Leiden machen. Aber ich will es glauben: Gott leidet mit uns und stirbt mit uns, damit wir leben. Gott sei Dank.

Amen.

---

1 Dietrich Bonhoeffer, Widerstand und Ergebung; © 1998; Gütersloher Verlagshaus, Gütersloh, in der Verlagsgruppe Random House GmbH.

19.04.1998 Quasimodogeniti
Stadtkirche Peter und Paul in Calw
Johannes 16, 33

33 In der Welt habt ihr Angst; aber seid getrost, ich habe die Welt überwunden.

... aber seid getrost

Liebe Gemeinde,
Jesus Christus spricht:

33 In der Welt habt ihr Angst; aber seid getrost, ich habe die Welt überwunden.

Wie steht das mit diesem Trost?
Wie steht das mit diesem „Getrostsein"?
Wie kann ich ihm glauben?
Ich möchte drei Gedanken ein wenig weiter denken, die mir helfen, dass ich etwas von dieser freundlichen Einladung so zu Gesicht bekomme, dass ich nicht einfach gleich abwehre. Dass ich nicht gleich so tue, als ob das alles zu schön ist.
Es ist mir die Geschichte eingefallen, die erzählt, wie Jesus selbst Angst hat. Der, der sagen kann: „Ich habe die Welt überwunden", der kniet im Garten Gethsemane, der ist betrübt bis an den Tod.
Und er bittet seine Freunde: „Bleibt bei mir! Wachet mit mir!" Und er schwitzt Blut und Wasser in seiner Angst. „Vater, lass diesen Kelch an mir vorübergehen ... doch nicht wie ich will ..." Ich bin froh, dass solches von Jesus erzählt wird. Ich bin froh, dass erzählt wird, dass er nicht nur tapfer und nicht nur mutig und nicht nur schlagfertig ist. Als ich klein war, da galt noch: Ein Bub weint nicht. Nimm dich zusammen. Sei tapfer. Angst hat man nicht. Und wenn man sie hat, dann wird sie nicht gezeigt. Und man kommt damit ja auch ein Stück weit.
Und doch weiß ich inzwischen, dass ein Mensch, der keine Angst kennt, eher zum Fürchten ist, als dass er vorbildlich wäre. Ich wünsche mir manchmal – so merkwürdig das klingt – etwas mehr Angst. Und daraus etwas mehr Vorsicht und Weitblick. Etwas mehr Einfühlungsvermögen für die anderen, die sich das gar nicht aussuchen können und ein wenig Weitblick für das, wie wir mit unserer Welt umgehen. Da bin ich froh, dass von Jesus erzählt wird, dass er die Angst kennt. Dadurch klingt dieses

33 ... aber seid getrost ...

für mich freundlicher.
Das andere: Jesus sagt: „Ich habe diese Welt überwunden." Wie tut er das?
Es fällt mir ein, wie er zu dem Jünger bei der Gefangennahme sagt:

Stecke dein Schwert an seinen Ort! Denn wer das Schwert nimmt, der soll durchs Schwert umkommen. (Mt 26, 52)

Er versucht es anders, als wir es in Fleisch und Blut haben. Wir kennen das, dass man sich zu retten versucht. Wenn nötig auch auf Kosten anderer. Wir kennen das, wie man plötzlich anfängt Grenzen zu ziehen und sich abzugrenzen. Und wie man zuerst an sich denkt und meint, man könne sich retten und dann käme es erst wieder drauf an, was sonst noch möglich bleibt.

Und Sie wissen ja, wie viel Schwieriges da zwischen uns ist – in der Angst. Und Sie wissen ja auch, wie unsere offizielle Politik in dieser Zerreißprobe ist zwischen Abgrenzung und Hilfe, wenn es um Flüchtlinge in unserem Land geht. In dieser Welt, die zuerst an sich selbst denkt und dabei rücksichtslos oder auch nur gedankenlos auf Kosten anderer lebt, da sagt ER:

33 ... ich habe die Welt überwunden.

Ich sehe das Bild von dem Christus am Kreuz. Er hat bei uns immer offene Arme – am Kreuz. Er, der dort hin gekommen ist, weil er nicht davon gelaufen ist. Er, der bei denen bleibt, die es schwer haben, auch wenn es ihn selbst das Leben kostet:

33 ... ich habe die Welt überwunden.

Und nun geht es mir natürlich auch so, dass mich das jedes Mal wieder neu beschäftigt und vielleicht auch plagt. Es wäre ja viel einfacher, wenn Jesus sagen würde: „Seid getrost, ich habe die Welt überwunden und deswegen gibt es keine Angst mehr." Das sagt er nicht. Er bewahrt nicht vor dem, was Angst macht.

Aber er lässt nicht allein. Und hält es in dieser zerrissenen Welt aus. Und an dem Morgen nach der vergeblichen Nacht, da steht er am Ufer – unerwartet – und fragt nach uns.

Schauen Sie noch einmal, wie dieses Wort da eben quer steht zu dieser zerrissenen Welt:

33 ... aber seid getrost ...

„Ich bin da, auch wenn du nicht mehr kannst, auch wenn es eng wird. Die Liebe, die für den anderen leidet, überwindet die Welt. Ich habe sie überwunden."

Aber nun kommt noch etwas Drittes: Es ist ja eine Zu-Mutung. Es ist ja eine Zumutung, einem solchen Wort zu glauben, wo wir doch wissen, dass die Liebe Jesu gerade das ist, was einem Angst macht. Wenn er sagt: „Komm, du kannst vergeben, weil Gott dir vergibt."

Wenn er sagt: „Komm, du kannst deinen Feind lieben. Komm, du kannst deine Schritte tun, ohne dass du weg schaust, ohne dass du dir Scheuklappen zulegst, ohne dass du der Verantwortung ausweichst, die dir aufgeladen wird."

Diese Spannung spüre ich sehr deutlich. Und ich weiß, wie das Kreuz und der Karfreitag dafür reden, dass die Liebe eben zu weit gehe und dass weniger mehr sei und dass es dann doch wieder besser sei, wenn ich mich eben an die Spielregeln dieser zerborstenen Welt anpasse.

33 ... aber seid getrost ...

sagt Jesus. Und ich habe dieses Wort heute für den Sonntag nach Ostern ausgewählt, weil es für mich erst von Ostern her deutlich wird, wie es gemeint ist. Es ist ja so gemeint, dass Gott auch den, der am Kreuz hängt, in der Angst nicht verlassen hat und aus dem Kreuz Ostern macht.

Und weil das gilt, weil Gott den gekreuzigten Jesus auferweckt hat, weil er aus der Nacht Tag und aus dem Karfreitag Ostern macht – auch heute – deshalb meine ich, dürfen wir uns das einfach sagen lassen: Es gibt nicht unsere Welt ohne Angst. Ich werde nicht ohne Angst sein. Aber er sagt mit seiner freundlichen Stimme: „Ich bin doch da."

33 ... aber seid getrost ...

Er lässt uns in der Angst nicht allein.

33 ... aber seid getrost ...

Die Liebe, die nicht rechnet, verrechnet sich nicht.

Des solln wir alle froh sein,
Christ will unser Trost sein. (EG 99)

Nehmen Sie es ruhig als Ungeheuerlichkeit, dass uns so etwas zugetraut und gesagt wird. Nehmen Sie es als Ungeheuerlichkeit, dass ein solches freundliches, hilfloses Wort verhindern kann, dass die Welt auseinander bricht. Es ist das Wort von Ostern – für uns – für unsere Welt. Jesus Christus spricht:

33 In der Welt habt ihr Angst; aber seid getrost, ich habe die Welt überwunden.

Amen.

1 Danach offenbarte sich Jesus abermals den Jüngern am See Tiberias. Er offenbarte sich aber so:

2 Es waren beieinander Simon Petrus und Thomas, der Zwilling genannt wird, und Nathanael aus Kana in Galiläa und die Söhne des Zebedäus und zwei andere seiner Jünger.

3 Spricht Simon Petrus zu ihnen: Ich will fischen gehen. Sie sprechen zu ihm: So wollen wir mit dir gehen. Sie gingen hinaus und stiegen in das Boot, und in dieser Nacht fingen sie nichts.

4 Als es aber schon Morgen war, stand Jesus am Ufer, aber die Jünger wussten nicht, dass es Jesus war.

5 Spricht Jesus zu ihnen: Kinder, habt ihr nichts zu essen? Sie antworteten ihm: Nein.

6 Er aber sprach zu ihnen: Werft das Netz aus zur Rechten des Bootes, so werdet ihr finden. Da warfen sie es aus und konnten´s nicht mehr ziehen wegen der Menge der Fische.

7 Da spricht der Jünger, den Jesus lieb hatte, zu Petrus: Es ist der Herr! Als Simon Petrus hörte, dass es der Herr war, gürtete er sich das Obergewand um, denn er war nackt, und warf sich ins Wasser.

8 Die andern Jünger aber kamen mit dem Boot, denn sie waren nicht fern vom Land, nur etwa zweihundert Ellen, und zogen das Netz mit den Fischen.

9 Als sie nun ans Land stiegen, sahen sie ein Kohlenfeuer und Fische darauf und Brot.

10 Spricht Jesus zu ihnen: Bringt von den Fischen, die ihr jetzt gefangen habt!

11 Simon Petrus stieg hinein und zog das Netz an Land, voll großer Fische, hundertdreiundfünfzig. Und obwohl es so viele waren, zerriss doch das Netz nicht.

12 Spricht Jesus zu ihnen: Kommt und haltet das Mahl! Niemand aber unter den Jüngern wagte, ihn zu fragen: Wer bist du? Denn sie wussten, dass es der Herr war.

13 Da kommt Jesus und nimmt das Brot und gibt´s ihnen, desgleichen auch die Fische.

14 Das ist nun das dritte Mal, dass Jesus den Jüngern offenbart wurde, nachdem er von den Toten auferstanden war.

Als es aber schon Morgen war, stand Jesus am Ufer

Liebe Gemeinde,
der Predigttext für den heutigen Sonntag nach Ostern ist eine nachträgliche Ostergeschichte, ganz am Schluss des Johannesevangeliums. Ich sage nachträglich, weil es so aussieht, als ob das Johannesevangelium eigentlich mit Kapitel 20 aufhören wollte. Da heißt es am Schluss der Geschichte des zweifelnden Thomas:

> Noch viele andere Zeichen tat Jesus vor seinen Jüngern, die nicht geschrieben sind in diesem Buch.
> Diese aber sind geschrieben, damit ihr glaubt, dass Jesus der Christus ist, der Sohn Gottes, und damit ihr durch den Glauben das Leben habt in seinem Namen. (Joh 20, 30-31)

Und nun fängt noch einmal ein neues Kapitel an. Nun wird noch einmal erzählt. Anscheinend ist der Evangelist Johannes doch nicht fertig mit dem, was er von Jesus erzählen will. Oder aber, diese nachträgliche Ostergeschichte will von vornherein deutlich machen:
Mit dem Erzählen von Jesus, dem Christus, da ist man nie fertig. Es reicht nicht, dass man die Geschichten kennt. Es reicht nicht, dass man Ostern gefeiert hat. Wenn einen der Werktag einholt oder eingeholt hat, dann muss man wieder neu erzählen und erinnern.
So macht der Evangelist einen Nachtrag. Er erzählt nachträglich wieder eine Ostergeschichte, damit wir merken: Es muss immer neu nachgetragen werden, es muss immer neu nachträglich erzählt werden. Es bleibt von dem Glauben an Jesus und von Ostern in unserem Werktag so wenig übrig, das unser Tun und Lassen wirklich bestimmt, dass man immer neu nachtragen, immer wieder neu erzählen muss.
So ist unser Predigttext heute, durch seinen nachträglichen Platz im Evangelium des Johannes, ein Hinweis auf die Lebensnotwendigkeit von Gottesdienst. Weil von Ostern so wenig übrig bleibt, deshalb feiern wir Christen es Sonntag für Sonntag – und wir tun gut daran.
Noch eine zweite Vorbemerkung möchte ich machen, bevor ich Ihnen erzähle: Wenn wir erzählen, wenn wir miteinander Gottesdienst feiern, dann tun wir es jetzt, heute, am 1. Mai 2011. In unseren Werktag hinein ist es Ostern geworden. In unsere Welt hinein will von Ostern erzählt werden.
Nun weiß ich nicht, was Sie in diesen Tagen besonders bewegt hat, ob es für Sie ruhige oder schwierige Tage waren. Ich weiß auch nicht, welche Gedanken Sie heute früh bewegt haben, auf dem kurzen Weg hierher zum Gottesdienst. Ich will einfach ein paar Nachrichten dieser Woche aufzählen und so ein wenig markieren, wo wir sind und wo uns diese nachträgliche Ostergeschichte begegnet.

Zum Beispiel der Vulkanausbruch, das Erbeben, die Flutkatastrophe, die Wirtschaftskrise. In dieser Welt wird es Ostern. In dieser Welt soll von Ostern erzählt werden. Ich will es tun:

Es ist danach. Nach dem Ostermorgen. Nach den Geschichten von der staunenden Maria Magdalena und dem zweifelnden Thomas. Und es ist am Meer von Tiberias. Weit weg von Jerusalem, weit weg von Palmsonntag, Gründonnerstag, Karfreitag und Ostern. Es ist danach.

Dort am See bei Kapernaum, dort bringt sich der auferstandene Christus neu ins Spiel:

> 1 Danach offenbarte sich Jesus abermals den Jüngern am See Tiberias. Er offenbarte sich aber so:

Da sind sie beieinander: Simon Petrus und Thomas, den man den Zwilling nennt, Nathanael aus Kana in Galiläa und die beiden Söhne des Zebedäus, und noch zwei andere Jünger Jesu. Sieben sind sie. Sie sind wieder daheim. Dort wo sie hergekommen sind und wo sie hingehören: am Meer von Tiberias in Galiläa. Mit Jerusalem ist es vorbei.

Und mit Jesus ist es vorbei – und mit den Geschichten von Ostern ist es auch vorbei. Jetzt bricht wieder der Werktag aus. Der Werktag, in dem wir so gern alles vergessen und auf die Seite schieben, was uns eigentlich bewegt und angeht.

> 3 Ich will fischen gehen.

sagt Simon Petrus zu den anderen. Die überlegen nicht lange. Sie sagen: „Wir gehen mit." Keiner fragt: „Willst du etwa Menschen fischen?" Das war einmal. Damals – als Jesus da war.

Aber jetzt sind sie allein. Jesus ist nicht mehr da. Der ist gekreuzigt. Gut – auch auferstanden. Aber jetzt ist es Werktag. Und Petrus ist Fischer. Er wird jetzt wieder da anfangen, wo er aufgehört hat, als Jesus bei ihm im Schiff war und ihn von Schiff und Netz wegrief.

„Fischen gehen", das ist endlich wieder etwas Sinnvolles. Gott sei Dank, man tut wieder etwas. Man tut wieder etwas Vernünftiges. Endlich. Gut, dass Petrus so vernünftig ist. Gut, dass er endlich zum Werktag übergeht. Das wird helfen, die Sehnsucht und die Enttäuschung und die Traurigkeit, die mit Jesus zusammenhängen, zu überwinden. „Fischen gehen", das ist gut. So gehen sie hinaus. So steigen sie ins Boot. Es ist das große Boot. Sie fahren hinaus, in den Abend und in die Nacht. Jeder kann noch seine Handgriffe. Jeder weiß noch, was zu tun ist. Jeder tut, was er kann.

Aber sie fangen nichts, gar nichts. Jedes Mal wenn sie das Netz aus dem Wasser ziehen: Nichts. Leer. Kein Fisch.

Sie tun alles, was nötig ist. Sie geben sich Mühe und sie strengen sich an. Sie fahren immer noch weiter hinaus. Vorsichtig lassen sie das Netz ins Wasser. Sie fahren. Sie fahren den großen Bogen. Dann ziehen sie das Netz heraus, voller Erwartung, voller Spannung. Und – wieder nichts.

> 3 ... in dieser Nacht fingen sie nichts.

Überhaupt nichts. Es ist eine vergebliche Nacht. Es ist vergebliche Mühe. Wir kennen das: einen vergeblichen Tag und eine vergebliche Nacht. Sie gehören zum Leben – aber sie tun trotzdem weh. Die sieben Männer tun alles. Alles was nötig ist. Alles, was sie nur können. Aber:

> 3 ... in dieser Nacht fingen sie nichts.

Da kommt der Morgen herauf. Endlich. Er macht dem vergeblichen Mühen ein Ende. Jetzt hat es keinen Wert und keinen Sinn mehr, sich noch weiter abzumühen. Jetzt dürfen sie es zugeben: vergeblich. Eine ganze Nacht vergeblich. Jetzt ist es genug. Jetzt geht es erst heute Abend weiter.

> 4 Als es aber schon Morgen war, stand Jesus am Ufer, aber die Jünger wussten nicht, dass es Jesus war.

Jesus steht am Ufer. Als der Morgen anbricht und die Vergeblichkeit der Nacht offenbar macht, da wartet Jesus schon am Ufer. Unerkannt – aber er ist da. Er wartet auf seine Jünger. Er wartet dort auf sie, wo sie gar nicht an ihn denken. Aus der Nacht wird Morgen. Nur, sie erkennen es nicht und wissen es nicht und sehen es nicht: Wer da am Ufer steht und wer da auf sie wartet.
Jesus steht unerkannt am Ufer. Ob wir das auch kennen?
Und nun geht alles wie im Traum. Jesus steht da. Er redet sie an:

> 5 Kinder, habt ihr nichts zu essen?

Und sie antworten: „Nein. Nichts. Unsere Nacht war vergeblich. Unsere Hände sind leer." Da sagt Jesus:

> 6 Werft das Netz aus zur Rechten des Bootes, so werdet ihr finden.

Merkwürdig. Keiner fragt. Keiner fragt: „Wer ist das?" oder: „Warum sollen wir jetzt ausgerechnet bei Tag versuchen, was doch im Schutz der Nacht schon vergeblich war? Wir sind doch Fischer. Wir wissen doch, wann und wie man Fische fängt!" Keiner fragt. Sie tun es einfach. Sie fahren hinaus. Sie werfen das Netz auf der rechten Seite aus. Und sogleich wird es schwer. Und sie können es nicht mehr ziehen wegen der Menge der Fische.

Der Jünger, von dem es heißt, dass Jesus ihn lieb hatte, dieser Jünger begreift zuerst. Ihm gehen die Augen auf. Und er sagt zu Petrus: „Es ist der HERR." Simon Petrus hört das. Er schaut an sich hinunter. Nackt steht er im Boot. Er greift nach seinem abgelegten Obergewand und gürtet es sich um. Und dann wirft er sich ins Meer. So schnell wie möglich will er jetzt ans Ufer kommen.

8 Die andern Jünger aber kamen mit dem Boot, denn sie waren nicht fern vom Land, nur etwa zweihundert Ellen, und zogen das Netz mit den Fischen.

Wie sie jetzt an Land kommen, da sehen sie es. Es ist schon alles bereit. Es hat schon alles, was es braucht. Jesus lebt nicht von dem, was seine Jünger bringen. Er ist nicht auf sie angewiesen.

Die Jünger sehen ein Kohlenfeuer mit Fischen darauf und Brot. Es hat alles, was ein hungriger Mensch nach einer vergeblichen Nacht braucht. Und trotzdem sagt Jesus:

10 Bringt von den Fischen, die ihr jetzt gefangen habt!

Da geht Petrus ans Schiff und zieht das Netz vollends aus dem Wasser. Ein Netz voll großer Fische. So voll, wie man es sich überhaupt nur denken kann: 153 Stück sind es genau. Und voller Staunen merken sie es:

Das Netz, das übervolle Netz, es hat Stand gehalten. Es zerriss nicht. Der übergroße Fang, das übergroße Glück, es war nicht zu groß. Sie können verkraften, was ihnen der auferstandene, unerkannte Jesus in die Hand gegeben hat. Und dann kommt Jesus:

12 Kommt und haltet das Mahl!

Kommt und frühstückt. Und da schießt es noch einmal durch die Köpfe: Wer ist der, der uns einlädt? Wer ist der, der uns diesen Fischfang beschert hat? Kann es Jesus sein? Kann es sein, dass Jesus zu uns gekommen ist, zu uns an den See? Kann es sein, dass er zu uns gekommen ist, zu denen, die ihm davon gelaufen sind? Kann es sein, dass er an unserem ganz gewöhnlichen Werktag am Ufer steht? Kann das sein?

Sie schauen ihn an. Aber keiner fragt: „Wer bist du?" Denn sie wissen es. Sie wissen die Antwort: „Ja, er ist es."

Und dann sehen sie es auch. Jesus nimmt das Brot, bricht es in Stücke und gibt es ihnen. Und er nimmt von den Fischen. Und er teilt aus, so wie sie es gewohnt waren und so wie sie ihn kannten. Und ER gibt ihnen zu essen, und ER füllt ihnen die Hände.

Und voller Staunen merken sie:

Ja, Jesus wartet auf uns – auch in unserer vergeblichen Nacht.

Er ist da, auch in unserer Angst.

Er ist da, auch dann, wenn wir jetzt wieder an die Arbeit gehen.

Er ist da, auch wenn Ostern vorbei ist, und zeigt den rechten Weg.

Das ist der Alltag nach Ostern. Die Jünger sind wieder zur Tagesordnung übergegangen. Aber :

> 3 ... in dieser Nacht fingen sie nichts.
> 4 Als es aber schon Morgen war, stand Jesus am Ufer ...

Er füllt die Hände. Er macht aus der vergeblichen Nacht einen erfüllten Morgen und einen gesegneten Tag. Er will es auch bei uns heute tun.

> Des solln wir alle froh sein,
> Christ will unser Trost sein. (EG 99)

Amen.

23 Nachdem man sie hart geschlagen hatte, warf man sie ins Gefängnis und befahl dem Aufseher, sie gut zu bewachen.
24 Als er diesen Befehl empfangen hatte, warf er sie in das innerste Gefängnis und legte ihre Füße in den Block.
25 Um Mitternacht aber beteten Paulus und Silas und lobten Gott. Und die Gefangenen hörten sie.
26 Plötzlich aber geschah ein großes Erdbeben, sodass die Grundmauern des Gefängnisses wankten. Und sogleich öffneten sich alle Türen und von allen fielen die Fesseln ab.

Und die Gefangenen hörten sie

Liebe Gemeinde,
heute ist der Sonntag Kantate. Singet! Singet dem Herrn unserem Gott ein neues Lied. So haben wir vorhin gebetet. Christen haben etwas zu singen. Aber halt! Doch nicht immer!
Man kann doch nicht immer singen und fröhlich sein. Manchmal haben wir es doch auch schwer. Manchmal gewinnt bei uns die Nacht. Und dann wird nicht mehr gesungen.
Ich habe Ihnen die Geschichte von Paulus und Silas im Gefängnis in Philippi gelesen. Paulus und Silas loben Gott im Gefängnis, als sie gar nichts von einer Rettung wissen. Die beiden sind öffentlich ausgepeitscht worden, weil sie eine kranke Frau geheilt haben. Und jetzt sind sie im Gefängnis, gut hinter Schloss und Riegel, mitten in der Nacht. Und da, wo es ihnen so völlig schlecht geht, mit den Wunden am ganzen Leib, da heißt es:

25 Um Mitternacht aber beteten Paulus und Silas und lobten Gott.
Und die Gefangenen hörten sie.

Und die Gefangenen hörten sie. Ich stelle mir das schwierig vor. Ich will uns ein wenig davon erzählen:
„Aufhören!" Laut poltert es an die Tür der Zelle in der Paulus und Silas festgebunden sind. Und dann ruft es wieder: „Aufhören! Ich halte das nicht aus: Ihr singt mitten in der Nacht. Das geht nicht gut."
Paulus und Silas singen immer lauter. Je lauter der Protest vor der Tür, desto lauter ihr Gesang in der Zelle.

Aber dann, dann hören sie hin. Und sie hören, wie einer stöhnt, der mit in ihrer Zelle ist: „Könnt ihr denn nicht endlich aufhören? Hier in unserem Gefängnis, da gibt es doch nichts zu singen. Da gibt es doch nichts zu loben. Bei uns, da wird geschwiegen oder gestöhnt und wenn einer durchdreht, dann schreit er und flucht. Aber ihr – ihr singt! Das halten wir nicht aus. Macht, was ihr wollt. Aber hört auf mit eurem Lobgesinge!"

„Weißt du," sagt Paulus, „wir würden die Nacht und die Schmerzen hier im Gefängnis gar nicht aushalten – ohne unser Singen. Man sieht hier ja nichts. Man sieht nicht einmal die eigenen Hände vor den Augen, so stockfinster ist es hier. Und vor allem – wir sehen ja überhaupt nicht, wie es weiter gehen soll und weiter gehen kann. Morgen, wenn es hell wird, da ist es ja auch nicht besser.

Und deshalb beten wir und deshalb singen wir und deshalb loben wir Gott. Vielleicht ist es so wie bei den kleinen Kindern, die im dunklen Wald anfangen zu singen. Wir singen. Aber wir singen vor allem auch aus Angst."

Erstaunt hat der Gefangene zugehört. Er fragt: „Hilft es euch denn?" Paulus sagt: „Ja, schon. Ich lobe Gott und merke: Er ist auch hier. Mitten in der Nacht. Hier bei meinen Schmerzen. Da tut es gut, Gott zu loben."

Da mischt sich Silas, der Freund des Paulus, ein. Er sagt: „Mitten in der Nacht wenden wir uns an Gott. Denn Gott hört. Er hört unser Schreien. Und wir erinnern einander an alle guten Erfahrungen, die wir gemacht haben. Gott ist bei denen, die Angst haben – mitten in der Nacht. Wir wissen es von Jesus. Der hat am Kreuz nach Gott geschrien. Aber Gott hat ihn nicht verlassen. Er hat ihn auferweckt."

„Ihr habt schön reden. Gott – im Gefängnis? Da ist er weit weg." sagt der Mitgefangene. „Ich bin mir ziemlich sicher, dass Gott da ist – und jedes Wort hört und sich um uns alle sorgt, ob wir es glauben oder nicht", gibt Silas zur Antwort.

Und da sagt Paulus: „Es ist aber noch mehr, warum ich jetzt mitten in der Nacht bete und Gott lobe. Es ist nicht nur die Not. Es ist auch nicht nur die Gewohnheit. Es ist ja auch etwas Besonderes mit unserer Gefangenschaft."

„Wie meinst du das?" „Weil eine Frau gesund geworden ist, deshalb hat es in der Stadt Aufruhr gegeben. Weil wir nicht zusehen konnten, wie da ein Mensch elend geplagt war. Deshalb haben wir im Namen Jesu Gott um Hilfe gebeten. Und nun sind wir mit blutigen Rücken hier im Gefängnis.

Und ich denke, es ist wahr, was er versprochen hat. Jesus hat zu seinen Freunden gesagt: ‚Ihr werdet in meinen Spuren gehen. Und so werdet ihr auch um meines Namens willen leiden.' Und das ist doch jetzt so.

Weil wir den Namen Jesu bekannt machen, deshalb sind wir hier. Unser Leiden ist ein Stückchen von seinem Leiden."

„Und das tröstet euch? Ihr seid merkwürdige Heilige." „Wir wissen nicht, was kommt. Wir wissen nicht, ob wir aus dieser fürchterlichen Nacht noch einmal herauskommen. Aber – ich will Gott lieben und loben von ganzem Herzen und ganzer Seele und mit allen meinen Kräften. Und ich will ihn loben, solange ich kann."

> 25 Um Mitternacht aber beteten Paulus und Silas und lobten Gott. Und die Gefangenen hörten sie.

Paulus singt auf Hoffnung – auch wenn er nicht weiß, wie es weiter geht. Er lobt Gott, weil er in seiner Nacht mit Jesus verbunden ist. Und so bricht sein Gefängnis auf. Lukas erzählt:

> 26 Plötzlich aber geschah ein großes Erdbeben, sodass die Grundmauern des Gefängnisses wankten. Und sogleich öffneten sich alle Türen und von allen fielen die Fesseln ab.

Vielleicht haben sie Zeit, die Geschichte weiter zu lesen. Sie steht Apostelgeschichte 16. Wenn wir heute am Sonntag Kantate von dieser Geschichte erzählen, dann deshalb, weil sie uns einladen will, mitzusingen.
Mitzusingen – auch in der Nacht.
Mitzusingen – auch wenn es wie Mauern um einen herum ist und kein Ausweg sichtbar ist.
Mitzusingen – weil Gott unsere Gefängnisse aufbrechen kann und will.
Es ist wichtig: Hier wird nicht gesungen, weil einer fröhlich ist. Hier wird nicht gesungen, weil es einem gut geht. Sondern da ist das Lied der Hoffnung – mitten in der Nacht. Vielleicht können wir das Lied in der Nacht nicht so einfach mitsingen. Ich denke, der Sonntag Kantate will uns zum Singen helfen, solange es Tag ist. Das Lob in der Nacht braucht so etwas wie eine Vorübung bei Tag.
Und wenn ich trotzdem nicht singen kann? Dann ist noch nichts verloren. Wir müssen ja nicht unbedingt selbst singen. Man kann und darf sich ja auch anstecken lassen vom Loben und Singen der Anderen.
Wenn es mir selbst so ganz dunkel zumute ist, dann muss ich ja nicht unbedingt mit meiner Mutlosigkeit recht behalten. Der Gefangene, der „Aufhören" brüllt, der kann ja vielleicht auch zuhören. Und aus dem Zuhören kann auch dann und wann ein Mitsingen werden.
Dazu feiern wir Gottesdienst, damit wir einander helfen können zum Singen.
- Die eine singt aus fröhlichem Herzen und dankbar.
- Der andere lässt sich anstecken.
- Der Dritte hört zu.

> 25 Und die Gefangenen hörten sie.

So heißt es bei Paulus und Silas. Es ist gut, wenn das neue Lied angestimmt wird. Es ist gut, wenn das Lob – auch trotz der Nacht gesungen wird – auch gegen die unmittelbare Erfahrung.

Es gibt dann auch Veränderungen: die Mauern und Türen, die aufspringen. Veränderungen, die unverhofft kommen und sich nicht nach unserem Glauben richten. Und das ist gut so.

Gottes Helfen und Retten ist näher und stärker, als wir es wissen oder glauben oder denken.

Amen.

31.10.2010 Reformationsfest
Prädikantenpredigt
Römer 3, 21-28

21 Nun aber ist ohne Zutun des Gesetzes die Gerechtigkeit, die vor Gott gilt, offenbart, bezeugt durch das Gesetz und die Propheten.
22 Ich rede aber von der Gerechtigkeit vor Gott, die da kommt durch den Glauben an Jesus Christus zu allen, die glauben. Denn es ist hier kein Unterschied:
23 sie sind allesamt Sünder und ermangeln des Ruhmes, den sie bei Gott haben sollten,
24 und werden ohne Verdienst gerecht aus seiner Gnade durch die Erlösung, die durch Christus Jesus geschehen ist.
25 Den hat Gott für den Glauben hingestellt als Sühne in seinem Blut zum Erweis seiner Gerechtigkeit, indem er die Sünden vergibt, die früher
26 begangen wurden in der Zeit seiner Geduld, um nun in dieser Zeit seine Gerechtigkeit zu erweisen, dass er selbst gerecht ist und gerecht macht den, der da ist aus dem Glauben an Jesus.
27 Wo bleibt nun das Rühmen? Es ist ausgeschlossen. Durch welches Gesetz? Durch das Gesetz der Werke? Nein, sondern durch das Gesetz des Glaubens.
28 So halten wir nun dafür, dass der Mensch gerecht wird ohne des Gesetzes Werke, allein durch den Glauben.

Ohne des Gesetzes Werke, allein durch den Glauben

Liebe Gemeinde,
heute am 31. Oktober erinnert sich die evangelische Kirche an den Beginn der Reformation durch Martin Luther. 95 Thesen heftete Martin Luther (1517) als Diskussionsgrundlage an die Kirchentür in Wittenberg. Er wollte über das disputieren, was er beim Lesen der Bibel entdeckt hatte. Es war die Entdeckung:
Gott ist kein Rechner. Gott schenkt. Gott schenkt seine Barmherzigkeit, seine Treue, seine Stärke und er schenkt auch – seine Gerechtigkeit.
Kein Mensch, kann und muss aus sich selbst leben, aus dem, was er kann und was er leistet. Gott schenkt es uns, dass wir ihm recht sind. Er liebt seine Menschen.
Die Christenheit hat sich an der Frage nach der Gerechtigkeit Gottes im 16. Jahrhundert entzweit. Es entstanden die zwei Konfessionen, evangelisch und katholisch. Und beide haben sich gegenseitig den rechten Glauben abgesprochen und verdammt. Das geschieht heute nicht mehr. Aber solange der Papst meint, dass die evangelische Kirche nicht wirklich Kirche sein kann, ist es auch heute noch schwierig.
„Rechtfertigung" hieß bei Martin Luther das schwierige Wort, das er ganz neu verstand. Von „Rechtfertigen" verstehen wir viel. Oft viel mehr als wir wissen und wollen. Es eine Form der Verteidigung. Verteidigung vor anderen und Verteidigung vor sich selbst.

Da wird einem etwas vorgeworfen. Er bekommt Gelegenheit, sich zu rechtfertigen. Kann er es nicht, dann hat er nichts zu lachen. Rechtfertigen, das bedeutet: zeigen, dass man recht hat;
zeigen, dass man etwas richtig gemacht hat;
zeigen, dass man gut ist;
zeigen, dass eine Ausgabe gerechtfertigt ist, eine Handlung, eine Lebensweise.
In unserer Welt wird pausenlos viel Zeit und Kraft dafür verwendet, dass sich jemand rechtfertigt. Rechtfertigen wird zum Stress. Überall hat man angefangen zu kontrollieren. Damit wächst der Druck. Damit wächst die Angst. Ein Betriebsleiter muss rechtfertigen, weshalb er einen Mitarbeiter nicht entlässt, sondern braucht. Der Mitarbeiter muss durch seine Leistung rechtfertigen, dass so entschieden wurde.
„Was, du gehst in die Kirche?" So fragen Kameraden. Und sie fragen so, dass der Gefragte schweigt – oder er muss sich rechtfertigen. Es ist schlimm, wenn man dauernd und überall begründen muss, was man tut. Es ist anstrengend, wenn man stets beweisen muss, dass man gebraucht wird, dass man wichtig ist und wie wichtig man ist. Der Zwang zur Rechtfertigung ist gnadenlos.
Aber dieser Zwang kommt nicht nur von außen. Wir sind auch selbst gegen uns gnadenlos.
Niemand ist wohl mit uns so unbarmherzig mit uns, wie wir selbst. Wir möchten ja alles richtig machen. So verzeihen wir uns nichts. So verurteilen wir uns selbst. Wir machen uns Vorwürfe. Sie mögen berechtigt sein. Aber vor allem sind sie gnadenlos. So ist unsere Welt. Und wir tun mit.
Aber da ist die Nachricht von dem Gott, der Menschen liebt und seine Liebe schenkt. Die Nachricht von dem Gott, der sagt: Du bist mir lieb und wert. Du bist mir recht. Du musst dich nicht rechtfertigen. Ich stehe für dich ein. Du kannst es Jesus glauben. Du musst nicht mit mir ins Reine kommen. Ich komme mit dir ins Reine.
Noch einmal Paulus in der Übersetzung Luthers:

28 So halten wir nun dafür, dass der Mensch gerecht wird ohne des Gesetzes Werke, allein durch den Glauben.

Und Jörg Zink übersetzt und erläutert:[1]

Wir sind nämlich überzeugt,
dass ein Mensch mit Gott ins Reine kommt
nicht durch das, was er leistet,
sondern dadurch, dass er glaubt.

Wer glaubt das? Wer glaubt Gott seine Güte und Liebe? Wenn wir wahrnehmen, wie unbarmherzig wir sind – gegen uns und andere – dann merken wir: Wir glauben nicht.

---

1 Römer 3, 28 nach Jörg Zink

Wir glauben es Gott nicht, dass wir ihm wichtig sind.

Wir glauben es Gott nicht, dass er uns seine Güte, seine Liebe einfach schenkt. Wir glauben es Gott nicht, dass er ein guter Vater ist, der seine Kinder einfach gelten lässt und liebt und fördert. Der Neidengel findet viele Anhänger.

Doch ich verstehe nun, was gemeint ist, wenn es da heißt: „Ein Mensch wird gerecht, allein durch den Glauben. Ein Mensch kommt mit Gott ins Reine, dadurch dass er glaubt." Gerecht aus Glauben – das meint:

Gott will, dass wir ihm glauben.

Gott will, dass wir ihm glauben, dass er uns seine Liebe schenkt.

Gott will, dass wir ihm glauben, dass er uns seine Vergebung, seine Gnade, seine Rechtfertigung schenkt.

Wir stellen staunend fest: Gott sind wir recht!

Wir glauben es ihm. Ich möchte es noch einmal von einer anderen Seite her sagen: Ich denke, wir haben alle die Erfahrung: Da wo wir lieben, können wir verzeihen. Da wo wir lieben, reden wir zum Guten und suchen alles zum Besten zu wenden. Da wo uns ein Mensch wichtig ist, da stehen wir für ihn ein, da sprechen wir für ihn, da rechtfertigen wir ihn.

Für uns selbst lassen wir das oft nicht gelten. Und so glauben wir es auch Gott nicht, dass wir ihm einfach lieb und wert sind. Und doch ist es so. Wer es glaubt wird dabei selig. Wer es dem anderen, wer es Gott glauben kann, der wird darüber fröhlich. Und Gott tut alles, damit wir ihm das glauben:

Nicht die Leistung zählt, sondern einfach das Vertrauen, der Glaube. Nicht das Können zählt, sondern: Wir sind schon wer. Einfach so. Geschenkt.

Ich will es mit einer schrecklichen kleinen Geschichte noch einmal deutlich machen: Es gab eine alte Tante, die eigentlich niemand aus der Familie mochte. Dabei tat sie alles, um sich die Zuneigung der Familie zu verdienen. Sie vergaß keinen Geburtstag. Wenn irgendjemand krank war, sprang sie ein.

In der schlechten Zeit nach dem Krieg musste sonntags jeweils ein Kind aus der Familie bei ihr essen. Obwohl das Essen dort besser war, waren diese Sonntage für die Kinder eine Qual. Am liebsten wären alle weggeblieben. Aber der Hunger war größer als der Stolz. Die Tante war für die Familie unentbehrlich und unerträglich. Natürlich erwartete sie Gegenleistungen für das sonntägliche Essen und für alles, was sie der Familie tat. Für ihre Geburtstage mussten besonders schöne Geschenke gebastelt werden. Regelmäßige Besuche waren ein Muss.

Wenn in der Familie eine Entscheidung zu treffen war, beanspruchte sie das Recht, sich einzumischen. Kurz und gut, alle waren verpflichtet, sie für die allerliebste und unentbehrlichste Verwandte zu halten. Sie war nicht bösartig, kein bisschen. Nur, sie wusste immer zu genau, was sie für die anderen tat. Und sie war überzeugt davon, dass man sie schon deswegen lieben müsse. Sie glaubte, sich die Liebe und Zuneigung verdient zu haben.

Es ist eine traurige Geschichte. Das höchste, was sie sich verdienen konnte, war unsere magere Dankbarkeit.

Wer etwas leistet, bekommt etwas. Das ist der Grundsatz der Tante und der unserer Gesellschaft. Deshalb kann man Sozialhilfe und Kosten in der Pflege im Altenheim kürzen. Wer nicht arbeitet, soll auch nicht essen – so hieß es früher. Gnadenlos. So ist Gott nicht. Er schenkt. Er rechtfertigt uns. Wir müssen es nicht. Er rechtfertigt uns. Er liebt uns. Wir können es ihm nur glauben.

> 28 So halten wir nun dafür, dass der Mensch gerecht wird ohne des Gesetzes Werke, allein durch den Glauben.

Glauben wir das? Der Vater des kranken Knaben sagte zu Jesus: „Herr, ich glaube! Hilf du meinem Unglauben." Gott hilft auch unserem Unglauben.

Gehen Sie heute heim, dankbar, dass Gott nicht rechnet. Dankbar, dass wir nicht der letzte Dreck sind, sondern Gottes geliebte Kinder. Fröhlich, weil er seinen Geist gibt. Lassen Sie uns gehen mit offenen Augen für die, die sich selbst nicht helfen können. Lassen Sie uns etwas von der Güte weitergeben, von der wir selbst leben. Noch einmal das Wort aus Römer 3, 28:

> 28 So halten wir nun dafür, dass der Mensch gerecht wird ohne des Gesetzes Werke, allein durch den Glauben.

Und in der Übertragung von Jörg Zink:

> Wir sind nämlich überzeugt,
> dass ein Mensch mit Gott ins Reine kommt
> nicht durch das, was er leistet,
> sondern dadurch, dass er glaubt.

Amen.

19.05.2002 Pfingstsonntag
Stadtkirche Peter und Paul in Calw
Römer 8, 1-2.11.38-39

1 So gibt es nun keine Verdammnis für die, die in Christus Jesus sind.
2 Denn das Gesetz des Geistes, der lebendig macht in Christus Jesus, hat dich frei gemacht von dem Gesetz der Sünde und des Todes.
11 Wenn nun der Geist dessen, der Jesus von den Toten auferweckt hat, in euch wohnt, so wird er, der Christus von den Toten auferweckt hat, auch eure sterblichen Leiber lebendig machen durch seinen Geist, der in euch wohnt.
38 Denn ich bin gewiss, dass weder Tod noch Leben, weder Engel noch Mächte noch Gewalten, weder Gegenwärtiges noch Zukünftiges,
39 weder Hohes noch Tiefes noch eine andere Kreatur uns scheiden kann von der Liebe Gottes, die in Christus Jesus ist, unserm Herrn.

Denn ich bin gewiss ...

Liebe Gemeinde,
das Pfingstfest hat seinen Termin aus dem Kalender der jüdischen Gemeinde. 50 Tage nach dem Passa feiert Israel das Wochenfest. Es feiert, dass Gott seiner Gemeinde sein Wort gegeben hat: die Bibel, die Worte und Weisungen, die zum Leben helfen. In manchen jüdischen Gemeinden ist das ein richtiger fröhlicher Festtag. Der Rabbi nimmt die Tora-Rolle, die Schriftrolle mit den Büchern des Mose, aus dem heiligen Schrank. Und mit der Rolle im Arm tanzt er durch die Synagoge. „Du, Ewiger, dein Wort ist meines Herzens Freude und Trost." Manche von uns kennen ein Bild von solchen tanzenden Rabbis. Marc Chagall hat sie gemalt.
An diesem Fest des Wortes Gottes, da geschieht Pfingsten in Jerusalem. Da bekommen die Jünger Jesu zum geschriebenen Wort den Geist Gottes in ihr Herz. Der macht sie fröhlich und mutig. Es ist der Geist, aus dem Jesus gelebt hat. Ein Geist, der das Herz weit macht und uns mit anderen Menschen verbindet. So ist Pfingsten als Fest des Geistes Gottes zugleich das Fest der Kirche und der weltweiten Christenheit.
Ich habe davon ein wenig begriffen an einer Erfahrung, von der Professor Helmut Thielicke einmal erzählt hat. Thielicke hat immer wieder auch ökumenische Kontakte geknüpft und sich mit Christen in aller Welt getroffen. Einmal, so erzählt er, feierte er zusammen mit einigen Hereros in Südwestafrika das Abendmahl.
Er kniete mit ihnen im Sand im Freien zum Gottesdienst. Keiner verstand die Sprache des anderen. Aber als er mit der Hand das Kreuzeszeichen machte und den Namen „Jesus" aussprach, strahlten die dunklen Gesichter auf.
Sie aßen dasselbe Brot und tranken aus demselben Kelch. Soziale und geographische und kulturelle Grenzen standen zwischen ihnen. Und doch fühlten sie sich umschlossen von Armen, die nicht von dieser Welt sind. Da war es: das Wunder der Kirche.

Wir feiern heute das Wunder der Kirche. Wir feiern heute das Wunder, dass Gottes Geist Menschen verbindet. Wir feiern, dass Menschen immer wieder angesteckt werden von der Liebe, vom Geist der Vergebung, von der Achtsamkeit, die Leben bewahrt und fördert und nicht einfach zertritt. Wir feiern, dass Gott seinen Geist zum Leben schenkt und nicht zum Tod.

Aber wir wissen: Unsere Welt ist eine Todeswelt. Einer lebt auf Kosten des anderen. Wir versuchen unser Leben zu retten. Und wir denken fast immer zuerst an uns. In dieser Woche habe ich mir in Stuttgart sagen lassen müssen:

„Wenn das Gericht entschieden hat, dass ein Antrag auf Asyl unbegründet und deshalb abzulehnen ist, dann müssen die Betroffenen auf alle Fälle unser Land wieder verlassen. Tun sie es nicht, muss der Staat sie abschieben. Er hat keine andere Wahl."

Es ging dabei um die pakistanische Familie, für die über 4000 Menschen unterschrieben haben, sie sollten dableiben dürfen. Es ging neben der Mutter um drei junge Frauen und ihren Bruder, die deutsch aufgewachsen sind – seit 11 Jahren im Kreis Calw. Es ging um Menschen, die hier daheim sind und hier ihren Lebenskreis haben.

Aber das zählt alles nicht. Wir haben ein Gesetz. Wenn jemand so lange da ist und nicht anerkannt ist, dann ist er selbst schuld. Und deshalb muss der Aufenthalt beendet werden. Es geht gar nicht anders. Die Angst der Betroffenen zählt nicht. Die Meinung der Nachbarn und Lehrer und Mitschüler zählt nicht. Das Lebensgefühl der jungen Menschen zählt nicht. Punkt.

Nach dem Recht unseres Staates ist das so in Ordnung. Obwohl jeder spürt, dass es nicht recht ist. Wir spüren den Todeshauch, der aus solcher Gerechtigkeit weht. Wir leben in einer Todeswelt.

Paulus sagt: „Sie steht unter dem Gesetz der Sünde und des Todes." Es gibt genug Erfahrungen, die das mit Anschauung füllen:

Das Heilige Land geht einem nicht aus dem Sinn. Der mörderische Kampf und Krieg zwischen Palästinensern und Israelis. Auf beiden Seiten die Angst, das „Recht haben". Man fürchtet, dass es keinen Ausweg geben könnte. Ich will jetzt nicht die dunklen Beispiele vermehren. Da wissen Sie und ich Bescheid.

Aber: Mitten in dieser Welt feiern wir Pfingsten. Mitten in dieser Welt feiern wir: Gott schenkt den Geist zum Leben. Mitten in dieser Todeswelt hören wir heute auf Worte des Paulus aus dem 8. Kapitel des Römerbriefs.

2 Denn das Gesetz des Geistes, der lebendig macht in Christus Jesus, hat dich frei gemacht von dem Gesetz der Sünde und des Todes.

Hier heißt es nicht: „Strengt euch an! Gebt euch Mühe!" usw. Da wird nicht der gute Wille strapaziert und da wird nicht die Ethik beschworen, die uns einfach dann doch überfordert.

Denn das gehört ja zu unserer Welt: Der gute Wille richtet oft nichts aus. Wir stoßen auf Grenzen von außen und von innen. Deshalb ist es so unerhört, wenn Paulus sagt:

1 So gibt es nun keine Verdammnis für die, die in Christus Jesus sind.
2 Denn das Gesetz des Geistes, der lebendig macht in Christus Jesus, hat dich frei
gemacht von dem Gesetz der Sünde und des Todes.

Er sagt damit: Ich bin frei. Frei von der Angst. Frei von dem Zwang, es recht machen zu müssen. Frei von der Angst, zu versagen. Ich sehe einen Weg vor mir. Ich habe einen festen Grund unter den Füßen. Wer zu Christus gehört, den kann nichts verurteilen. Ich bin gewiss, von Gottes Liebe, die uns zum Leben hilft, kann uns nichts trennen. Gar nichts.

Hat denn Paulus gar keine Angst? Macht er sich gar keine Sorgen? Man möchte mit ihm streiten und fragen:

„Du, Paulus, siehst du denn nicht, wie sich die Menschen gegenseitig ans Leben gehen und jeder nur auf seinen eigenen Vorteil aus ist?" Und Paulus würde antworten: „Doch, das sehe ich."

„Siehst du denn nicht, wie das Leben auf Kosten der anderen die Menschheit kaputt macht?" Und Paulus würde antworten: „Doch, das sehe ich."

„Siehst du denn nicht, wie auch unsere Gerechtigkeit auf Kosten von Menschen geht?" Und Paulus würde antworten: „Freilich sehe ich das. Aber ich sehe noch viel mehr, was zwischen Himmel und Erde ist und wo Menschen nichts ausrichten können."

„Wie kannst du dann sagen: ‚Ich bin gewiss.' Wie kannst du dann sagen: ‚Uns kann nichts schaden.'?" „Weil es so ist. Weil es wahr ist. Wer zu Christus gehört, dem kann niemand und nichts schaden."

Damit bin ich nicht zufrieden und sage: „Das klingt aber sehr schön und fromm." Aber ich höre den Apostel, wie er mahnt: „Glaube bitte nicht, dass ich irgendetwas verharmlosen will. Im Gegenteil.

Aber wer nur die Todeswelt beklagt, der weiß noch nichts vom Leben. Ihr spielt mit eurer Angst. Ich ließ mich von den Mächten und Geistern meiner Zeit nicht festlegen und fesseln. Ich sagte: Ich will auf Christus sehen. Ihm bringe ich meine Furcht. Ihm lege ich meine Angst vor die Füße."

„Du, Paulus", ich möchte weiterfragen, „das Schlimme sind ja nicht nur die Anderen. Ich entdecke, wie Angst und Bosheit und Ich-Sucht auch mein eigenes Herz bestimmen. Ich merke, wie ich auf Kosten anderer lebe. Ich sehe, wie ich etwas erkenne. Aber dann tue ich überhaupt nichts. Nicht nur die anderen leben so blind. Ich bin doch kein Haar besser. Ich bin durch mich selbst mindestens so sehr bedroht wie durch andere Leute."

Und da sagt Paulus: „Auch das kenne ich. Aber da starre ich nicht in mich hinein, sondern ich wende mich an den Christus und sage: ‚Du hast mich berufen. Halte du mich fest. Du hast mich von den Mächten dieser Welt befreit, bewahre mich jetzt auch vor mir selbst.'

Hör genau hin: Gott verurteilt uns nicht. Darum sind wir frei. Gott gibt uns seinen guten Geist. Darum können wir leben. Wenn es an uns liegen würde, wäre nicht viel gewonnnen. Aber es liegt nicht an uns."

Wir feiern heute Pfingsten. Wir erinnern einander an die Freiheit, die Gott auch da schenkt, wo wir sie nicht machen können. Ich will es noch einmal anders, mit Worten von Jörg Zink sagen:

„Wo der Geist am Werk ist, wird ein Mensch fähig, ungewohnte Gedanken zu fassen. Er wird fähig, etwas zu tun, zu dem er sonst nicht die Kraft hat. Er gewinnt eine Zuversicht, die er sonst nirgends her bekommt.

Treibt uns wirklich der Geist Gottes, dann treten wir nicht nur für die Freiheit der Christen ein, sondern für die Freiheit der Menschen.

Dann kämpfen wir nicht nur um die Versöhnung zwischen den Konfessionen, sondern auch um die Versöhnung zwischen den Völkern und Machtblöcken und dann lässt uns auch der Nahe Osten nicht einfach in Ruhe.

Treibt uns der Geist Christi, dann haben wir Freundlichkeit nicht nur für die Freunde, dann beziehen wir vielmehr den Feind mit ein. Dann machen wir nicht nur den Menschen Mut, mit denen wir verbunden sind, sondern geben allen Menschen die Hoffnung, die sie zum Leben brauch(en).

Treibt uns der Geist, dann richten wir unsere Hoffnung nicht nur auf ein Reich, das später ist und das am Ende kommt, sondern wir rufen das Reich Gottes herein in das Gefüge der Reiche dieser Erde. Dann erwarten wir Gottes Wirken jetzt und heute. Geht es uns um weniger, etwa um unser privates Seelenheil oder um die Bewahrung der Machtverhältnisse auf dieser Erde, dann lohnt es sich nicht, Pfingsten zu feiern."[1]

Der Rabbi tanzt voller Freude mit der Bibelschriftrolle im Arm und feiert die freundliche Nähe Gottes. Helmut Thielicke, nach seiner Begegnung mit den Hereros, erzählt vom Wunder der Kirche – quer durch Völker und Kulturen.

Gott helfe unserer Kirche und jedem von uns, dass uns der Geist Jesu treibt, dass wir von uns wegschauen können auf den Christus, der das Leben gibt. Gott helfe, dass in unserer Welt etwas sichtbar wird von dem Leben, das Gott schenkt.

Amen.

---

1 Jörg Zink, Vor uns der Tag, Was die Passions- und Ostergeschichten bedeuten; Herder Verlag, Freiburg; S. 185.

10.01.2010 1. Sonntag nach Epiphanias
Prädikantenpredigt
Römer 12, 1-2

> 1 Ich ermahne euch nun, liebe Brüder, durch die Barmherzigkeit Gottes, dass ihr
> eure Leiber hingebt als ein Opfer, das lebendig, heilig und Gott wohlgefällig ist. Das
> sei euer vernünftiger Gottesdienst.
> 2 Und stellt euch nicht dieser Welt gleich, sondern ändert euch durch Erneuerung
> eures Sinnes, damit ihr prüfen könnt, was Gottes Wille ist, nämlich das Gute und
> Wohlgefällige und Vollkommene.

Ich mache euch Mut

Liebe Gemeinde,
Gottes Erbarmen hat Folgen. Es hat Folgen für Leib und Leben, für Herz und Verstand,
für Tun und Lassen. Gottes Erbarmen hat Folgen für uns als Gemeinde und für unsere
Welt. Und an diesen Folgen sind WIR beteiligt.

Ich lese aus dem Brief des Paulus an die Römer, Kapitel 12, die ersten beiden Verse (in
einer für die Predigt entstandenen Übertragung).

> 1 Ich mache euch Mut, Geschwister, – weil Gottes Erbarmen alles trägt: Stellt eure
> Leiber als lebendige, heilige, Gott wohlgefällige Opfergabe zur Verfügung: als euren
> wortgemäßen Gottesdienst.
> 2 Lasst euch nicht diesem Weltgefüge gleichschalten. Lasst euch umgestalten,
> durch die Erneuerung eures Fühlens und Denkens. Damit ihr prüfen könnt, was
> Gottes Wille ist: das Gute und Wohlgefällige und Vollkommene

Elf Kapitel lang hat der Apostel Paulus im Brief an die Römer das Evangelium bekannt
gemacht und beschrieben. Jetzt fasst er es zusammen in einer Überschrift: Erbarmen
Gottes. Das Erbarmen Gottes – das ist die Grundlage für das Leben der Christen. Dazu
macht Paulus Mut. Dazu schreibt er:

> 1 Ich mache euch Mut ... weil Gottes Erbarmen alles trägt.

Gott hat Partei genommen für seine Schöpfung und für seine Menschen. Nichts kann
uns scheiden von der Liebe Gottes, weder Tod noch Leben, weder die Vergangenheit
noch die Gegenwart noch die Zukunft. Gott steht mit der Fülle seiner Liebe und seiner
Wahrheit für uns Menschen und für unsere Welt mit ihren Mängeln ein. Gott gibt das
unzerstörbare Leben – einfach aus Güte. Und dieses Erbarmen Gottes hat Folgen. Davon schreibt der Apostel Paulus im Schlussteil seines Briefs an die Römer.

Und: Zu den Folgen des Erbarmens Gottes macht Paulus Mut. Ich will auf drei wesentliche Folgen des Erbarmens Gottes hinweisen.
- Paulus macht Mut zu Gottesdienst
- Paulus macht Mut zum Widerstehen
- Paulus macht Mut zu neuem Denken

Paulus macht Mut zu Gottesdienst
Er schreibt:

> 1 Stellt eure Leiber als lebendige, heilige, Gott wohlgefällige Opfergabe zur Verfügung: als euren wortgemäßen Gottesdienst.

Bevor wir jetzt mit Langeweile reagieren, müssen wir genau hinhören. Wir denken bei Gottesdienst an den Sonntag. Wir denken an die zum Loben und Hören ausgegrenzte Zeit. Wir denken an die Veranstaltung, zu der immer weniger Leute kommen. Daran denkt Paulus nicht. Für ihn gilt: Das ganze Leben ist ein Dienst für Gott. Das ganze Leben ist eine Antwort auf Gottes Erbarmen. Und so kann ein Christ sagen: „Mein Leben gehört Gott. Was ich tue, geschieht vor seinen Augen. Mein Tun, mein Denken, mein Reden, das ist lebendiger Gottesdienst." Das sind große Worte. Aber es ist tatsächlich so gemeint: Wir dienen Gott mit unserem ganzen Leben. Der Gottesdienst findet immer statt. Er ist keine Sonderveranstaltung am Sonntag.

Wir können uns das an dem deutlich machen, was von Jesus erzählt wird: Jesus sitzt zu Tisch mit Zöllnern und Sündern und mit seinen Jüngern. Da kommen einige Pharisäer und fragen die Jünger: „Warum isst euer Meister mit solchen Leuten an einem Tisch?" Jesus gibt selbst Antwort. Er sagt: „Gesunde brauchen keinen Arzt, aber die Kranken. Ich bin bei den Verlorenen. Die Gerechten haben es nicht nötig. Aber erinnert euch an das Wort des Propheten Hosea. Da sagt Gott: ‚Ich habe Wohlgefallen an Barmherzigkeit und nicht am Opfer'."

Jesus dient mit seinem Tun Gott. Sein Leben ist Gottesdienst. Die Barmherzigkeit treibt ihn zu den Menschen, die ihn nötig haben. Auch wenn andere sagen: „Das sind doch Sünder." Er redet nicht nur, sondern er isst mit ihnen.

Gottesdienst – das ist unser Tun und Lassen, unsere Freude und unsere Angst, es gehört alles dazu. So gesehen ist Gottesdienst unser ganz normales, einfaches, alltägliches Leben. Damit das aber auch stimmen kann, deshalb sagt Paulus:

> 1 Ich mache euch Mut ... weil Gottes Erbarmen alles trägt.

An zwei wesentlichen Punkten beschreibt Paulus, worauf es bei diesem Lebensgottesdienst ankommt.

Das eine:
Paulus macht Mut zum Widerstehen
Paulus schreibt:

> 2 Lasst euch nicht diesem Weltgefüge gleichschalten.

Jörg Zink umschreibt es so:

> 2 Hütet euch davor, euch dem anzugleichen, was in der Welt gilt.[1]

In unserer Welt ist es schwer, nicht einfach mit dem Strom zu schwimmen. Es ist schwer, nicht einfach mitzumachen. Junge Leute wissen, wie schwer oder unmöglich es sein mag, dem auszuweichen, was allgemein gilt oder bei dem nicht mitzutun, was cool ist. Wer will denn Außenseiter sein? Wer kann sich das leisten?

In unserer Gesellschaft gibt es manchmal Sehnsucht nach klaren Worten von Christen oder von der Kirche. Man sagt: „Ihr müsst doch etwas wissen. Ihr müsst euch doch nicht gleichschalten lassen. Wo ist denn euer Widerstand?"

Die negativen Beispiele sind einfach. Man macht sich in der Kirche Sorgen wie überall. Und daraus kommen dann so gleich geschaltete Handlungen, die einen traurig machen. Es gibt Kirchengemeinden, die haben einen Wechsel im Mesneramt dazu genützt, das Amt zu streichen. Der Putzdienst ist bei einer Reinigungsfirma billiger. Am Sonntag soll man dann ehrenamtlich helfen. Voller Sorge sehen viele auch auf christliche Alten- und Pflegeheime. Anscheinend sei es nötig, beim Drücken der Löhne und bei der Anhäufung der Arbeitslast für den Einzelnen mitzumachen.

Wo stellen wir uns nicht dieser Welt gleich? Es geht nicht nur um die großen politischen Fragen. Es geht nicht nur um Krieg und Frieden oder um den Atomausstieg. Wir sind in viel mehr längst gleichgeschaltet – auch persönlich: Wenn es um unseren Beruf geht, um das Streben nach Erfolg. Da ist der Zwang, zu den Besten zu gehören. Das Schema unserer Welt ist wirksam. Und es ist überhaupt nicht selbstverständlich, dass Christen nicht gleichgeschaltet werden und sich nicht gleichschalten lassen. Paulus sagt: „Habt Mut, zu widerstehen."

> 2 Lasst euch nicht diesem Weltgefüge gleichschalten.

Das andere:
Paulus macht Mut zu neuem Denken
Damit dies gelingt, geht Paulus noch einen Schritt weiter. Er möchte Mut machen zu neuem Denken. Er schreibt:

---

1 Röm 12, 2 nach Jörg Zink

2 Lasst euch umgestalten, durch die Erneuerung eures Fühlens und Denkens. Damit ihr prüfen könnt, was Gottes Wille ist: das Gute und Wohlgefällige und Vollkommene.

„Lasst euch umgestalten, durch die Erneuerung eures Fühlens und Denkens. Damit ihr prüfen könnt, was Gottes Wille ist. Lasst euch umgestalten. Lasst euch tragen vom Erbarmen Gottes."

Jesus erzählt davon in seinen Gleichnissen und verlockt zum Umdenken.

- „Im Himmel ist mehr Freude über einen Verlorenen, der gefunden wurde – als über einen Haufen Gerechter.[2]"

- Der Vater sagt zum älteren Sohn: „Du aber solltest fröhlich sein und guten Muts. Freu dich, dass dein Bruder wieder lebendig ist. Freu dich mit![3]"

- Der Samariter wendet sich zu dem unter die Räuber Gefallenen, weil ihn Mitleid und Erbarmen packt.[4]

Es gibt viele Hürden, bevor wir uns mitfreuen. Es gibt viele Mauern in unseren Köpfen, die sehr stabil sind. Paulus sagt: „Lasst euch, euer Denken und Fühlen, erneuern, damit ihr prüfen könnt, was Gottes Wille ist." Die Mauer im Kopf muss weg.

Beim Erbarmen Gottes geht es nicht um Rechthaben. Aber um „prüfen". Wir müssen uns nicht gleichschalten lassen. Wir können prüfen, wo Gottes Wille ist. Ein vom Erbarmen Gottes getragenes Herz kann den Verstand verändern. Es kann unser Denken ins richtige Maß bringen. Barmherzige Augen sind scharfsichtig. Sie sehen oft das Richtige. Nun muss man miteinander prüfen, was sich tun lässt. Es gibt nicht immer gleich eine Lösung. Aber man kann miteinander nach Lösungen suchen. Dazu macht Paulus im Namen Jesu Mut.

Was hier so kirchlich klingt, das begegnet auch mitten in unserer Welt. Die Forscher, die die Zusammenhänge zwischen Gegenwart und Zukunft untersuchen und sogenannte Zukunftsforschung betreiben, sagen: „Wir bekommen die Zukunft, die wir uns denken können." Wenn wir eine andere Zukunft möchten, dann müssen wir sie zuerst denken.

Wir brauchen ein neues Denken, wenn wir eine veränderte Welt möchten.

- Wenn wir möchten, dass es Alternativen zu Gewalt und Hass gibt, dann müssen wir sie zuerst denken.

- Wenn wir wollen, dass es Alternativen zu Unrecht und Ungerechtigkeit gibt, dann müssen wir sie denken.

- Wenn wir wollen, dass die Klimaveränderungen der Erde nicht lebensbedrohlich werden, dann müssen wir die alternativen Möglichkeiten zuerst denken.

Erneuertes Denken, einen Verstand, der nicht einfach dem recht gibt, was schon immer ist, das brauchen die Zukunftsforscher. Eigentlich müssen und können wir Christen

---

2 Vgl. Lk 15, 1-7
3 Vgl. Lk 15, 11-32
4 Vgl. Lk 10, 25-37

hier in der ersten Reihe stehen. In der Reihe von solchen, die nicht zuerst die Bedenken vorhalten sondern getragen vom Erbarmen Gottes Ungewohntes denken und hoffen:
- Versöhnung statt Recht haben,
- teilen statt nur auf Kosten anderer leben,
- loslassen statt festhalten,
- lieben statt hassen,
- prüfen statt abschreiben.
Paulus macht im Anschluss an unseren Predigttext, Römer 12, eine ganze lange Liste von neuen Möglichkeiten auf Grund der Barmherzigkeit Gottes.

> 9 Die Liebe sei ohne Falsch.
> 10 Einer komme dem andern mit Ehrerbietung zuvor.
> 12 Seid fröhlich in Hoffnung, geduldig in Trübsal, beharrlich im Gebet.
> 14 Segnet, die euch verfolgen; segnet, und flucht nicht.
> 15 Freut euch mit den Fröhlichen und weint mit den Weinenden.
> 16 Haltet euch nicht selbst für klug.

Beispiele für erneuertes Denken – im Namen Jesu. Beispiele für Zumutungen im Namen der Barmherzigkeit Gottes, die uns alle trägt. Ich freue mich, dass wir hier einer Spur der christlichen Überlieferung begegnen – die nicht festschreibt, sondern öffnet. Die nicht verurteilt, sondern Mut macht. Die Hoffnung gibt und Leben.

Paulus macht Mut. Getragen von der Barmherzigkeit Gottes macht er Mut zum Lebensgottesdienst. Er macht Mut zum Widerstehen. Er macht Mut zu neuem Denken – und zum Prüfen was Gottes Wille ist.

Lassen wir uns ermutigen. Lassen wir uns zu diesem Gottesdienst des Lebens Mut machen. Denn Gott selbst ist es, der unser Leben mit seiner Barmherzigkeit trägt.

Amen.

04.07.2010 5. Sonntag nach Trinitatis
Prädikantenpredigt
1. Korinther 1, 18-25

18 Denn das Wort vom Kreuz ist eine Torheit denen, die verloren werden; uns aber,
die wir selig werden, ist's eine Gotteskraft.
19 Denn es steht geschrieben[1]: „Ich will zunichtemachen die Weisheit der Weisen,
und den Verstand der Verständigen will ich verwerfen."
20 Wo sind die Klugen? Wo sind die Schriftgelehrten? Wo sind die Weisen dieser
Welt? Hat nicht Gott die Weisheit der Welt zur Torheit gemacht?
21 Denn weil die Welt, umgeben von der Weisheit Gottes, Gott durch ihre Weisheit
nicht erkannte, gefiel es Gott wohl, durch die Torheit der Predigt selig zu machen,
die daran glauben.
22 Denn die Juden fordern Zeichen und die Griechen fragen nach Weisheit,
23 wir aber predigen den gekreuzigten Christus, den Juden ein Ärgernis und den
Griechen eine Torheit;
24 denen aber, die berufen sind, Juden und Griechen, predigen wir Christus als
Gottes Kraft und Gottes Weisheit.
25 Denn die Torheit Gottes ist weiser, als die Menschen sind, und die Schwachheit
Gottes ist stärker, als die Menschen sind.

Wir aber predigen den gekreuzigten Christus

Liebe Gemeinde,

23 Wir aber predigen den gekreuzigten Christus.

Dieser Satz ist eine Kampfansage. Ein gekreuzigter Gesalbter Gottes, ein gekreuzigter
Christus. Damit widerspricht Paulus allen Träumen, allen Träumen der Religion von
Stärke und von Überlegenheit.
Er sagt es auch ganz deutlich: Das Wort vom Kreuz: Für die einen ist es eine Torheit,
ein Unfug, für die anderen ist es einfach dumm.

23 Wir aber predigen den gekreuzigten Christus,

- ein Skandal für die Frommen in Israel
- ein Unsinn für die Griechen.
Was meint Paulus damit? Was ist das, dieses Wort vom Kreuz? Und warum wird ihm
so heftig widersprochen?

---

1 Jes 29, 14

Da ist zuerst der Traum von der Stärke. Jedes Kind träumt ihn. In Israel sagte man: „Wir sind schwach und unterlegen, aber Gott kann alles. Der Messias, der Christus Gottes, der wird alles gut machen, der wird alles richten, der wird mit gewaltiger Hand dreinschlagen und uns zu unserem Recht verhelfen."

Jesus und Paulus legen hier Widerspruch ein. Ich habe uns vorhin die Geschichte von Petrus und Jesus gelesen.[2] Als Jesus seinen Jüngern sagt: „Mein Weg führt an das Kreuz", da ruft Petrus ganz ohne Nachdenken und aus vollem Herzen: „Das geschehe dir nur nicht! Jesus, davor bewahre dich Gott! Wir wollen doch nicht, dass du leiden musst!" Aber Jesus, der dreht sich um zu Petrus und sagt: „Weiche hinter mich, Du Satan. Du denkst so, wie die Menschen denken – und nicht wie Gott denkt."

Bei den Freunden Jesu selbst fängt es also an: Sie möchten ihn – verständlicherweise – gern stark und mächtig sehen; und sie verstehen Jesus nicht, wenn er sagt: „Ich werde leiden. Und das ist recht so." Paulus sagt in seiner Sprache:

23 Wir aber predigen den gekreuzigten Christus.

Wir müssen die Geschichte, die Leidensgeschichte Jesu, noch ein wenig genauer ansehen. Matthäus erzählt von der Kreuzigung Jesu. Alle kommen und schauen zu, wie Jesus da hängt, hilflos und verlassen, seinen Peinigern ausgeliefert. Jetzt spotten sie. Die Soldaten und die Priester, im Spott sind sie sich einig: „Anderen hast du geholfen. Jetzt hilf dir selbst. Dann wollen wir dir glauben. Bist du der Messias, bist du der Gesandte Gottes, dann steig herab vom Kreuz!"[3]

Sie glauben, einer, der Gott auf seiner Seite hat, der kann nicht am Kreuz hängen. Wer Gott auf seiner Seite hat, der kann nicht leiden, der muss nicht leiden. Wer Gott auf seiner Seite hat, der muss stark und mächtig sein. So denken sie. Und sie sind sich einig im Auslachen. Sie sind sich einig im Spott über den Jesus, der am Kreuz hängt.

Wir lachen Jesus heute so nicht aus. Aber auf den Glauben, dass es den frommen Menschen gut gehen muss, auf den fallen immer wieder viele herein, in und außerhalb der Kirche. Einer, der am Kreuz hängt, hat ausgespielt. Da hat Gott nichts zu suchen. Einer, der sich nicht durch Machtzeichen ausweisen kann, er kommt nicht von Gott. Deshalb ist das Kreuz Jesu – und das Wort vom Kreuz – ein Skandal für viele.

Und da ist auch die Angst. Niemand möchte der Dumme sein. Deshalb fragt man bei den gebildeten Griechen zur Zeit des Paulus nach Weisheit. Sie fragen danach, wie man das Leben durch Klugheit, durch gute Gedanken so einrichten kann, dass man immer wieder gut weg kommt. Eben so, dass man auf keinen Fall der Dumme ist.

Weisheit, sie soll frei machen von der Welt und ihren Zwängen. Diese Sehnsucht nach der Weisheit, die den Hintergrund versteht, diese Lust auf geheimes Wissen, das Menschen zu Überlegenen machen soll, auch die feiert heute fröhliche Wiederkehr. Und

---

2 Schriftlesung Mt 16, 21-26
3 Vgl. Mt 27, 40ff

wer dran glaubt, an das Wissen und die Weisheit und die Macht, die damit verbunden sein könnte, der kann nur lachen, wenn Paulus sagt:

23 Wir aber predigen den gekreuzigten Christus.

Wort vom Kreuz, das heißt: Erzählen und Reden von einem Menschen Gottes, der selber schwach und unterlegen ist, und der am Kreuz jämmerlich stirbt. Das Wort vom Kreuz, es ist ein Skandal für die Frommen und ein Unsinn für die Klugen – zur Zeit des Paulus bei Juden und Griechen. Bei uns ist das nicht anders. Wir müssen uns da nichts vormachen.

Wenn ich ein wenig genauer hinhöre, dann merke ich: Diese Botschaft vom Kreuz – sie widerspricht auch mir selbst. Die Angst, der Dumme zu sein, und der Wunsch, der Starke zu sein – sie stecken tief in mir selbst. Ich habe keinen Grund, über Menschen zu lächeln, die über den Gekreuzigten Christus den Kopf schütteln.

Ich habe selbst etwas in mir:
- von den Menschen, die Stärke und Machterweise fordern und endlich etwas von der Macht Gottes sehen wollen.
- Und ich habe etwas in mir von einem, der nach überlegener Weisheit sucht.

Paulus schreibt:

25 Denn die Torheit Gottes ist weiser, als die Menschen sind, und die Schwachheit Gottes ist stärker, als die Menschen sind.

Das ist ein starker Satz. Aber ist er auch wahr? Da stirbt jemand unter Schmerzen – viel zu jung. Und wir fragen: Wo ist da Gott? Warum sehe ich nichts von ihm? Und auf einmal geht es mir wie denen, die Paulus Juden und Griechen nennt. Man müsste doch etwas von Gottes Nähe merken. Es müsste doch etwas sichtbar werden. Stärke oder wenigstens ein Sinn. Und wir, wir sehen gar nichts. Paulus aber weist auf den gekreuzigten Jesus.

Kann das sein? Ist Gott da, wo wir es uns nicht vorstellen können? Und ist Gott auch gerade dort, wo wir nicht weiter sehen?

Matthäus erzählt weiter: Jesus aber schrie laut auf und rief:

Eli, eli, lama asabtani? ... Mein Gott, mein Gott, warum hast du mich verlassen?
(Mt 27, 46)

Am Kreuz betet er den 22. Psalm, der mit diesen Worten beginnt. Am Kreuz schreit Jesus nach Gott. Jesus stirbt, wie er gelebt hat: mit dem Gotteswort auf den Lippen; im verzweifelten Vertrauen, dass Gott allein Hilfe ist im Leben und im Sterben. Jesus ruft nach Gott und glaubt an Gott, auch da, wo niemand mehr etwas sieht. Wo Gottes Nähe nicht mehr erfahren werden kann und nicht mehr spürbar ist.

Das Wort vom Kreuz, das sagt: Gott war bei diesem Jesus. Er hat ihn nicht verlassen, dort in der Nacht des Leidens. Im „Nicht-mehr-Können" und im „Nicht-mehr-Verstehen", da ist Gott da.

So zeigt Jesus uns einen anderen Gott. Nicht einen Gott der Überlegenen und Starken. Nicht einen Gott der Macht und der Weisheit und der Religiosität. Nicht den Gott einer Kirche, die großen Einfluss hat und andere ausschließt. An Jesus sehen wir den Gott, der da ist bei den Leidenden und Schwachen, so wie bei Jesus am Kreuz. Deshalb ist der Gekreuzigte der Retter, der Heiland.

Und nun muss man anfangen zu erzählen von diesem Jesus, von seinem Weg. Jesus hat nicht Gottlose fromm gemacht. Er ist zu ihnen gegangen und hat gesagt: „Gott hat euch lieb. Kommt, esst mit mir. Folget mir nach." So sind im Jüngerkreis Jesu auch Zöllner und Sünder.

Jesus hat nicht gesagt: „Wir helfen nur unseren Freunden." Er erzählt von dem Fremden, der da hilft, wo Priester und Levit wegschauen und nicht helfen. Es gibt unendlich viel zu erzählen, was die einen fröhlich und die anderen ärgerlich gemacht hat. Die Ärgerlichen, die haben Jesus ans Kreuz gebracht. Aber er hat sich nicht gerettet. Und er vertraut nicht der Stärke. Er sagt eindeutig:

Wer das Schwert nimmt, der soll durchs Schwert umkommen. (Mt 26, 52)

In dem, was es da von Jesu törichter Liebe und von seiner liebenden Schwäche zu erzählen gibt, da fange ich an, ein wenig zu begreifen, warum das Wort von dem gekreuzigten Christus ein Glück ist. Und ich fange an, ein wenig zu ahnen, was Paulus meint, wenn er schreibt:

25 Denn die Torheit Gottes ist weiser, als die Menschen sind, und die Schwachheit Gottes ist stärker, als die Menschen sind.

23 Wir aber predigen den gekreuzigten Christus.

So schreibt Paulus. An diesem Wort vom Kreuz wird sich eine christliche Gemeinde und ihr Tun und Lassen messen lassen. Gott ist auf der Seite der Opfer und der Schwachen. Die Liebe, mit der Jesus gelebt hat und gestorben ist, die zählt allein. So kann die Predigt vom Kreuz Jesu zur Gotteskraft werden, zur Kraft für die Schwachen. Auch zur Kraft für uns.

Amen.

16.06.1996 2. Sonntag nach Trinitatis
Stadtkirche Peter und Paul in Calw
Ordination Ellen Klass
1. Korinther 9, 16.19-20.22-23

16 Denn dass ich das Evangelium predige, dessen darf ich mich nicht rühmen; denn ich muss es tun. Und wehe mir, wenn ich das Evangelium nicht predigte!
19 Denn obwohl ich frei bin von jedermann, habe ich doch mich selbst jedermann zum Knecht gemacht, damit ich möglichst viele gewinne.
20 Den Juden bin ich wie ein Jude geworden, damit ich die Juden gewinne. Denen, die unter dem Gesetz sind, bin ich wie einer unter dem Gesetz geworden – obwohl ich selbst nicht unter dem Gesetz bin –, damit ich die, die unter dem Gesetz sind, gewinne.
22 Den Schwachen bin ich ein Schwacher geworden, damit ich die Schwachen gewinne. Ich bin allen alles geworden, damit ich auf alle Weise einige rette.
23 Alles aber tue ich um des Evangeliums willen, um an ihm teilzuhaben.

Ich bin allen alles geworden

Liebe Gemeinde,

16 Und wehe mir, wenn ich das Evangelium nicht predigte!

So sagt der Apostel Paulus von sich. Und er beschreibt, dass für ihn das Evangelium von Jesus Christus so etwas geworden ist wie ein Schicksal. Etwas, das ihn in Beschlag genommen hat, wo er nicht mehr die Frage hat, ob er will oder nicht.

16 Und wehe mir, wenn ich das Evangelium nicht predigte!

Paulus sagt es für sich. Wenn ich wissen will, ob das für uns auch gelten könnte, dann muss ich zuerst hinhören und zu verstehen suchen.

16 Und wehe mir, wenn ich das Evangelium nicht predigte!

Mich lässt es auch zurückzucken: Warum redet Paulus so? Warum nimmt er den Mund so voll? Die Antwort ist nicht so ganz einfach. Es steht da: „Ich muss es tun – das Evangelium predigen." Darf man ihm das einfach nachsagen?
Wer sind wir denn, dass wir so reden könnten? Christinnen und Christen, Pfarrerinnen und Pfarrer? Ich habe deswegen angefangen, genauer hinzusehen und hinzuhören. Ich habe nach der ursprünglichen Bedeutung gesucht, nach dem, was Paulus vielleicht wirklich meint; und bin schon beim Übersetzen gestolpert.

1 Und wehe mir, wenn ich das Evangelium nicht predigte!

hat Martin Luther übersetzt. Und so übersetzen viele in seinen Spuren. Und wahrscheinlich ist es typisch evangelisch, dass uns bei Evangelium nichts andres einfällt als Predigen, Reden, Worte machen.

Der griechische Text hat hier ein Zeitwort mit dem Inhalt von Evangelium. Also wie bei „Liebe" das Zeitwort lieben heißt oder bei „Hass" hassen oder bei „Atem" atmen. Bei Evangelium? Ich stocke. Wie heißt da das Zeitwort?

Das kann nicht nur predigen heißen, weitersagen, verkündigen. Und es heißt ganz sicher auch nicht evangelisieren! auch wenn das manchen von uns recht gefallen würde. Es meint mehr. Es meint nicht nur Worte. Auch nicht nur gute Worte.

Es geht um einen Lebenszusammenhang, der durch das Evangelium bestimmt ist, also um Reden und Tun, um Tun und Lassen. Und das alles in einer befreienden fröhlichen Umgebung. Dafür gibt es kein einzelnes deutsches Wort.

Das Zeitwort für Evangelium bedeutet so etwas wie: „im und mit, im Lebensraum der frohen Botschaft von Jesus Christus leben". Und so möchte ich Paulus übersetzen: „Weh mir, wenn ich nicht das Evangelium mit meinem ganzen Leben lebe und es auch zur Sprache bringe."

Er meint also wirklich: Ich muss und kann nicht anders. Ich lebe in und für und aus dem Evangelium
- mit Händen und Füßen,
- und mit dem Herzen und mit den Gefühlen,
- mit meiner Fähigkeit zum Zuhören, zum Reden, zum Helfen, zum Lieben.

Worte gehören dazu, aber sie sind nicht alles.

Aber es gibt noch mehr zu entdecken. Nach diesem Aufschrei

1 ... wehe mir ...

da zeigt nun Paulus nicht, wie gut er reden oder schreiben oder predigen kann, sondern er berichtet von einem Leben, das geprägt ist durch das, was er Dienst nennt. Und daran zeigt sich noch einmal, dass das Zeitwort mit einem Wort wie „predigen" sehr „mager" übersetzt wäre. Er sagt das so: „Ich bin ein freier Mensch. Niemand kann mir drein reden. Aber: Ich habe mich für die Menschen zum Diener gemacht, zum Sklaven. Ich will viele gewinnen.

22 Ich bin allen alles geworden,

den Juden ein Jude, den Gesetzlosen ein Gesetzloser, den Frommen ein Frommer, den Engen ein Enger, den Menschen ohne Tradition einer ohne Tradition, den Freien ein Freier."

so sagt Paulus. Ich bin darüber erschrocken. Hat denn dieser Paulus keinen Standpunkt? Hängt er sein Mäntelchen nach dem Wind? Oder noch schlimmer: Tut er bloß als ob? Ich mag das nicht, wenn sich mir jemand anbiedert, und wenn jemand so tut als ob, und wenn eine mir entgegen kommt, nur weil sie mich angeblich abholen und verändern will. Ich mag das nicht, auch nicht in der Kirche.

Aber wie ich angefangen habe, mich so aufzuregen, weil ich nach dem Standpunkt frage – und nach der Ehrlichkeit – da war ich plötzlich mitten in einem Gespräch mit diesem Apostel Paulus. Und er fragt mich ganz trocken: „Warum regst du dich denn so auf? Du hast doch noch überhaupt nicht gemerkt, worum es geht."

Verdutzt höre ich hin. Ich frage: „Ja, worum geht es dann?" Und Paulus sagt: „Wenn euch zu „Evangelium" nur „predigen" einfällt, dann versteht ihr es immer noch so wie einer, der es besser weiß, der indoktrinieren will, der die anderen auf Vordermann bringt und sie für sich gewinnen will, ganz und gar, und wo dann jedes Mittel recht ist."

Ich sage: „Aber Paulus, das klingt doch so. Du schreibst doch:

22 Ich bin allen alles geworden, damit ich auf alle Weise einige rette.

Du wirbst doch! Du willst doch Menschen gewinnen!" „Ja," sagt er „aber nicht als Besserwisser sondern als einer der lernt. Ihr meint: Ihr könnt das Evangelium den anderen beibringen. Ich muss es lernen – von denen und mit denen, die mich brauchen.

20 Den Juden bin ich wie ein Jude geworden, damit ich die Juden gewinne.
22 Den Schwachen bin ich ein Schwacher geworden, damit ich die Schwachen gewinne. Ich bin allen alles geworden, damit ich auf alle Weise einige rette.

Paulus sagt: „Ich lerne mit den anderen zusammen Evangelium. Ich höre zu. Ich nehme ernst. Ich ordne mich unter. Ich setze mich mit anderen an einen Tisch und bin mir nicht zu gut dazu."

Ich sage: „Paulus, das geht nicht gut. Bei uns will man nicht, dass einer bei vielen Verschiedenen am Tisch sitzt. Bei uns wollen die Menschen, dass man ganz zu ihnen gehört. Wer einen liebt, will ihn haben und ganz haben. Und das, was du schreibst von Juden und Griechen und Starken und Schwachen, das gibt doch ständig nur Krach. Das geht nicht gut. Man muss doch wissen, wie man dran ist und man braucht einen Standpunkt."

Da sagt er: „Ich habe den Eindruck, Ihr meint, Evangelium sei etwas, was einen Menschen so bestimmt, dass man ihn gar nicht mehr kennt und gar nicht mehr erkennen kann. Das Evangelium ist keine Rolle, die man überstülpt und die nichts anderem Raum lässt. Im Gegenteil."

Ich sage: „Aber so wird doch gepredigt. Der Prediger weiß, was wichtig ist, und die Hörer denken dann am Schluss wie er – wenn er Glück hat."

Paulus sagt: „Wenn Menschen denken wie ich, freue ich mich auch. Aber: Die Gute Nachricht von Jesus Christus, die geht mit Menschen sanft um. Da werden Menschen nicht gleichgeschaltet. Ich bin bei den Menschen, damit sie aufleben und aufblühen. Ich versuche, sie mit der Freiheit, die von Jesus her kommt, anzustecken. Wir lernen voneinander im Evangelium und wir lernen miteinander im Evangelium."

Ich bin noch nicht zufrieden und frage weiter: „Ja wie sieht das dann für dich aus – Lernen im Evangelium oder Leben im Evangelium? Wie sieht das aus: Ich bin allen alles geworden."?

Paulus sagt: „Du siehst doch, du weißt es doch: Keiner kann aus seiner Haut. Keiner kann aus seiner Geschichte. Der eine ist eng, der andere weit, die eine ist mutig, die andere voller Angst. Aber – sie müssen ja auch nicht ganz anders sein. Wir suchen miteinander danach, wie sich der Mut und die Sanftheit und die Liebe und die Freiheit Jesu Christi auswirken kann und will. Und dabei habe ich dann auch selber Luft, Atem – im Evangelium."

„Ja wie meinst du das?"

„Da sieh her!", sagt er, „da höre ich einem Menschen zu – und merkwürdigerweise fühlt er sich am Ende getröstet. Und da fasse ich dann selber auch wieder Mut. Oder: Da atmet einer auf, weil er etwas davon merkt, wie groß das Herz Gottes ist – und dabei fange auch ich wieder an Atem zu schöpfen. Oder: Ich bleibe bei einem, mit dem ich überhaupt keinen Weg und keinen Ausweg sehe. Ich sehe nicht, wie es bei ihm wieder hell werden kann. Aber ich begleite ihn – vielleicht sogar bis zum Sterben – und ich merke, dass ich dabei auch selber wieder einen Schritt für mich erkenne. Menschen spüren oder merken oder glauben mit mir zusammen, dass Vergebung, Verstehen, Freundschaft und Liebe keine leeren Worte sind – und ich selber werde dabei am meisten beschenkt."

Ich hätte gern den Paulus noch viel mehr gefragt. Ich hätte ihn gern gefragt, woher er selbst die Gewissheit nimmt. Woher er den breiten Rücken nimmt, wenn es ihn zerreißt – zwischen den Menschen und den Anschauungen und den Ideologien und den vielen – so ganz sicheren – Glaubensrichtungen. Und ich wollte ihn fragen, was ihn so mutig macht.

Aber er sagt: „Das Evangelium ist der Schlüssel. In ihm kannst du leben. Da findet ihr die richtigen Schritte. Da merkt ihr, dass ihr nicht alle gleich sein müsst. Da lernt ihr, einander zu vertrauen und einander gelten zu lassen:

- wache und müde
- große und kleine
- junge und alte
- bürgerliche und ausgeflippte
- einfache und gebildete

Frauen und Männer.

Einfach Menschen in ihrer ganzen Verschiedenheit. Solche, die wir lieben – und die, die uns auf die Nerven gehen. Die, die denken wie wir, und die gar nicht denken wie wir, Glaubende und Zweifelnde. Mit ihnen zusammen probiere ich, im Evangelium zu leben."

Und da frage ich noch ein letztes Mal: „Und was ist das jetzt mit dem Zwang? Wieso sagst du: ‚Es liegt auf mir wie ein Schicksal'?"

Paulus sagt: „Genau so wie ich es sage. Ich habe angefangen, dem Wort Jesu zu vertrauen. Ich habe angefangen, dem Wort der Vergebung zu glauben. Ich habe angefangen, in der Liebe Jesu zu leben. Jetzt kann ich nicht mehr anders, und ich will es auch nicht. Ich habe angefangen, von und mit anderen zu lernen und Gottes Güte zu buchstabieren. Jetzt kann ich nicht mehr heraus, und ich will es auch nicht. Ich habe angefangen und begegne den Menschen mit Aufmerksamkeit und Liebe und versuche, sie gelten zu lassen. Und so habe ich selber am Evangelium Anteil."

Da sage ich: „Du, Paulus, ich kann und will nicht alle lieben. Mein Herz ist nicht so groß."

Da sagt er: „Das meine ich auch mit dem Zwang – und mit meinem Weheruf. Es geht auch nicht mehr nach meinem großen oder kleinen Herzen. Gottes Herz ist größer. Aber da, wo ich nicht mit komme, da nimmt er mich mit. Und da, wo ich nicht begreife, da begreifen andere für mich. Und da, wo ich falsche Schritte mache, da helfen mir die anderen zurecht. Weißt du, im Evangelium leben, das kann gar niemand allein für sich, auch nicht ein Apostel Paulus. Ich habe es nach Korinth geschrieben, damit sie es dort miteinander lernen."

„Weh mir wenn ich nicht im Lebensraum des Evangeliums lebe – und mich so in der Art Jesu den Menschen zuwende. Denn dabei komme ich nicht zu kurz. Ich habe selbst Anteil am Evangelium."

So könnte ich Paulus Wort um schreiben. So gilt es auch für mich, und ich denke es ist auch für die ganze Gemeinde ein Hinweis. Es muss nicht jeder allen alles werden. Aber eine Gemeinde schon!

Amen.

20.10.1996 20. Sonntag nach Trinitatis
Altenheim in Wimberg[1]
2. Korinther 3, 2-6

2 Ihr seid unser Brief, in unser Herz geschrieben, erkannt und gelesen von allen Menschen!

3 Ist doch offenbar geworden, dass ihr ein Brief Christi seid, durch unsern Dienst zubereitet, geschrieben nicht mit Tinte, sondern mit dem Geist des lebendigen Gottes, nicht auf steinerne Tafeln, sondern auf fleischerne Tafeln, nämlich eure Herzen.

4 Solches Vertrauen aber haben wir durch Christus zu Gott.

5 Nicht dass wir tüchtig sind von uns selber, uns etwas zuzurechnen als von uns selber; sondern dass wir tüchtig sind, ist von Gott,

6 der uns auch tüchtig gemacht hat zu Dienern des neuen Bundes, nicht des Buchstabens, sondern des Geistes. Denn der Buchstabe tötet, aber der Geist macht lebendig.

Aber der Geist macht lebendig

Liebe Gemeinde,

in der Gemeinde in Korinth ist Streit. Streit, ob Paulus, der Apostel, der rechte Mann ist, der rechte Mann für das Evangelium in Korinth. Und da fragt man: Womit kann sich denn der eigentlich empfehlen?

Da sagt Paulus in diesem Streit: „Andere kommen mit Empfehlungsschreiben. Ich brauche keines. Denn ihr selbst, die Gemeinde in Korinth, seid mein Brief.

2 Ihr seid unser Brief, in unser Herz geschrieben, erkannt und gelesen von allen Menschen!

Jeder kann an euch, der Gemeinde in Korinth, lesen und sehen, was es mit der Botschaft von Jesus Christus auf sich hat. Und jeder kann sehen, was ihr von mir gelernt habt." Aber dann denkt Paulus gleich weiter:

„Wenn ich bei euch in Korinth etwas fertig gebracht habe, ist es ein Geschenk Gottes. Alles was ich kann, kommt von Gott. Der schenkt, dass Menschen brauchbar werden. Von uns aus sind wir für das Evangelium und für den Dienst im Namen Jesu nicht tauglich."

Damit sind wir bei einer Frage, die auch uns angeht. Was traut Gott uns zu? Wie werden wir brauchbar – für die gute Nachricht von Jesus? Was kann man bei uns lesen, wenn die Gemeinde ein Brief ist:

2 ... erkannt und gelesen von allen Menschen!

---

1 Der Gottesdienst im Altenheim in Wimberg fand am Samstag 19.10.1996 statt.

Dazu will ich ein paar Gedanken unterstreichen und weiterdenken. Morgen wird an manchen Orten in Württemberg im Gottesdienst über das Verhältnis von Frauen und Männern in der Kirche nachgedacht.[2] Wir möchten eine Kirche sein, in der wir einander als Männer und Frauen achten und gelten lassen und ernst nehmen. Das ist ein Traum. Der Traum von einer geschwisterlichen Kirche.

Ich sage Traum, denn die Kirche ist in dieser Beziehung nicht vorbildlich. Im Gegenteil. Wir sind in der Kirche eher der Entwicklung in unserer Gesellschaft hinterher. Der Dekan hält eine Rede. Frauen dürfen Kaffee kochen und einschenken. Frauen haben eine dienende Rolle. Wir behandeln auch Pfarrerinnen noch immer mit Misstrauen – und unsere Pfarrvikarin, hatte es auch nicht einfach nur leicht bei uns. Obwohl wir es natürlich probiert haben.

Und wenn man sich in unserer Kirche weiter umsieht, dann kommt man oft zu dem Eindruck: Der Brief, der Empfehlungsbrief, den die Welt bei uns lesen kann, liest sich schlimm. Deshalb hat der ökumenische Rat 1988 vorgeschlagen:

Lasst uns in allen Kirchen der Welt an dieser Frage in den nächsten 10 Jahren arbeiten: geschwisterliche Kirche, Verhältnis von Frauen und Männern in der Kirche. 8 Jahre sind davon um – und erst jetzt merken wir, dass das uns vielleicht auch etwas in Calw angeht. Wir sind also wieder einmal reichlich spät dran oder auch reichlich schwerfällig, möglicherweise ein wenig lernbehindert. Wenn wir das anders haben wollen, dann müssen wir miteinander reden und die Augen aufmachen. Jetzt können wir einfach noch einmal hinsehen und hinhören, was Gott uns zutraut, wofür er uns tauglich machen will.

Von Jesus werden Geschichten erzählt, die darauf hinweisen, dass er Frauen anders begegnet ist, als die Männerwelt damals gewohnt war. Mir ist die Geschichte von Maria und Marta eingefallen:

Jesus ist zu Gast im Haus von zwei Schwestern. Maria sorgt für das leibliche Wohl. Sie dient ihren Gästen mit allem, was sie kann. Maria benimmt sich daneben. Sie sitzt mit den Männern in der Stube und hört Jesus zu. Sie will mithören und mitdenken – und vielleicht auch mitreden. Sie tut so, als wäre sie gleichberechtigt. Und da kommt die Schwester und weiß es besser. Maria hat zu helfen – in der Küche – beim Tisch decken- wo auch immer. Und da, da stellt sich Jesus einfach auf die Seite der Maria. Er sagt:

Eins aber ist not. (Lk 10, 42)

Eines ist wichtig. Das was Maria tut. Sie hat das gute Teil erwählt.

Jesus achtet die Maria als Frau, als ganzen Menschen, nicht nur in einer hauswirtschaftlichen, dienenden Rolle. Das hat man bis heute oft nicht begriffen und oft nicht wahr haben wollen.

---

2 Der 20. Sonntag nach Trinitatis ist der Ehe- und Familiensonntag des Kirchenjahres.

Die Männer stehen immer auf der Seite der Marta. Das ist bequemer. Man lässt sich gern verwöhnen. Was diese Geschichte für eine geschwisterliche Kirche bedeutet, das zu begreifen, da haben wir höchstens angefangen.

Eine andere Geschichte ist mir eingefallen: Da ist eine Frau, die Jesus für ihre Tochter um Hilfe bittet.

Jesus weist sie ab. Er hat Gründe. Gründe des Buchstabens. Die Frau ist nicht aus dem Volk Israel. Aber die Frau lässt sich nicht abweisen. Sie bittet weiter und macht darauf aufmerksam, dass Gottes Güte nicht so engherzig ist, wie die allgemeinen Urteile und Vorurteile.

Und da geschieht das Wunder: Jesus lernt von ihr. Er lässt sich überzeugen, dass die Liebe sich nicht an die Grenzen hält, die wir immer schon aufgerichtet haben. Er hilft – gegen seine eigene ursprüngliche Meinung. Und er sagt: Dein Vertrauen, dein Glaube hat mich verändert. Jesus lernt von einer Frau: glauben und vertrauen

Ich finde das wichtig, dass wir heute merken, wie Jesus das einfach zugibt: Ich habe geirrt. Ich lerne von dir. Von dieser vertrauenden Freiheit möchte man in dem Brief, der die christliche Gemeinde ist, auch lesen.

Nun würde ich eigentlich gern unendlich weiter erzählen. Von dem, wie Jesus Menschen Gutes zutraut, die sich selbst nichts Gutes mehr zutrauen. Von dem, wie Jesus verzeiht, und einfach nicht rechnet und nicht Angst hat, er würde ausgenützt. Von dem, wie Jesus sagt: Gebote und Spielregeln sind wichtig. Aber sie müssen dem Leben und der Liebe dienen.

Man darf nicht Menschen Prinzipien opfern, auch nicht solchen, die in der Bibel stehen. Gott hat Gebote gegeben, damit sie den Menschen helfen. Die Menschen sind nicht für die Gebote da.

Ich kann nicht einfach weiter erzählen. Wir werden das noch oft tun müssen. Aber: Ich kann das alles auch zusammenfassen: Der Geist Jesu ist ein Geist der Geschwisterlichkeit.

Er macht lebendig, er engt nicht ein, er hat nicht recht gegen andere, er bringt nicht um und opfert niemand. Oder, um es mit den Worten des Paulus zu sagen:

6 ... der Buchstabe tötet, aber der Geist macht lebendig.

Von diesem Leben schaffenden Geist möchte man etwas sehen und spüren – in jeder christlichen Gemeinde. Was einengt, was unfrei macht, was Angst macht, das hat mit dem Geist Jesu nichts zu tun.

Was sollen wir also tun? Was können wir tun? Wir haben diesen Geist nicht.

Aber Gott gibt ihn. Er traut uns das zu. Er traut uns mehr und Besseres zu, als wir selbst zu glauben und zu hoffen wagen.

Und er tut es immer noch. Auch mit uns. Darum wollen wir um diesen Geist bitten.

Amen.

18.05.2008 Trinitatis
Prädikantenpredigt
2. Korinther 13, 11-13

> 11 Zuletzt, liebe Brüder, freut euch, lasst euch zurechtbringen, lasst euch mahnen, habt einerlei Sinn, haltet Frieden! So wird der Gott der Liebe und des Friedens mit euch sein.
> 12 Grüßt euch untereinander mit dem heiligen Kuss. Es grüßen euch alle Heiligen.
> 13 Die Gnade unseres Herrn Jesus Christus und die Liebe Gottes und die Gemeinschaft des Heiligen Geistes sei mit euch allen!

... mit euch allen!

Liebe Gemeinde,
wie unterschreiben Sie einen Brief? Es kommt darauf an, wem Sie schreiben. Aber wenn es kein ganz persönlicher Brief ist, dann genügt oft einfach die bewährte Formel: „Mit freundlichen Grüßen ..."
Haben Sie schon einmal unterschrieben: „Mit gar nicht freundlichen Grüßen ..."? Ich nicht. Ich würde es manchmal gerne tun. Aber dann tue ich es doch nicht. Es bleibt dabei: „Mit freundlichen Grüßen ..." Der Predigttext des heutigen Sonntags ist der Schluss des zweiten Briefes des Paulus an die Gemeinde in Korinth.

> 11 Zuletzt, liebe Brüder, freut euch, lasst euch zurechtbringen, lasst euch mahnen, habt einerlei Sinn, haltet Frieden! So wird der Gott der Liebe und des Friedens mit euch sein.
> 12 Grüßt euch untereinander mit dem heiligen Kuss. Es grüßen euch alle Heiligen.
> 13 Die Gnade unseres Herrn Jesus Christus und die Liebe Gottes und die Gemeinschaft des Heiligen Geistes sei mit euch allen!

So schreibt Paulus nach Korinth. Er hat richtigen Krach mit der dortigen Gemeinde. Er ist wohl im Unfrieden abgereist. Jetzt versucht er aus der Ferne mit Briefen die Lage zu entspannen und die Korinther für sich zurückzugewinnen. Und am Ende grüßt er freundlich mit Abschieds- und Segensworten.
Wenn wir die vier letzten Kapitel des zweiten Briefes nach Korinth lesen, dann spüren wir etwas davon, worum es geht. Paulus ist fertig gemacht worden in Korinth. Er stellt zu wenig dar. Er ist kein mächtiger Redner. Für Paulus ist das Kreuz Jesu ein Zeichen dafür, dass Gott in den Schwachen stark ist. Das kann man sich in Korinth nicht vorstellen. Und jetzt der Schluss. Er sagt „Lebt wohl!", so ist der Gruß „Freut euch!" beim Abschied zu verstehen. Lebt wohl! Kehrt zur vertrauten Ordnung zurück, seid eines Sinnes und lasst Euch die Ermahnungen des Paulus gefallen. Das alles, damit Frieden

ist – und der Gott der Liebe und des Friedens die Gemeinde begleitet. Und dann die Grußformel. Nicht bloß: „Mit freundlichen Grüßen – Paulus", sondern:

> 13 Die Gnade unseres Herrn Jesus Christus und die Liebe Gottes und die Gemeinschaft des Heiligen Geistes sei mit euch allen!

Warum schreibt er so? Nur einfach, weil es sich so gehört? Warum schreibt er nicht zuletzt „mit unfreundlichen Grüßen"? Lassen wir uns den Gruß noch einmal durch den Sinn gehen:

> 13 Die Gnade unseres Herrn Jesus Christus und die Liebe Gottes und die Gemeinschaft des Heiligen Geistes sei mit euch allen!

Wenn man das so langsam liest, kann man es merken: Der Gruß des Paulus ist ein Segen. Paulus spricht der Gemeinde in Korinth Gottes Segen zu. Und er tut es ohne Einschränkung. Er ist sich sicher: Auch wenn in Korinth eigentlich alles drunter und drüber geht, auch wenn er am liebsten mit rauer Hand selbst Ordnung schaffen würde, auch wenn man ihn selbst verletzt – es gilt und es bleibt dabei:

> 13 Die Gnade unseres Herrn Jesus Christus und die Liebe Gottes und die Gemeinschaft des Heiligen Geistes sei mit euch allen!

Das Segenswort ist mehr als nur ein Gruß oder Wunsch. Es sagt viel mehr, als Paulus wünschen kann. Und es gilt auch – unabhängig davon, wie es dem geht, der es spricht. Wer segnet, verspricht den Gesegneten Gott. „Mit euch ist Gott" – spricht der Segnende aus. Und dafür kann und muss er nicht selbst gerade stehen.

> 13 Die Gnade unseres Herrn Jesus Christus und die Liebe Gottes und die Gemeinschaft des Heiligen Geistes –

sie sind da und sie begleiten euch und sie wirken bei euch.
Das Wörtchen „sei", das uns so geläufig ist, es fehlt im griechischen Urtext. Absichtlich. Gottes Segen ist da und der Gruß des Paulus ist ein Segen.

> 13 ... mit euch allen!

heißt es da am Ende.

> 13 Die Gnade unseres Herrn Jesus Christus und die Liebe Gottes und die Gemeinschaft des Heiligen Geistes ... mit euch allen!

Spüren Sie, was da geschieht? „Alle" – das sind ja Menschen mit Gesichtern. Und Paulus hat sie vor Augen wenn er das sagt:

13 ... mit euch allen!

Wir können es uns selbst ausmalen, wer da dazu gehört. Die Freunde, die zu Paulus immer noch halten. Menschen, die seiner Predigt in Korinth gelauscht haben. Die, die ihn zuerst in ihr Haus eingeladen haben.
Da sind die Sklavinnen und Sklaven, die in der christlichen Gemeinde Hoffnung geschöpft haben. Da sind die Armen, die nicht jeden Tag satt werden. Und da sind die Herren, die keine Not kennen. Und da sind auch die anderen: die Unzufriedenen, die Schimpfenden. Die, die Paulus schlecht machen. Die, die von ihm enttäuscht sind. Auch solche, die Paulus am liebsten aus der Stadt jagen würde, weil sie die Gemeinschaft beschädigen und keine Liebe spüren lassen. „Alle" – das sind Menschen mit Gesichtern. Und für alle gilt:

13 Die Gnade unseres Herrn Jesus Christus und die Liebe Gottes und die Gemeinschaft des Heiligen Geistes ... mit euch allen!

Sehen wir uns das Segenswort am Ende des 2. Korintherbriefs noch ein wenig genauer an. Da heißt es zuerst:

13 Die Gnade unseres Herrn Jesus Christus ...

Was wissen wir davon? Wir haben vorhin als Schriftlesung[1] den Anfang von Lukas 15 gehört. Jesus isst und trinkt und feiert mit Menschen, die normalerweise ausgestoßen sind. Menschen, um die man einen Bogen macht. Die Gesetzeslehrer und frommen Männer stellen deshalb auch entsetzt fest:

Dieser nimmt die Sünder an und isst mit ihnen. (Lk 15, 2)

Jesus feiert Gemeinschaft mit solchen, die der Allgemeinheit verloren gegangen sind. Er hat sie gefunden. Er lädt sie in sein Haus. Er lädt sie an seinen Tisch. Es sind Menschen, die solches bitter nötig haben.
Er kennt das Leben. Er weiß, wie verletzlich es ist, wie verletzlich die Menschen, wie verletzlich deren Selbstgewissheit und auch ihr Gewissen. Jesus nimmt sie in das Haus: diese verletzlichen und auch tief getroffenen Menschen. Er gibt diesen Menschen einen Raum, in dem sie, in dem die Seele wieder aufatmen kann. Dort finden sie Brüderlichkeit, Vertrauen, das viele vermutlich gar nicht kennen, das ihnen neu ist. Und dort finden sie vielleicht die Sprache, die nötig ist, um überhaupt davon reden zu können,

---

1 Schriftlesung Lk 15, 1-7

was sie bedrückt. Die Zöllner und Sünder, die Verletzten und zu kurz Gekommenen am Tisch Jesu, das ist ein Bild für

13 Die Gnade unseres Herrn Jesus Christus ...

Dafür wirbt Jesus mit seinen Gleichnissen vom Verlorenen. Dafür leidet er und stirbt. Er lebt das

13 ... mit euch allen!

Und die Menschen atmen auf. Solches Aufatmen, wie es auch heute noch im Abendmahl geschehen kann, das meint Paulus. Solches Leben und solchen Frieden spricht Paulus den Korinthern zu. Allen. Hören wir noch einmal:

13 Die Gnade unseres Herrn Jesus Christus und die Liebe Gottes und die Gemeinschaft des Heiligen Geistes ... mit euch allen!

Dreifach wird hier geredet. Von Jesus Christus, von Gott und dem Heiligen Geist. Oder: Von der Gnade, von der Liebe und von der Gemeinschaft. Drei Weisen, in denen wir Christen von Gott reden können. Deshalb ist dieser Briefschluss heute Predigttext am Dreieinigkeitssonntag. Sehen wir noch einmal auf die Menschen am Tisch Jesu: Sie spüren etwas
- von der Gnade unseres Herrn Jesus Christus
- und damit von der Liebe Gottes
- und von der Gemeinschaft, die von Jesus einfach geschenkt wird.

13 Die Gnade unseres Herrn Jesus Christus und die Liebe Gottes und die Gemeinschaft des Heiligen Geistes ... mit euch allen!

Menschen, die am Tisch Jesu solche Liebe erfahren und solches Vertrauen fassen, die bleiben nicht so wie sie sind. Es wächst bei ihnen etwas von der Art Jesu. Es wächst etwas von Liebe, Gemeinschaft und Frieden.
Daran erinnert sich Paulus als Letztes bei seinem Briefschluss. Und er kann segnen, weil er weiß, der Segen kommt nicht von ihm. Er kann segnen, auch wenn es ihm selbst gar nicht so friedlich und einmütig zu Mute ist.
Ich kann darüber nur staunen. Ich wünsche mir, dass davon auch etwas in unserer Gemeinde, in unserer Kirche wächst. Ich wünsche mir, dass Liebe und Frieden bei uns keine leeren Worte sind. Hören wir noch einmal:

11 Zuletzt, liebe Brüder, freut euch, lasst euch zurechtbringen, lasst euch mahnen, habt einerlei Sinn, haltet Frieden! So wird der Gott der Liebe und des Friedens mit euch sein.

12 Grüßt euch untereinander mit dem heiligen Kuss. Es grüßen euch alle Heiligen.

13 Die Gnade unseres Herrn Jesus Christus und die Liebe Gottes und die Gemeinschaft des Heiligen Geistes sei mit euch allen!

Amen.

11.07.1993 5. Sonntag nach Trinitatis
Stadtkirche Peter und Paul in Calw
Galater 6, 1-2

> 1 Liebe Brüder, wenn ein Mensch etwa von einer Verfehlung ereilt wird, so helft ihm
> wieder zurecht mit sanftmütigem Geist, ihr, die ihr geistlich seid; und sieh auf dich
> selbst, dass du nicht auch versucht werdest.
> 2 Einer trage des andern Last, so werdet ihr das Gesetz Christi erfüllen.

Mit sanftmütigem Geist

Liebe Gemeinde,
dieses Wort ist eine Mahnung. Wir haben Erfahrungen, wie es mit Mahnungen geht.
Wir wissen, wie eine Mahnung funktioniert: Am Anfang steht die Forderung: „Tu dies
oder das." Und dann wird sie befolgt oder – auch nicht. Und wenn man sie befolgen
will, dann stellt sich oft schnell Überforderung ein; und es geht einem der Atem aus.
Auch diese Mahnung des Paulus klingt so, dass wir an viele gute vergebliche Versuche
erinnert werden, und auch daran, wie oft Gutmütigkeit und Hilfsbereitschaft ausgenützt werden.
Ich habe gemerkt: Es lohnt sich, dass wir heute genauer hinsehen und hinhören:

> 2 Einer trage des andern Last, so werdet ihr das Gesetz Christi erfüllen.

Was unterscheidet dieses Wort von den vielen guten oder enttäuschenden Mahnungen
zur Solidarität und gegenseitigem Helfen? Da ist ein erster Unterschied. Und ich denke,
er ist entscheidend.

> 2 Einer trage des andern Last ...

dieser Aufruf steht nicht am Anfang. Am Anfang steht Jesus von Nazareth. Einer, der
zur großen allgemeinen Verwunderung nicht Menschen zuerst ermahnt, sondern sie
annimmt, so wie sie sind.
Man bringt Kinder zu ihm – und er segnet sie. Man bringt Kranke zu ihm – und er heilt
sie. Er sieht Zachäus – und er kehrt bei ihm ein. Und: Er nimmt Zöllner und Sünder
an und isst mit ihnen. Jesus nimmt denen, die zu ihm kommen, ihre Lasten ab. Nicht
nur die schweren äußerlichen, sondern auch Krankheit und Schuld. Und als man ihn
deshalb für einen Gotteslästerer hält, läuft er nicht davon. Sondern er ist gehorsam – bis
zum Tod am Kreuz.
Das ist der große Unterschied. Jesus überfällt uns nicht mit einer Forderung. Sondern
er nimmt uns an und trägt uns. Und so gibt er uns die Möglichkeit, einander zu tragen
und zu ertragen und einander Lasten zu tragen – auch die schwierigen.

Am Anfang steht die Liebe Jesu. Das ist der Unterschied zu all den vielen vergeblichen und oft auch missbrauchten Forderungen nach Solidarität.

Aber nun ist da noch ein zweiter – wie ich denke – wichtiger Unterschied. Ich lese Ihnen dazu auch den vorhergehenden Vers aus dem Brief des Paulus an die Galater:

> 1 Liebe Brüder, wenn ein Mensch etwa von einer Verfehlung ereilt wird, so helft ihm wieder zurecht mit sanftmütigem Geist, ihr, die ihr geistlich seid; und sieh auf dich selbst, dass du nicht auch versucht werdest.
> 2 Einer trage des andern Last, so werdet ihr das Gesetz Christi erfüllen.

Mit Staunen merke ich: Es geht hier gar nicht nur darum, dass wir einander bei den schweren Aufgaben beistehen und einander die täglichen Lasten erleichtern. Das ist wichtig und bleibt wichtig. Aber es geht um mehr.

Da sind Menschen, die möchten in den Spuren Jesu leben. Sie nehmen das so wichtig, dass sie sagen: „Das Vorbild Jesu ist uns ein Gesetz. Wir wollen es erfüllen." Und dann merken sie, dass immer wieder einer einen Fehler macht. Dass er nicht tut, was er möchte. Dass das Vorbild Jesu zu groß ist – und unerreichbar.

Und da ist die Reaktion: Wer sich nicht an die Ordnung hält, gehört nicht zu uns. Wer mit uns vom Geist Jesu beseelt ist, darf keine Fehler machen. Wer zur christlichen Gemeinde gehört, wird niemals von einer Verfehlung ereilt. Wer sündigt, der gehört nicht zu uns. Er soll sehen wo er bleibt – aber nicht bei uns.

Ich denke, Sie kennen auch diese Versuchung der frommen, christlichen Rechthaberei. Und solange es um die anderen geht, ist es ja auch einfach, streng zu sein. Sie kennen die Unbarmherzigkeit, mit der gerichtet wird und mit der einer fertig gemacht wird, wenn sein Verhalten eine Gelegenheit dazu bietet.

Paulus denkt da anders. Er ist nüchterner. Er weiß, wie schnell wir der Liebe mangeln lassen und uns selbst zur Last werden. Und er misst am Bild Jesu. Und so schreibt er:

> 1 Liebe Brüder, wenn ein Mensch etwa von einer Verfehlung ereilt wird, so helft ihm wieder zurecht mit sanftmütigem Geist, ihr, die ihr geistlich seid;

Staunend bemerke ich den Unterschied. Das Zeichen des Geistes Jesu ist nicht die Fehlerlosigkeit und die Rechthaberei und eine unbarmherzige Strenge, sondern es heißt:

> 1 ... so helft ihm wieder zurecht mit sanftmütigem Geist ...

Sanfter Mut ist angezeigt. Mut, der nicht richtet, sondern zurechtbringt. Mut, der einen Menschen auch dann begleitet, wenn der sich selbst gar nicht mag. Wenn er sich selbst im Weg ist. Wenn er sich selbst lästig ist.

Die großen Lasten unseres Lebens sind ja nicht die schweren Aufgaben, sondern unsere Erfahrung mit uns selbst: das „überfordert sein", das „Fehler machen", das „der Liebe Jesu nicht gerecht werden".

1 ... so helft ihm wieder zurecht mit sanftmütigem Geist ...

und deshalb:

2 Einer trage des andern Last, so werdet ihr das Gesetz Christi erfüllen.

Das Gesetz Christi, wenn man es schon so nennen will, wird nicht mit Strenge, sondern mit Sanftmut erfüllt. Und damit, dass wir einander die Lasten abnehmen und tragen – die äußeren – und geduldig auch die schwereren. Nämlich die Lasten der Schuld und die Lasten der Seele, die uns oft schwermütig machen wollen.
Ich möchte noch auf etwas Drittes hinweisen. Diese Mahnung des Paulus ist nach der Erfahrung der Christen im tiefsten Grund vernünftig. Denn eine christliche Gemeinde kann die Liebe Jesu nicht für sich behalten.
Wir wissen ja ein wenig von diesem merkwürdigen Sachverhalt: Eine christliche Gemeinde, die nur an sich selbst denkt, der geht die Luft aus. Eine Gemeinde, die nicht bereit ist, an der Verantwortung mit zu tragen, so wie das in diesen schwierigen Zeiten nötig ist, bringt sich selbst um ihr Leben. Wer nur an sich selbst denkt, der denkt zu kurz und kommt deshalb zu kurz. Lasten abnehmen ist vernünftig – auch für den, der trägt und nicht nur für den, dem sie abgenommen werden.
So möchte ich jetzt doch Mut machen zum fröhlichen „Ernst nehmen" dieses alten Wortes des Apostels Paulus:

2 Einer trage des andern Last, so werdet ihr das Gesetz Christi erfüllen.

Wir machen uns damit nichts vor. Lasten tragen ist nie harmlos. Wir tragen eine Last nicht mit links. Lasten tragen ist auch nicht einfach. Man muss schon genau hinsehen und genau hinhören, wenn einer den anderen mittragen will. Wenn ich an der falschen Stelle anpacke, bringe ich den, dem ich helfen will, aus dem Gleichgewicht. Er stolpert, anstatt dass ihm geholfen wird. Aber wir wissen auf der anderen Seite, wie gut es tut, wenn ein Stückchen Helfen gelingt. Und Lasten tragen braucht nötig den Geist der Sanftmut, der zupackt aber nicht grob wird, der den anderen achtet und nicht klein macht – auch dann, wenn er Hilfe braucht.

2 Einer trage des andern Last, so werdet ihr das Gesetz Christi erfüllen.

Es geht dabei nicht um ein bisschen guten Willen. Der gute Wille bleibt oft stecken. Aber, am Anfang steht eben nicht die Mahnung, sondern: Christus trägt uns und erträgt uns. Deshalb kann man bei den Christen etwas vom Geist der Sanftmut entdecken, der das Gesetz Christi so erfüllt, dass Menschen aufatmen. Dazu sind wir heute wieder neu eingeladen.

Amen.

02.11.2008 Reformationssonntag
Prädikantenpredigt
Philipper 2, 12-13

> 12 Also, meine Lieben, – wie ihr allezeit gehorsam gewesen seid, nicht allein in
> meiner Gegenwart, sondern jetzt noch viel mehr in meiner Abwesenheit – schaffet,
> dass ihr selig werdet, mit Furcht und Zittern.
> 13 Denn Gott ist's, der in euch wirkt beides, das Wollen und das Vollbringen, nach
> seinem Wohlgefallen.

... mit Furcht und Zittern

Liebe Gemeinde,
am heutigen Sonntag erinnert man sich in unserer Kirche an die Reformation Martin
Luthers. Am 31. Oktober 1517, also vor 491 Jahren begann die Reformation in Wittenberg in der Öffentlichkeit. Mit 95 Thesen zum Ablasshandel meldete sich Martin
Luther zu Wort. Er konnte nicht mehr zusehen, wie die Kirche die Menschen verdummte. Man hielt sie in Furcht und Zittern und machte ihnen weis, sie könnten selig
werden, indem sie Ablassbriefe kaufen.
Bei Martin Luther hatte das Umdenken schon früher angefangen: mit dem Studieren
der Bibel, mit dem Hören auf das Wort Gottes. Da hatte er eines Tages begriffen:
„Gott liebt mich. Ich kann und muss mir seine Liebe nicht verdienen. Ich darf ihm
glauben. Auch wenn ich selbst mich gar nicht so liebe. Er liebt mich, auch wenn ich es
mir selbst nicht so recht glauben kann." Das ließ ihn aufatmen. Das machte ihn frei.
Das ließ ihn öffentlich das Wort nehmen. Die Freiheit, die aus Gottes freundlicher Zusage kommt, lässt Luther einstehen für die Freiheit der Christenmenschen.
Weil wir wissen, wie wenig wir Gott und seiner Liebe glauben, deshalb feiern wir Sonntag für Sonntag Gottesdienst. Deshalb steht da bei uns in der Mitte das Hören auf das
biblische Wort, das Wort, mit dem Gott auch unsere Herzen gewinnen will. Für diesen
Sonntag zum Gedenken der Reformation ist uns heute ein besonders fremdes Wort
aufgegeben. Es steht im Brief des Paulus an die Philipper, Kapitel 2. Paulus schreibt:

> 12 Also, meine Lieben, – wie ihr allezeit gehorsam gewesen seid, nicht allein in
> meiner Gegenwart, sondern jetzt noch viel mehr in meiner Abwesenheit – schaffet,
> dass ihr selig werdet, mit Furcht und Zittern.
> 13 Denn Gott ist's, der in euch wirkt beides, das Wollen und das Vollbringen, nach
> seinem Wohlgefallen.

Müht euch um euer Heil!

12 ... schaffet, dass ihr selig werdet, mit Furcht und Zittern.
13 Denn Gott ist's, der in euch wirkt ...

Was höre ich? Zuerst: „Schaffet! Strengt euch an. Müht euch! Gebt nicht auf. Tut etwas." Wozu schaffen?
Das Ziel heißt hier: selig werden. Selig – das sind manchmal Kinder. In der Kirche hört man schnell etwas von „selig nach dem Tod", von „ewiger Seligkeit".

12 ... schaffet, dass ihr selig werdet ...

kann auch übersetzt werden mit: „Bemüht euch um euer Heil." Also: „Strengt euch an, damit es euch gut geht. Schaffet, damit euer Leben heil wird." Passt diese Aufforderung zur Mühe dazu, dass Gott uns seine Liebe schenkt? Ja, es passt. Denn Paulus schreibt weiter:

13 Denn Gott ist's, der in euch wirkt beides, das Wollen und das Vollbringen ...

Aber: Warum mit Furcht und Zittern? Ich weiß nicht, warum Paulus das geschrieben hat.

12 ... schaffet ... mit Furcht und Zittern.

Man kann diese Aufforderung sehr verschieden lesen und hören: Als Aufforderung zu besonderem Eifer. Oder: Als Bestärkung, so wie man sagt: „Für die Prüfung musst du schaffen – mit allen Kräften – vielleicht auch mit Furcht und Zittern." Oder: Es wird einfach Angst gemacht. Wenn man mit Furcht und Zittern schaffen soll, dann schafft man es doch nie!

12 ... schaffet, dass ihr selig werdet, mit Furcht und Zittern.

Vielleicht ist das doch nicht so gemeint, wie wir es zuerst hören. Denn es heißt weiter:

13 Denn Gott ist's, der in euch wirkt beides, das Wollen und das Vollbringen ...

Aber jetzt fängt das Fragen erst recht an. Wieso soll ich „schaffen", wenn Gott in mir Wollen und Tun bewirkt? Oder heißt das: Ich kann mich anstrengen, weil Gott in mir wirkt? Die Fragen werden immer mehr.
Wenn wir so theoretisch fragen, dann kommen wir von einer Sackgasse in die andere. Das Hören und Begreifen wird immer schwerer. Und von der Liebe, mit der Gott uns liebt, sehe ich immer weniger. Aber: Wir müssen ja über „Furcht und Zittern" gar nicht theoretisch nachdenken. Sie gehören ja zum Leben.

Ich weiß nicht, wann Ihnen zuletzt die Hände gezittert haben. Oder vielleicht der ganze Körper und das Herz? Eltern kennen manche Erfahrung von „Furcht und Zittern" für und mit ihren Kindern. Aber eigentlich wissen alle etwas davon:
Wenn das Leben unsicher wird,
- weil der Arbeitsplatz bedroht ist,
- weil Krankheit sich bereit macht,
- weil eine Beziehung schwierig wird oder zerbricht.
„Furcht und Zittern" gehören zu unserem Leben. Auch wenn wir versuchen, alles zu tun, um es zu vermeiden. Wir kommen nicht drum herum. Erst recht werden „Furcht und Zittern" nicht ausbleiben, wenn es darum geht, dass unser Leben heil ist, dass wir „selig" werden. Die Wirklichkeit unseres Lebens wird dafür sorgen. Auch wenn Gott „Wollen und Tun" in uns wirkt, dann scheinen „Furcht und Zittern" mit dazu zu gehören.

12 … schaffet, dass ihr selig werdet, mit Furcht und Zittern.
13 Denn Gott ist's, der in euch wirkt beides, das Wollen und das Vollbringen, nach seinem Wohlgefallen.

Das Gebet eines jungen Mädchens, das an Krebs erkrankt ist, lässt uns begreifen, was die Worte des Paulus meinen. Mit 16 Jahren ist dieses Mädchen gestorben. Das Gebet zeigt mir etwas von „Furcht und Zittern". Zugleich zeigt es aber auch etwas von diesem Mühen. Und – etwas von der Gewissheit: Es ist gut. Denn Gott wirkt in uns, damit wir leben. Ich lese abschnittsweise:

Für die Inseln des Trostes mitten in einem Meer von Leid
danke ich dir, Herr, du mein Gott.
Du führst mich durch unwegsame Schluchten
und ich bin dennoch behütet.
Meine Kraft ist längst erschöpft,
aber du trägst mich hindurch.

Dieses Mädchen, weiß gut, was „Furcht und Zittern" sein kann. Sie kennt das „Meer von Leid". Und sie erlebt, wie ihre Kraft längst erschöpft ist und sie gar nicht mehr kann. Aber sie betet. Sie dankt für „die Inseln des Trostes" und: Es ist etwas gut. Sie kann sagen: „Ich bin dennoch behütet."
Ich lese weiter:

Nicht dass die Stimmen des Misstrauens und des sich Auflehnens
verstummt wären in meinem Herzen,
aber ich weiß, dass sie Unrecht haben. Sie verlieren ihre Macht,
wenn ich deine Stimme erhorche.

Die Beterin flieht zum Hören auf Gottes Stimme. In Angst, Auflehnen, Misstrauen versucht sie Gottes Stimme „zu erhorchen". Und sie hört. Ich lese:

Du sagst zu mir. „Fürchte dich nicht,
ich, dein Gott, verlasse dich nicht!"

„Schaffet, dass euer Leben heil wird, dass ihr ‚selig' werdet." Auf einmal heißt das: „Gottes Stimme erhorchen". Mitten in aller Erschöpfung, in Misstrauen und Auflehnen Gottes Versprechen hören: „Fürchte dich nicht. Ich verlasse dich nicht."

12 ... schaffet, dass ihr selig werdet, mit Furcht und Zittern.

Dieses zu Tod kranke Mädchen tut es. Und so betet sie weiter:

Lobpreisen will ich dich für alle Treue.
Ich erfahre, was Verzweiflung heißt,
aber gleichermaßen umgibt mich
das Geheimnis des Getröstetseins.
Auch wenn die Finsternis noch wächst,
sie ist nicht die einzige Wirklichkeit in meinem Leben.
Wenn meine Augen vertraut geworden sind mit der Dunkelheit,
kann ich wahrnehmen, dass immer noch Licht einfällt.

Und weiter:

Du schenkst mir Menschen, die sich meiner Klage
nicht verschließen, die für mich einstehen vor dir.
Du hältst mir Brot und Wein bereit
und umarmst mich im heiligen Mahl.

Mit Staunen fange ich an zu sehen, wie das aussehen kann, was Paulus schreibt. Die junge Frau ringt um ihr Leben bis zur Erschöpfung. Aber sie ringt zugleich darum, dass es gut wird und dass Gott es gut macht. Und so betet sie weiter:

Mein Herz darf ich ausschütten vor dir.
Du hilfst mir, dass ich nicht versinke in Selbstmitleid,
sondern teilnehmen kann an fremder Trauer.
Beides lässt du wachsen in mir,
die Fähigkeit zu leiden und die Fähigkeit zu lieben.
Du befreist mich von dem Drang, den Sinn allen Leidens
hier und jetzt erkennen zu wollen.

Das Gebet endet mit einem zuversichtlichen Lob. Ich lese:

> Herr, mein Gott, ich lobpreise dich, denn ich weiß,
> am Ende wird alle Klage von mir abfallen.
> Am Ende wirst du alles Erlittene verwandeln in Freude.

Soweit das Gebet. Es begegnet mir hier ein junger Mensch, der Furcht und Zittern kennt. Aber Freiheit und Hoffnung sind bei dieser jungen Frau gewachsen. Und die Hoffnung:

> Am Ende wirst du alles Erlittene verwandeln in Freude.

So kann ich in diesem Gebet etwas sehen von dem Mühen, dass es gut wird. Ich sehe etwas von „Schaffen mit Furcht und Zittern" – und auch vom Wirken Gottes, das Wollen und Tun bewirkt.

> 12 ... schaffet, dass ihr selig werdet, mit Furcht und Zittern.
> 13 Denn Gott ist's, der in euch wirkt beides, das Wollen und das Vollbringen, nach seinem Wohlgefallen.

Martin Luther hat öffentlich für diesen Glauben und dieses Vertrauen geredet und gelebt. Deshalb erinnern wir uns an ihn bis heute.
Es ist ein Glaube, der nicht dumm macht. Gott weckt unser Vertrauen. Er weckt den Mut, das Leben aus seiner Hand anzunehmen. Ein Leben, zu dem auch Furcht und Zittern gehören. Ein Leben, in dem Kräfte wachsen. Kräfte zum Leiden und Kräfte zum Lieben.
Dafür lohnt es sich auch heute öffentlich einzustehen. Das Licht, das mit Jesus in die Welt gekommen ist, es leuchtet. Gott will es auch bei uns und durch uns leuchten lassen. „Schaffet und bemüht euch um Leben und Heil, mit Furcht und Zittern. Gott ist's, der in euch wirkt. Er wirkt beides: das Wollen und das Tun. – Gott will das!"

Amen.

31.12.1995 Altjahrsabend/Silvester
Bergkirche in Wimberg
Kolosser 3,17
Kantatengottesdienst

17 Und alles, was ihr tut mit Worten oder mit Werken, das tut alles im Namen des Herrn Jesus und dankt Gott, dem Vater, durch ihn.

Und alles, was ihr tut ...

Liebe Gemeinde,
die Kantate singt uns zum Schluss dieses Jahres und zum Anfang des Neuen Jahres etwas Ungeheuerliches ins Ohr:

17 ... alles, was ihr tut mit Worten oder mit Werken, das tut alles im Namen des Herrn Jesus ...

Wir können ganz getrost feststellen: Das ist völlig unnormal. Alles im Namen Jesu. Alles so, wie es Jesus gefällt. Alles so, wie Jesus selbst es tun würde. Das gibt es nicht. Das gibt es nicht in unserer Welt. Und das gibt es auch nicht in unserer Kirche.

Wir trennen ja ganz schnell zwischen Sonntag und Werktag, zwischen Glauben und Leben, zwischen dem, was wir möchten und dem, was wir können, zwischen dem Wünschenswerten und den Sachzwängen. Und in all dem gewinnt dann immer die Sache, der Sachzwang. Also nicht der Name Jesu, sondern unser Name oder irgendein anderer, auf den man hören muss und bei dem es angeblich überhaupt keine Möglichkeit gibt, es anders zu machen.

Fast möchte man fragen: Was ist in den Apostel gefahren, dass er so redet? Und was ist in uns gefahren, dass wir das an der Wende zum neuen Jahr hören und bedenken?

Was ist denn bei uns normal? Das Normale unter uns Menschen ist eben nicht das Leben, wie Christus es gelebt hat. Das Normale ist und bleibt die Selbstsucht, das eigene Interesse. Es ist heute normal, dass man das eigene Interesse über das Interesse der Menschen stellt, die aus Not und Elend zu uns kommen. Es ist normal, dass man Menschen, die nach unserer Auffassung keinen Anspruch auf Asyl haben, mit Gewalt in Flugzeuge schafft, und sie dann in ihr Elend zurückfliegt. Es ist normal, dass Arbeitsplätze in der Rüstungsindustrie nicht gefährdet werden dürfen. Es ist normal, dass wir die natürlichen Ressourcen der Welt innerhalb kurzer Zeit verbrauchen.

Trotzdem sind wir heute beieinander – und hören auf die Stimme des Apostels – und er verweist uns an die Stimme Jesu. Und die sagt:

„Nehmt euch ein Beispiel an mir. Lasst euch anstecken von mir, von der Liebe und von der Freundlichkeit, mit der ich euch begegne und mit der ich für euch einstehe."

Im Namen Jesu, das heißt nicht, dass wir immer seinen Namen auf den Lippen haben und dann doch tun, was wir wollen. Im Namen Jesu, das meint, dass wir unser Leben und Reden und Denken und Fühlen fröhlich an Jesus ausrichten und ihm glauben, dass er das letzte Wort hat, auch da wo es uns schwer fällt.

Ich will Ihnen den ganzen Abschnitt lesen, in dem im Kolosserbrief am Ende steht:

> 17 ... alles, was ihr tut mit Worten oder mit Werken, das tut alles im Namen des Herrn Jesus ...

> 12 So zieht nun an als die Auserwählten Gottes, als die Heiligen und Geliebten, herzliches Erbarmen, Freundlichkeit, Demut, Sanftmut, Geduld;
> 13 und ertrage einer den andern und vergebt euch untereinander, wenn jemand Klage hat gegen den andern; wie der Herr euch vergeben hat, so vergebt auch ihr!
> 14 Über alles aber zieht an die Liebe, die da ist das Band der Vollkommenheit.
> 15 Und der Friede Christi, zu dem ihr auch berufen seid in einem Leibe, regiere in euren Herzen; und seid dankbar.
> 16 Lasst das Wort Christi reichlich unter euch wohnen: Lehrt und ermahnt einander in aller Weisheit; mit Psalmen, Lobgesängen und geistlichen Liedern singt Gott dankbar in euren Herzen.
> 17 Und alles, was ihr tut mit Worten oder mit Werken, das tut alles im Namen des Herrn Jesus und dankt Gott, dem Vater, durch ihn.

Vielleicht spüren Sie ein wenig: Es ist eine freundliche Einladung, in unserer Welt das Un-Normale zu probieren, weil es vernünftig ist. Wie ein Kleid sollen wir es anziehen:

> 12 ... herzliches Erbarmen, Freundlichkeit, Demut, Sanftmut, Geduld;
> 14 Über alles aber zieht an die Liebe
> 15 Und der Friede Christi ... regiere in euren Herzen;

Und das alles, weil Christus mit uns unterwegs ist. Weil er unser Tun und Lassen bestimmen und verändern will.

> 17 ... und dankt Gott ...

Danket dafür, dass ihr in seinem Namen handelt. Danket dafür, wenn ihr die Möglichkeiten Jesu zu euren Möglichkeiten macht. Es geht nicht darum, dass ihr recht habt. Und ihr braucht auch nicht stolz sein, aber dankbar, wo es euch gelingt, die Liebe Jesu anzuziehen.

Ich merke, es ist Grund zum Dank, wenn es gelingt. Gott traut es uns zu. Und wir dürfen ihm dafür danken.

Was gibt das für ein Jahr, wenn Jesus zwischen uns und dem Freund und dem Feind und dem Nächsten steht? Was gibt das für ein Jahr, wenn die Liebe kein leeres Wort bleibt?

Ich freue mich, dass der Chor uns da heute ins Herz singt. Und ich wünsche mir, dass wir immer wieder daran fröhlich miteinander denken:

> 17 Und alles, was ihr tut mit Worten oder mit Werken, das tut alles in dem Namen des Herrn Jesus und dankt Gott, dem Vater, durch ihn.

Amen.

16.05.2004 Rogate
Johannesgemeindehaus in Heidenheim
1. Timotheus 2, 1-6a

1 So ermahne ich nun, dass man vor allen Dingen tue Bitte, Gebet, Fürbitte und Danksagung für alle Menschen,
2 für die Könige und für alle Obrigkeit, damit wir ein ruhiges und stilles Leben führen können in aller Frömmigkeit und Ehrbarkeit.
3 Dies ist gut und wohlgefällig vor Gott, unserm Heiland,
4 welcher will, dass allen Menschen geholfen werde und sie zur Erkenntnis der Wahrheit kommen.
5 Denn es ist ein Gott und ein Mittler zwischen Gott und den Menschen, nämlich der Mensch Christus Jesus,
6 der sich selbst gegeben hat für alle zur Erlösung, dass dies zu seiner Zeit gepredigt werde.

Für alle Menschen

Liebe Gemeinde,
jubelt. Singet. Betet. Jubilate! Kantate! Rogate! So heißen drei Sonntage nacheinander zwischen Ostern und Pfingsten. Heute ist der Sonntag Rogate! Betet!
Der Predigttext dazu ist ein Stückchen Gemeindeordnung der Christen, wohl etwa am Ende des 1. Jahrhunderts unserer Zeitrechnung. Die Worte sind dem Apostel Paulus in den Mund gelegt. Auf ihn beruft sich der, der den 1. Brief an Timotheus geschrieben hat. Auf den ersten Blick kommen die Worte ganz brav und bedächtig daher. Ich lese aus 1. Timotheus 2:

1 So ermahne ich nun, dass man vor allen Dingen tue Bitte, Gebet, Fürbitte und Danksagung für alle Menschen,
2 für die Könige und für alle Obrigkeit, damit wir ein ruhiges und stilles Leben führen können in aller Frömmigkeit und Ehrbarkeit.
3 Dies ist gut und wohlgefällig vor Gott, unserm Heiland,
4 welcher will, dass allen Menschen geholfen werde und sie zur Erkenntnis der Wahrheit kommen.
5 Denn es ist ein Gott und ein Mittler zwischen Gott und den Menschen, nämlich der Mensch Christus Jesus,
6 der sich selbst gegeben hat für alle zur Erlösung, dass dies zu seiner Zeit gepredigt werde.

Haben Sie schon einmal für Saddam Hussein gebetet? Oder für Bin Laden? Oder für die Selbstmordattentäter im Nahen Osten?

Vielleicht sagen Sie da: „Was soll ich da beten? Verfluchen möchte ich sie am liebsten. Alles andere wäre unehrlich." Aber so haben wir es gerade gehört.

> 1 So ermahne ich nun, dass man vor allen Dingen tue Bitte, Gebet, Fürbitte und Danksagung für alle Menschen,
> 2 für die Könige und für alle Obrigkeit ...

Etwas genauer übersetzt klingt es ein wenig lebendiger: „Vor allem nun ermutige ich: zu flehen, beten, bitten, danken für alle Menschen, für Könige und alle Hochgestellten." Flehen, beten, bitten, danken wir für alle Menschen?
Was ist das für ein Gebet, das Gott die ganze Welt vor die Füße legt, so wie sie ist? Die Welt mit allem Schönen und allem Schweren, mit aller Ungerechtigkeit und allen Fehlern. Die Welt mit denen, die Gewalt als Lösung von Problemen sehen und mit denen, die rücksichtslos nur an sich denken. Die Welt mit allen, die es gut meinen und denen, die es vor allem mit sich selbst gut meinen.
Alle Menschen – in meiner Lebenszeit hat sich die Zahl der Menschen verdoppelt. Wer kann an alle Menschen denken? Für alle beten? Und dann:
Flehen, beten, bitten, danken für alle Menschen? Besonders genannt werden: „Könige und Obrigkeit, alle Hochgestellten und Vorgesetzten." Beten also auch für Gerhard Schröder, Angelika Merkel und Erwin Teufel? Für solche, die selbst beten und solche, die es nicht tun und nicht wollen – und die es auch gar nicht erfahren, wenn für sie gebetet wird?
Sie merken, so ganz harmlos ist das nicht – das Leben und Glauben und eben auch das Beten dieser Christen am Ende des 1. Jahrhunderts unserer Zeitrechnung. Und wir sind ja in ihren Fußspuren unterwegs. Die Könige und die Obrigkeit aller Sorten haben für Recht und Frieden zu sorgen – und darum bitten Christen.
Wenn die Oberen für Recht und Frieden einstehen, dann ist dafür zu danken. Wenn sie es nicht tun, dann ist darum zu bitten. Ausdrücklich wird gesagt, dass Recht und Frieden auch den Betenden zugute kommen. Es geht also nicht um harmlose Gemütlichkeit, wenn es da heißt:

> 2 ... damit wir ein ruhiges und stilles Leben führen können in aller Frömmigkeit und Ehrbarkeit.

Die Menschen sehnen sich nach einem Leben, in dem die täglichen Schrecken in den Hintergrund treten und wo Leben in Menschenwürde möglich ist. Darum bitten sie. Deshalb beten sie für die Verantwortlichen.
Wie weit sind wir von Frieden und Menschenwürde entfernt – gerade auch heute?
Eines ist für mich hier ganz besonders deutlich, wenn an die Könige und alle Obrigkeit gedacht wird:

Diese Christen beten nicht nur für die Schwachen und die Leidenden und die Opfer. Für die zuerst. Aber da steht, vor allen Dingen, auch das Gebet für die Täter, die Mächtigen und die Träger von Verantwortung.

Was ist das für ein Glaube, der so alle Menschen und alle Verantwortung im Blick hat und die böse Welt, nicht einfach sich selbst überlässt? Der Text sagt und begründet es deutlich: Gott, unser Retter,

> 4 ... will, dass allen Menschen geholfen werde und sie zur Erkenntnis der Wahrheit kommen.

Alle Menschen! Das ist der Grund für das Gebet. Gott gibt seine Welt nicht aus der Hand. Keiner kann so gottlos sein, dass Gott ihn vergessen würde. Gott lässt sich nicht aufhalten.

> Denn er lässt seine Sonne aufgehen über Böse und Gute und lässt regnen über Gerechte und Ungerechte. (Mt 5, 45)

sagt Jesus in der Bergpredigt. Gott glaubt an uns bevor wir an ihn glauben können. Die Wahrheit, die wir erkennen können lautet nicht: „Du kannst gerettet werden, wenn ...“ Nein. Sie lautet: „Du bist versöhnt, Gott recht, geliebt, bejaht, begabt ... ohne dein Zutun und vor allen Möglichkeiten Ja oder Nein zu sagen." Bei Paulus hieß das:

> So liegt es nun nicht an jemandes Wollen oder Laufen, sondern an Gottes Erbarmen. (Röm 9, 16)

Ist das nicht zu einfach? Ist das nicht zu billig? Vielleicht ist es so. Vielleicht machen wir aus dem Gott, der uns unverdient liebt, einen lieben Gott – und sind dann enttäuscht. Damit das nicht geschieht erinnert unser Text in der Fortsetzung:

> 5 Denn es ist ein Gott und ein Mittler zwischen Gott und den Menschen, nämlich der Mensch Christus Jesus ...

Der liebende Gott, der auf Erden niemanden ausschließt, der wirft aus dem Himmel alle Götter und Göttinnen hinaus, an die wir unser Herz hängen. Die Götter, die ihre Gnade auf die Braven und die Frommen beschränken und die die Gottlosen ausschließen, die werden ausgestrichen.

> 5 ... es ist ein Gott ...

Man hat es mir oft gesagt: Wenn du nicht glaubst, dann bist du verloren. Wenn du Gottes Geschenk nicht annimmst, dann wendet sich Gott ab. Er tut es nicht. Er lässt sich nicht durch meinen Unglauben die Macht und die Welt aus der Hand nehmen. Das ist der Sinn des 1. Gebots, an das hier erinnert wird: „Ich bin dein Gott. Ich bin, weil ich für euch bin. Darum braucht ihr keine anderen Götter. Darum müsst ihr nicht vergöttern, was euch die Freiheit nimmt und was euch klein und kaputt macht."

5 ... es ist ein Gott ...

Es sind Sätze wie für einen Konfirmandenunterricht, die dann folgen.

> **5 ... und ein Mittler zwischen Gott und den Menschen, nämlich der Mensch Christus Jesus,**
> **6 der sich selbst gegeben hat für alle zur Erlösung ...**

Auf mich macht das den Eindruck einer beginnenden Verkirchlichung. Das Evangelium ist gezähmt. Man kann es auswendig lernen. Dass Gottes Liebe sich nicht aufhalten lässt, das hat Jesus gelebt, und dafür gestritten und gelitten. Jetzt ist es Überlieferung, Formel, ganz richtig, aber zugleich unverständlich und schon ein bisschen angestaubt.

> **5 ... und ein Mittler zwischen Gott und den Menschen, nämlich der Mensch Christus Jesus,**
> **6 der sich selbst gegeben hat für alle zur Erlösung ...**

Zähmung, Formulierung, Verschriftlichung des Evangeliums. So etwas muss in der Zeit zwischen Paulus und seinem Schüler, der an Timotheus schreibt, geschehen sein. Trotz der Erinnerung, dass sich Gottes Liebe nicht zähmen lässt.
Aber wir haben Glück. Die Formeln bewahren die lebendige Erinnerung. Wir werden auf den Namen des Menschen Jesus verwiesen.
Jesus – einer der hört und redet und liebt und hofft, und sich ganz und gar in die Hand Gottes ausliefert, rückhaltlos.
Jesus – der in Konflikte gerät, weil er für alle Menschen Gottes Liebe erwartet. Auch und gerade für solche, die sich nicht selbst helfen können.
Jesus – der Geschichten erzählt, wie die von den beiden Söhnen. Er erzählt, weil er Menschen gewinnen will, gewinnen für die Güte des Vaters.
So erzählt er nicht nur, wie der Vater dem verlorenen, heimkehrenden Sohn um den Hals fällt. Er erzählt auch von dem älteren Sohn, der es nicht mit ansehen kann, dass der Vater einfach verzeiht. Der Vater geht auch ihm entgegen und bittet ihn, mitzufeiern, dass der jüngere Bruder wieder leben kann. Jesus erzählt so, weil er gerade solche Menschen gewinnen will, die so recht haben, wie der ältere Sohn.
Aber es scheint, er erzählt umsonst. Bis heute glauben die meisten, der ältere Sohn im Gleichnis gehe nicht mit zum Fest. Man hat Verständnis für den Sohn, dem die Güte

für den jüngeren Bruder zu groß ist. Die Zumutung eines Vaters, der einfach verzeiht und nicht rechnet, die Zumutung eines freundlichen Gottes für alle, sie ist immer wieder einfach zu groß. Und so kommt Jesus an Kreuz.

Aber seine Geschichte wird weiter erzählt – in der Hoffnung, dass immer wieder das Wunder geschieht, dass ältere, rechtschaffene, rechthaberische Söhne mitfeiern. Wir feiern Gottesdienst, damit wir selbst uns von ihm erweichen und gewinnen lassen zu der Güte für alle Menschen. Wenn wir Gottesdienst feiern, dann steht da in der Mitte ein verlachter, dornengekrönter, gekreuzigter Mensch. Gerade als man ihn beseitigen wollte, hat man ihn die Mitte gestellt.
Wir feiern Gottesdienst, weil es Ostern geworden ist. Gott hat Partei ergriffen – für ältere und jüngere Söhne. Er steht auf der Seite Jesu, des Gekreuzigten. Er steht bei den Leidenden und den Opfern in unserer Welt. Und so können wir es staunend ahnen und vielleicht auch glauben, was die braven anordnenden Sätze im Timotheusbrief erinnern: Er

> 4 ... will, dass allen Menschen geholfen werde ...
> 5 Denn es ist ein Gott und ein Mittler zwischen Gott und den Menschen, nämlich der Mensch Christus Jesus,
> 6 der sich selbst gegeben hat für alle zur Erlösung ...

Haben Sie schon einmal für Saddam Hussein gebetet? Oder für Bin Laden? Oder für die Selbstmordattentäter im Nahen Osten? Bevor ich diesem heutigen Predigttext begegnet bin, habe ich nicht daran gedacht.
Aber es ist uns keine andere Welt geschenkt als eine, die der Könige und Vorgesetzten bedarf; all dieser großen und oft auch sehr hilflosen Funktionäre und Machthaber. Keine andere Welt, als die des entsetzlich bedrohten Friedens, die überfüllt und schwer vermauert ist und in der die Menschen nur sehr mühsam zueinander finden. Aber mitten drin der Mensch Jesus Christus – und die, die in seinem Namen beten: Der Dornengekrönte, der uns Gottes ganze Welt anbefiehlt, weil Gott alle Menschen liebt, einfach alle.
Wir werden uns wundern, wenn wir so anfangen zu beten …

Amen.

16.07.2000 4. Sonntag nach Trinitatis
Stadtkirche Peter und Paul in Calw
1. Petrus 3, 8-17 [1]

8 Noch eins: Bedenkt, was ihr tut, gemeinsam. Leidet, wenn einer zu leiden hat, gemeinsam. Liebt einander, als wäret ihr Geschwister. Kümmert euch um die, die in irgendeiner Hinsicht in elendem Zustand sind. Haltet möglichst wenig von euch selbst.

9 Vergeltet das Böse nicht mit Bösem oder Beleidigung mit Beleidigung, sondern antwortet so, dass ihr Gottes Liebe für den Gegner erbittet. Denn ihr seid dazu berufen, die Liebe Gottes zu empfangen.

10 Denn es heißt ja (in der Schrift): „Wer das Leben liebt und gute Tage sehen will, der lasse seine Zunge ausruhen von bösen Reden und seine Lippen von der Lüge.

11 Er wende sich vom Bösen ab und tue das Gute. Er suche Frieden und strebe ihm nach.

12 Denn die Augen des Herrn sehen auf die Gerechten, und seine Ohren hören auf ihre Bitte. Gegen die aber, die Böses tun, wendet sich sein Widerstand."

13 Wer könnte euch Böses antun, wenn ihr euch dem Guten verschrieben habt?

14 Wenn ihr auch, weil euch die Gerechtigkeit am Herzen liegt, zu leiden habt, so seid ihr doch glücklich zu preisen. Fürchtet euch also nicht vor dem Drohen derer, die euch verfolgen, und lasst euch nicht verwirren.

15 Haltet nur Jesus Christus in eurem Herzen heilig. Seid jederzeit bereit, euch jedermann gegenüber zu verantworten, der von euch Rechenschaft verlangt über die Hoffnung, die euch beseelt.

16 Tut das aber liebevoll und ohne Krampf. Ihr habt ja ein gutes Gewissen. So werdet ihr auch am leichtesten die widerlegen, die euch verleumden und eure Lebensführung in der Nachfolge des Christus schlecht machen.

17 Denn es ist doch besser, wenn Gott es so will, als Wohltäter zu leiden und nicht als Übeltäter.

Rechenschaft über die Hoffnung, die euch beseelt

Liebe Gemeinde,

Fürchte dich nicht, und dein Herz sei unverzagt. (Jes 7, 4)

So lautet der Taufspruch von Tatjana, die heute in diesem Gottesdienst getauft wird. Es ist ein Satz aus dem Propheten Jesaja. Er steht heute im Losungsbüchlein.

---

1 Übersetzung nach Jörg Zink.

Fürchte dich nicht, und dein Herz sei unverzagt. (Jes 7, 4)

So soll sich dieses Kind einmal daran erinnern lassen, dass es nach dem Willen seiner Eltern und Paten getauft worden ist. Der Spruch will helfen und etwas von dem sagen: „Tatjana – du bist getauft. Wir haben Gottes Namen über dir genannt. Er hat dir versprochen: Du darfst sein Kind sein – immer – dann wenn du es weißt und auch dann wenn du es nicht weißt. Und du gehörst zu einer christlichen Gemeinde, die von der Hoffnung auf Jesus Christus lebt und an der man es auch manchmal merken kann, dass Gottes Güte kein leeres Wort ist. Weil du getauft bist, weil Gott dich als sein Kind angenommen hat, darum kann und soll das für Dich gelten:

Fürchte dich nicht, und dein Herz sei unverzagt. (Jes 7, 4)

Ich habe vorhin aus dem 1. Petrusbrief den Abschnitt gelesen, der heute in unserer Kirche als Predigttext an der Reihe ist. Da wird einer Gemeinde geschrieben, die es schwer hat. Sie hat es schwerer als wir heute. Denn da sind nicht nur die Angst und der Unglaube im eigenen Herzen, sondern da gibt es auch Verfolgung. Es werden Christen angeklagt, schikaniert, ums Leben gebracht. Und denen wird geraten:

15 Seid jederzeit bereit, euch jedermann gegenüber zu verantworten, der von euch Rechenschaft verlangt über die Hoffnung, die euch beseelt.

„Wenn ihr Rede und Antwort stehen müsst, dann tut es. Gebt Rechenschaft über die Hoffnung, die euch beseelt." Darüber bin ich gestolpert. Daran bin ich hängen geblieben: „Gebt jederzeit Auskunft, wenn jemand von euch Rechenschaft fordert über die Hoffnung, die euch beseelt."
An zwei Punkten möchte ich dazu etwas sagen: an einem missglückten Beispiel aus den letzten Tagen – und dann im Blick auf das Kind, das wir heute in unserer Kirche taufen. Zuerst die missglückte Auskunft: Gestern vor einer Woche kam ein Artikel in der Zeitung, in dem ich Rede und Antwort stehen musste. „Interview mit Dekan Dieterich zur Debatte, ob gleichgeschlechtliche Paare heiraten dürfen."
An den Reaktionen habe ich gemerkt: Es war nicht gut. Ich habe zwar Rede und Antwort gestanden, aber ich habe nicht Auskunft gegeben über die Hoffnung, die mich beseelt. Ich war zu vorsichtig. Ich wollte Missverständnisse vermeiden. Und ich bin selbst ein Mensch, dem es schwer fällt, sich in Menschen hineinzudenken, die gleichgeschlechtlich veranlagt sind. Diese Ängstlichkeit, diese Vorsicht, die ist herübergekommen. Über die habe ich Auskunft gegeben, aber nicht über die Hoffnung.
Ein Enttäuschter schrieb in der Zeitung als Antwort: „2000 Jahre alt sind die revolutionären Ideen Jesu vom gewaltfreien Umgang miteinander und vom alles überspannenden Gebot der Nächstenliebe 2000 Jahre predigt die Kirche diese Ideen und glaubt selbst nicht daran."

Nun geht es nicht darum, dass ich mich rechtfertige. Es zählt ja nicht das, was ich möchte, sondern was ankommt. Wenn die Hoffnung, die uns beseelt, nicht sichtbar wird, hilft auch alle gute Rede nicht. Wenn ich von Hoffnung rede und nur Vorsicht deutlich wird, dann ist das nicht gut. Wenn ich wieder gefragt werde, ob Gott auch die Homosexuellen liebt, dann werde ich sagen. „Ja. Die liebt er ganz besonders." Es wird zwar dann auch niemand verstehen. Aber genau das kann man bei Jesus sehen. Er geht zu denen, die von den anderen ausgegrenzt werden. Jesus rechnet damit, dass Gott nicht ausgrenzt wie wir Menschen. Und damit verbindet sich die Hoffnung, dass wir auch heute um Gottes Willen immer wieder fähig werden, mit einander menschlich und freundlich und sachlich umzugehen – anstatt auszugrenzen.

„Gebt jederzeit Auskunft, wenn jemand von euch Rechenschaft fordert über die Hoffnung, die euch beseelt." Mir ist es nicht gelungen. Es gelingt nicht immer. Wie hätte es gelingen können? Vor der Aufforderung zur fröhlichen Verantwortung heißt es:

14 Fürchtet euch also nicht vor dem Drohen derer, die euch verfolgen, und lasst euch nicht verwirren.
15 Haltet nur Jesus Christus in eurem Herzen heilig.

Ich habe mich verwirren lassen.
Im 1. Petrusbrief steht: „Haltet Jesus Christus heilig." Ich verstehe das so: „Lass dich nicht draus bringen. Lass die anderen reden und schimpfen." Das, was wir bei Jesus lernen, darf und soll und muss uns heilig sein:
- seine Liebe zu allen Menschen,
- seine Güte, mit der er selbst Menschen groß und nicht klein macht,
- seine Mahnung zum Frieden und zur Gewaltlosigkeit.
Die Worte und die Taten Jesu, die sollen uns im Herzen heilig sein. Dann gibt es immer wieder Klarheit. Dann können wir auch Auskunft geben über unsere Hoffnung. Vielleicht sind manchmal die klugen Gedanken nicht so wichtig – aber dafür das Stoßgebet: „Jesus hilf du – zur Klarheit und zur Hoffnung."
„Gebt jederzeit Auskunft, wenn jemand von euch Rechenschaft fordert über die Hoffnung, die euch beseelt." Wenn wir selbst unsere Augen auf das Bild Jesu richten, das in uns ist, dann mag es gelingen.
Das zweite Beispiel: „Gebt jederzeit Auskunft ... über die Hoffnung, die euch beseelt." Das ist eine Aufgabe, die sich auch heute stellt. Sie kann uns schon auf dem Heimweg aus dem Gottesdienst begegnen, je nachdem, wer uns unterwegs begegnet und vielleicht sogar anspricht. Den Eltern, die heute ihr Kind taufen lassen, wird die Frage eines Tages von ihrem eigenen Kind gestellt werden. Tatjana, das Taufkind, wird eines Tages seine Eltern fragen:
„Warum? Warum bin ich getauft worden? Was habt ihr euch davon versprochen?" Und wenn die Eltern Glück haben, dann müssen sie nicht viel sagen. Sie können sagen: „Du kennst uns doch. Du weißt doch, was uns wichtig ist. Du weißt es doch, wie uns das

wichtig ist, dass wir mit dir zur Kirche gehören. Und du kannst es ja auch an deinem Taufspruch ablesen. Wir wollten, dass das auch für dich ein Leben lang gilt:

Fürchte dich nicht, und dein Herz sei unverzagt. (Jes 7, 4)

Und wir wollten, dass das nicht nur so gesagt wird, sondern dass du damit leben kannst – mit dem Gott, der das verspricht und dich begleitet."

Fürchte dich nicht, und dein Herz sei unverzagt. (Jes 7, 4)

Im Gesangbuch habe ich beim Tauflied Nr. 581 ein Gedicht von Albrecht Goes gefunden, das mir noch ein wenig weiter hilft.

Klein ist, mein Kind, dein erster Schritt,
Klein wird dein letzter sein.
Den ersten gehen Vater und Mutter mit,
Den letzten gehst du allein.

Seis um ein Jahr, dann gehst du, Kind,
Viel Schritte unbewacht,
Wer weiß, was das dann für Schritte sind
Im Licht und in der Nacht?

Geh kühnen Schritt, tu tapfren Tritt,
Groß ist die Welt und dein.
Wir werden, mein Kind, nach dem letzen Schritt
Wieder beisammen sein.[2]

Der Pfarrer und Dichter hat sich Gedanken gemacht. So wie sich wohl alle Eltern Gedanken machen, wenn sie staunend vor ihrem kleinen Kind stehen – oder auch wenn sie sich Gedanken über die Taufe machen.
Wie ist das mit den Schritten unserer Kinder? Bald wird auch Tatjana selbst Schritte tun, große und kleine. Sie wird immer mehr Schritte selber tun. Es wird unmöglich sein, sie zu behüten und zu bewachen. Man fragt sich. Man macht sich Sorgen. Wer weiß, was das dann für Schritte sind? Im Licht und in der Nacht?
So fragt man sich unwillkürlich. Und wir wissen, die Schritte unserer Kinder sind anders als unsere Schritte. Aber dann fasst sich Albrecht Goes ein Herz und legt Rechenschaft ab von der Hoffnung, die in ihm ist und er sagt:

---

2 Albrecht Goes, Die Schritte. Aus: ders., Gedichte. © S. Fischer Verlag GmbH, Frankfurt am Main 2008.

Geh kühnen Schritt, tu tapfren Tritt,
Groß ist die Welt und dein.

Und er rechnet damit, dass wir alle, die Großen und die Kleinen, in Gottes Hand sind. Immer, im Leben und im Sterben. Deshalb kann er zum Schluss sagen:

Wir werden, mein Kind, nach dem letzen Schritt
Wieder beisammen sein.

Ein Beispiel von Rechenschaft über unsere Hoffnung. Sie sieht heute am Tauftag anders aus als droben im Alten- und Pflegeheim auf dem Wimberg. Aber es ist immer wieder neu nötig, dass wir erinnert werden und dass es uns freundlich gesagt wird:

Fürchte dich nicht, und dein Herz sei unverzagt. (Jes 7, 4)

Unser Leben und unsere Welt sind so, dass das nötig ist – solches Zutrauen, solche Aufmunterung:
Dann wird es auch immer wieder möglich sein, dass wir selbst fröhlich Rechenschaft geben von der Hoffnung, die in uns ist.

Amen.

19.09.2004 15. Sonntag nach Trinitatis
Michaelskirche in Gussenstadt
1. Petrus 5, 5-11

5 Alle aber miteinander haltet fest an der Demut; denn Gott widersteht den Hochmütigen, aber den Demütigen gibt er Gnade.

6 So demütigt euch nun unter die gewaltige Hand Gottes, damit er euch erhöhe zu seiner Zeit.

7 Alle eure Sorge werft auf ihn; denn er sorgt für euch.

8 Seid nüchtern und wacht; denn euer Widersacher, der Teufel, geht umher wie ein brüllender Löwe und sucht, wen er verschlinge.

9 Dem widersteht, fest im Glauben, und wisst, dass ebendieselben Leiden über eure Brüder in der Welt gehen.

10 Der Gott aller Gnade aber, der euch berufen hat zu seiner ewigen Herrlichkeit in Christus Jesus, der wird euch, die ihr eine kleine Zeit leidet, aufrichten, stärken, kräftigen, gründen.

11 Ihm sei die Macht von Ewigkeit zu Ewigkeit! Amen.

Haltet fest an der Demut

Liebe Gemeinde,
wo ist da Gott? Wie kann er so etwas zulassen?
So fragen wir uns oft verzweifelt bei diesem und jenem Unglück: Die Menschen in Beslan[1] im Kaukasus fragen so nach dem fürchterlichen Blutbad am ersten Schultag. Aber auch wir fragen so, beim Zeitung lesen, bei den Abendnachrichten und erst recht nach einem tödlichen Unfall, wenn wir den Umgekommenen gut gekannt haben.
Wir bringen in unserer Welt den guten Gott und das Leid und das Leiden nicht einfach zusammen – und das ist gut so. Denn Gott will nicht das Leid und das Leiden. Und er will vor allem nicht, dass wir andere leiden machen.
Daneben steht die Erfahrung: Christen möchten auch das Leid und das Leiden aus Gottes Hand entgegen nehmen. Aber oft will und kann es nicht gelingen. Ich erinnere mich sehr gut an das Gespräch mit einer Frau, die ihren Mann durch einen Unfall hergeben musste. Ich hatte keine Worte. Ich war wie auf den Mund geschlagen. Mir tat es einfach weh.
Aber sie sagte: „Ich nehme auch das Unglück aus Gottes Hand. Das ist mein Trost. Ich verstehe es zwar überhaupt nicht. Aber daran halte ich fest. Das ist mein Trost. Es kommt alles aus Gottes Hand, auch jetzt." Ich konnte damals nichts dazu sagen. Aber ich habe auch nicht widersprochen, obwohl mein verzagtes Herz das am liebsten getan hätte. Heute merke ich manchmal: Diese Frau hatte wohl doch recht. Wir dürfen unser

---

1 01.09.2004 Geiselnahme in Beslan.

Leid und unser Leiden nicht von Gott trennen lassen! Auch wenn wir gar nichts verstehen. Im Buch des Weisen Jesus Sirach heißt es:

> Es kommt alles von Gott: Glück und Unglück, Leben und Tod, Armut und Reichtum.
> (Sir 11, 14)

Wenn unser Leiden nichts mit Gott zu tun hat, woher soll dann unser Trost kommen? Unser Predigttext heute leitet uns an, an Gott fest zu halten und sich von Gott festhalten zu lassen, denn er sorgt für uns, auch wenn wir nichts verstehen und auch dann, wenn wir uns in dieser unserer Welt damit ganz fremd vorkommen. Ich lese noch einmal den Text aus 1. Petrus 5 in einer freieren Übertragung:

> 5 Lasst euch alle einander gegenüber die Demut wie einen Schurz zum Schutz umbinden. Denn das Wort hat recht: Gott widersteht den Hochmütigen, den Gedemütigten schenkt er sich selbst.
> 6 Beugt Euch (nur) unter Gottes starke Hand: im rechten Moment lässt er Euch Flügel wachsen!
> 7 All Euer Sorgen werft ihm zu. Ihm liegt doch an Euch!
> 8 So werdet Ihr nüchtern und wachsam sein können.
> Denn teuflisch ist der Feind, einem Löwen mit aufgerissenem Maul gleich: der sucht, wen er verschlingen kann.
> 9 Widersteht! Ihr seid stark, durch Gottvertrauen gewappnet, und Ihr wisst doch: Ihr seid im Leiden verbunden mit Euren leidgeprüften Geschwistern in der ganzen Welt.
> 10 Euch hat Gott, Geber aller Gaben, berufen. Euch will er Anteil an seinem Himmel gewähren durch Christus. Euch, die Ihr einen Teil seiner Leiden schmecken müsst, will Er aufrichten, standhaft machen, kräftigen und auf festen Grund stellen.
> 11 Ihm gebührt die Macht heute und für alle Zeit.
> Amen.

Die Demut wie einen Schurz umbinden, als ein Zeichen des Glaubens, wie ist das gemeint? Was heißt das, sich allein unter Gottes starke Hand beugen – auch da, wo wir nicht mehr Gott sondern nur noch das Böse sehen? Wir verwechseln Demut mit „sich klein machen".
Aber wenn die Bibel von Demütigen redet, dann geht es nicht um Menschen, die sich ducken oder klein machen. Die Demütigen, das sind die Armen, Gebeugten, Geschlagenen, Menschen, die es schwer haben – und die es wissen, dass sie es schwer haben. Das Gegenteil, die Hoffärtigen, oder Hochmütigen, das sind Menschen, die glauben, sie würden schon alles selbst recht machen. Solche Menschen sind mit sich restlos zufrieden. Sie setzen nur auf die eigene Kraft und Stärke. Dabei werden sie meistens im

Lauf der Zeit gegen andere immer gnadenloser. Alles im Griff, alles machen können, das ist eine einzige große Selbstüberschätzung.
Die Wirklichkeit ist anders. Wir leben nicht von dem, was wir können. Wir sind nicht gerechtfertigt aus dem, was wir machen. Vor allem eigenen Tun und Lassen leben wir von dem, was uns jeden Morgen und jeden Tag neu geschenkt wird, auch wenn wir es als Selbstverständlichkeit hinnehmen:
- das Morgenlicht und die Zuwendung unserer Nächsten,
- das tägliche Brot,
- das Vorschussvertrauen unserer beruflichen Kolleginnen und Kollegen,
und … und … und.
Es ist ja ein Wunder,
- wenn ein neuer Morgen kommt
- und wir können aufstehen
- und wir haben vielleicht sogar den Mut, mit Zuversicht in den neuen Tag zu gehen.
Die Christen, für die der 1. Petrusbrief geschrieben ist, sind selbst Gebeugte. Sie sind zu Fremden in der römischen Welt erklärt worden, weil sie an einen Gott glauben, von dem es keine Bilder gibt.
Unter Kaiser Domitian, an der Wende zum 2. Jahrhundert, gab es für die christliche Minderheit im römischen Weltreich die erste landesweite Verfolgung der Christen als Staatsfeinde. Verhaftungen, Folterungen, sogar Drohungen, den Löwen im Colosseum in Rom öffentlich zum Fraß vorgeworfen zu werden, waren an der Tagesordnung. Die Christen wurden verfolgt, weil sie Christen sein wollten. Das verstanden sie nicht. Im 1. Petrusbrief ist zu lesen, was sie tun können.

5 Lasst euch alle einander gegenüber die Demut wie einen Schurz zum Schutz umbinden. Denn das Wort hat recht: Gott widersteht den Hochmütigen, den Gedemütigten schenkt er sich selbst.
6 Beugt Euch (nur) unter Gottes starke Hand: im rechten Moment lässt er Euch Flügel wachsen!

„Beugt euch unter die Hand Gottes", auch und erst recht angesichts des Leidens und der Ungerechtigkeit und auch angesichts des sinnlosen Sterbens. Solche Demut ist das Gegenteil von Unterwürfigkeit. Vor Gott demütig, das ist die Grundlage für Furchtlosigkeit und Mut gegenüber den Menschen.
Es gibt manche aufrechten Zeugnisse von Menschen aus dem 3. Reich, die nicht den Mund gehalten haben, die versucht haben, dem Unrecht zu wehren. Es waren solche darunter, bei denen man diesen Zusammenhang erkennen konnte: Vor Gott gebeugt – vor den Menschen aufrecht. Gustav Heinemann, der ehemalige Bundespräsident, ein Christ, sagte: „Die Herren dieser Welt gehen – unser Herr kommt."

Man möchte fast behaupten, Demut produziert Zivilcourage. Wer sein menschliches Maß vor Gott findet und in diesem Sinn demütig ist, kann mutig werden, sich einzumischen! Es tut einem gut, wenn man einem Menschen begegnet, der aufrecht geht. Es tut gut, wenn man Menschen begegnet, denen nicht einfach alles egal ist, sondern die mutig und fähig sind, sich einzumischen, und es auch tun. Demütige stehen auf der Seite der Leidenden. Sie sind bei denen zu finden, die sich in unserer Welt selbst nicht helfen können. Sie kämpfen gegen alles gnadenlose Handeln, weil dieses ständig neu Leiden verursacht.

Woher kommt dieser Mut der Demut? Woher soll solche Freiheit kommen? Da ist für mich die Antwort unser Wochenspruch, das Wort, das Sie wohl alle wieder erkannt haben, als ich den Predigttext gelesen habe. Der Predigttext rät diesen Gebeugten und gebeutelten Christen:

7 Alle eure Sorge werft auf ihn, denn er sorgt für euch.

Oder noch etwas deutlicher: „Werft alle Eure Sorgen Gott auf den Rücken, er will das ja so. Ihm liegt ja an Euch." Sie merken, alles was ich bis jetzt über Demut gesagt habe, wird deutlich, wenn wir die Gestalt Jesu ansehen. Jesus, einer, der auf der Seite der Leidenden gestanden hat. Der gewusst hat, was die Erfahrung von Gottes Nähe meint: Gott ist stark, um die Schwachen zu stärken. Gott ist frei, um die Gebundenen zu befreien. Gott leidet, um die Leidenden zu erlösen.

Das hat Jesus beim Wort genommen. Und deshalb lädt er auch ein zur Sorglosigkeit. Wir haben es vorhin in der Schriftlesung gehört.[1] Er erzählt von den Blumen und Vögeln. Jeder weiß, dass sie verwelken und gefressen werden. Aber sie leben. Und Gott weiß, was wir brauchen, ehe wir ihn bitten. Wer seine Sorgen für sich selbst festhalten will, der will mit allem selbst fertig werden. Der braucht keinen Gott. Der braucht keine Hilfe. Und dann wundert er oder sie sich, dass die Sorgen über den Kopf wachsen und einen klein machen.

„Nicht Sorgen", das heißt nicht, so tun, als ob alles gut wäre. Aber es heißt: die Sorgen Gott hinwerfen. Ihm die Verantwortung überlassen.

Jesus sagt: „Ihr könnt euch darum aufrecht bemühen, dass Gottes Reich und Gottes Gerechtigkeit in unserer Welt Gesichter bekommen. Nur denkt daran: Es ist genug, dass jeder Tag seine eigene Plage hat. Das Morgen gehört Gott. Alle eure Sorge werft auf ihn, ihr seid ihm ja gar nicht gleichgültig. Er hat euch lieb."

Es ist viel, was ich jetzt versucht habe Ihnen und mir zu sagen. Gott das Sorgen überlassen, das fällt uns schwer. Und es dann anzunehmen, wenn Leid und Tod hereinbrechen, dass Gott auch da immer noch sorgt, das fällt uns noch schwerer. Aber Jesus, und in seinen Spuren der 1. Petrusbrief, lädt uns ein:

---

1 Schriftlesung Mt 6, 24-34

6 Beugt Euch unter Gottes starke Hand: im rechten Moment lässt er Euch Flügel wachsen!

Lasst uns wachsam sein, dass wir uns nicht einreden lassen, wir und unsere Welt seien verloren und Gott hätte ausgespielt. Wir werden uns noch wundern.

Amen.

27.12.1998 1. Sonntag nach dem Christfest
Stadtkirche Peter und Paul in Calw
EG 37 Ich steh an deiner Krippen hier

1 Ich steh an deiner Krippen hier, o Jesu, du mein Leben;
ich komme, bring und schenke dir, was du mir hast gegeben. Nimm hin, es ist mein
Geist und Sinn, Herz, Seel und Mut, nimm alles hin und lass dir's wohlgefallen.

2 Da ich noch nicht geboren war, da bist du mir geboren
und hast mich dir zu eigen gar, eh ich dich kannt, erkoren. Eh ich durch deine Hand
gemacht, da hast du schon bei dir bedacht, wie du mein wolltest werden.

3 Ich lag in tiefster Todesnacht, du warest meine Sonne, die Sonne, die mir zugebracht Licht, Leben, Freud und Wonne. O Sonne, die das werte Licht des Glaubens in
mir zugericht', wie schön sind deine Strahlen!

4 Ich sehe dich mit Freuden an und kann mich nicht satt sehen; und weil ich nun
nichts weiter kann, bleib ich anbetend stehen. O dass mein Sinn ein Abgrund wär
und meine Seel ein weites Meer, dass ich dich möchte fassen!

5 Wann oft mein Herz im Leibe weint und keinen Trost kann finden, rufst du mir zu:
„Ich bin dein Freund, ein Tilger deiner Sünden. Was trauerst du, o Bruder mein?
Du sollst ja guter Dinge sein, ich zahle deine Schulden."

6 O dass doch so ein lieber Stern soll in der Krippen liegen! Für edle Kinder großer
Herrn gehören güldne Wiegen. Ach Heu und Stroh ist viel zu schlecht, Samt, Seide,
Purpur wären recht, dies Kindlein drauf zu legen!

7 Nehmt weg das Stroh, nehmt weg das Heu, ich will mir Blumen holen, dass
meines Heilands Lager sei auf lieblichen Violen; mit Rosen, Nelken, Rosmarin aus
schönen Gärten will ich ihn von oben her bestreuen.

8 Du fragest nicht nach Lust der Welt noch nach des Leibes Freuden; du hast dich
bei uns eingestellt, an unsrer Statt zu leiden, suchst meiner Seele Herrlichkeit durch
Elend und Armseligkeit; das will ich dir nicht wehren.

9 Eins aber, hoff ich, wirst du mir, mein Heiland, nicht versagen: dass ich dich möge
für und für in, bei und an mir tragen. So lass mich doch dein Kripplein sein; komm,
komm und lege bei mir ein dich und all deine Freuden.

Ich steh an deiner Krippen hier

Liebe Gemeinde,
im letzten Jahr haben wir hier beim Singgottesdienst ein wenig genauer auf das Lied: „Fröhlich soll mein Herze springen ..." gehorcht. Wir haben es am Anfang gesungen, dieses Lied, das alle einlädt, das fröhlich ist, weil Gott an Weihnachten auf der Seite der Mühseligen und Beladenen ist.

Heute möchte ich mit Ihnen ein anderes Weihnachtslied von Paul Gerhardt singen und darüber nachdenken: Ich steh an deiner Krippen hier, o Jesu, du mein Leben ... In unserem neuen Gesangbuch: Nr. 37. Es ist ein ganz persönliches Lied. Fast alle Strophen beginnen mit „ich".

Es ist ein Lied, das eine persönliche Geschichte erzählt und zu ihr einlädt. Sie ist so persönlich, dass es eigentlich verwunderlich ist, dass dieses Lied zu einem Lied im Gesangbuch geworden ist. Ich denke, das verdanken wir der schönen Melodie von Johann Sebastian Bach. Aber genug der Vorrede. Lassen Sie uns die erste Strophe miteinander singen.

> 1 Ich steh an deiner Krippen hier, o Jesu, du mein Leben; ich komme, bring und schenke dir, was du mir hast gegeben. Nimm hin, es ist mein Geist und Sinn, Herz, Seel und Mut, nimm alles hin und lass dir's wohlgefallen.

Wer so singt, ist an der Krippe Jesu angekommen. Wer so singt, ist da – und möchte wie die Hirten und wie die Weisen dem Kind etwas bringen. Und er weiß: Es geht nicht um Geschenke, sondern es geht um mich selbst. Ich will zu diesem Jesus gehören, mit

> 1 ... Geist und Sinn, Herz, Seel und Mut ...

Und noch etwas wird da deutlich: Der, der da an die Krippe kommt, kann nur mitbringen, was er selbst von dem Gott empfangen hat, der ihm in der Krippe begegnet.

> 1 ... ich komme, bring und schenke dir, was du mir hast gegeben.

Wer an die Krippe kommt, steht vor seinem Schöpfer. Wer an die Krippe kommt, bringt sich selbst mit – bringt sich selbst zurück, gibt sich in die Hand, aus der er gekommen ist.

An der Krippe – da bin ich ganz daheim. Nicht mehr und nicht weniger haben wir soeben gesungen. Wenn wir jetzt weiter singen, erfahren wir etwas davon, wie Paul Gerhardt zu solchen ungeheuren Gedanken und Aussagen kommt.

Die 2. Strophe schlägt den Bogen bis an den Anfang, den wir kaum denken können. Er geht in die Tiefe, die das Leben trägt. Wir singen Strophe 2.

2 Da ich noch nicht geboren war, da bist du mir geboren und hast mich dir zu eigen gar, eh ich dich kannt, erkoren. Eh ich durch deine Hand gemacht, da hast du schon bei dir bedacht, wie du mein wolltest werden.

Ich will versuchen, die Strophe ein wenig nachzubuchstabieren: Da ist also einer, der will, dass ich lebe. Einer, der für mich da ist, der sich um mich bemüht. Einer der sagt: „Du gehörst zu mir. Ich habe dich lieb. Du bist mein Sohn. Du bist meine Tochter. Du bist mein Bruder. Du bist meine Schwester." Da ist einer, der sagt: „Ich bin für dich da, ganz gleich, welchen Weg du gehen wirst und wie du dich entwickelst." Bevor ich also mir Gedanken machen konnte, wer ich bin, und was ich will und was ich nicht will, bevor ich überlegen konnte und wählen konnte, bevor ich irgendetwas entscheiden konnte, da ist der Christus mit seiner Liebe.

Mein Verlangen nach Geborgenheit, meine Sehnsucht, von anderen angenommen zu sein, mein Bedürfnis, mit anderen zu leben, Freud und Leid zu teilen, zu trösten und getröstet zu werden, miteinander zu lachen und zu weinen, zu trauern und zu feiern, all das kommt aus dieser Liebe.

Die Menschen, die in mir Vertrauen zum Leben weckten, die Menschen, die mit viel Geduld und Zärtlichkeit ganz selbstverständlich für mich da waren und sind, sie kommen von dem Kind in der Krippe und weisen auf das Kind in der Krippe.

2 Da ich noch nicht geboren war, da bist du mir geboren und hast mich dir zu eigen gar, eh ich dich kannt, erkoren.

Wenn Sie das Lied nun weiter ansehen, dann können Sie entdecken, wie die Zwiesprache weiter geht. Persönlich, in ungeheuren Bildern, tief. Es ist eine Frömmigkeit, die für uns ungewohnt ist. Sie geht aber besonders tief. Wer mit Paul Gerhardt singt, der weiß am Ende: Christus und ich, ich und Christus – wir gehören zusammen – einfach so, als Geschenk, und das trägt. Und davon kann ich leben und damit kann ich leben. In Strophe 3 heißt es:

3 Ich lag in tiefster Todesnacht, du warest meine Sonne ...

Jesus, Du bist meine Sonne. Von Dir kommt Licht, Leben, Freude, Glück – einfach alles, was das Leben ausmacht. Ich kann nur die Hände und die Arme und das Herz aufmachen. Seele und Sinn können nicht weit genug und nicht groß genug sein, immer wird das Licht mehr, die Liebe größer sein. Ich kann empfangen, aber nicht alles aufnehmen. Es ist viel mehr, als ein Mensch empfangen kann. Wir singen Strophe 3 und 4.

3 Ich lag in tiefster Todesnacht, du warest meine Sonne, die Sonne, die mir zugebracht Licht, Leben, Freud und Wonne. O Sonne, die das werte Licht des Glaubens in mir zugericht', wie schön sind deine Strahlen!

4 Ich sehe dich mit Freuden an und kann mich nicht satt sehen; und weil ich nun nichts weiter kann, bleib ich anbetend stehen. O dass mein Sinn ein Abgrund wär und meine Seel ein weites Meer, dass ich dich möchte fassen!

Strophe 5 macht die Probe in der Gegenwart. Sie erinnert daran, dass nicht immer die Sonne scheint. Sie weiß davon, dass das Herz oft keinen Trost findet. Aber – und das ist das Besondere – in dieser Nacht, in dieser Trostlosigkeit, da lässt sich die Stimme Jesu vernehmen, die Stimme eines Bruders, dem auch die Nacht und das Elend nicht fremd sind. Jesus sagt in Strophe 5:

5 „Ich bin dein Freund, ein Tilger deiner Sünden. Was trauerst du, o Bruder mein? Du sollst ja guter Dinge sein, ich zahle deine Schulden."

Wir singen Strophe 5.

5 Wann oft mein Herz im Leibe weint und keinen Trost kann finden, rufst du mir zu: „Ich bin dein Freund, ein Tilger deiner Sünden. Was trauerst du, o Bruder mein? Du sollst ja guter Dinge sein, ich zahle deine Schulden."

Da ist also einer, der bleibt, wenn alle gehen. Da ist einer, dessen Liebe bleibt und Ausdauer hat, wenn alle anderen aufhören zu lieben. Wenn alles verfahren ist, wenn ich nicht mehr liebenswert und liebenswürdig bin, wenn ich enttäuscht, verletzt, gekränkt habe, kurz einfach schuldig geworden bin, da bleibt der in der Krippe ein Bruder. Er hält an mir fest und wirbt um mich.

Auch wenn ich mich als Versager fühle, wenn ich mich selbst überfordert habe, auch dann wenn ich an mir selbst verzweifle und merke: Ich kann es nie recht machen. Er sagt: „Ich bin dein Freund. Ich zahle deine Schulden. Du sollst guter Dinge sein."

Das Lied ist aber jetzt noch lange nicht aus. Da sind zuerst zwei Strophen, die sind einfach im dankbaren, liebenden Überschwang. Jetzt ist deutlich: Für den, in der Krippe ist nichts, aber auch gar nichts gut genug. Heu und Stroh sind viel zu schlecht. Aber auch kostbare Stoffe und Polster bringen es nicht. Nein, die schönsten Blumen der Welt, die wären gerade recht für die Freude, dass da der ist, dessen Liebe bleibt. Wir singen Strophe 6 und 7.

6 O dass doch so ein lieber Stern soll in der Krippen liegen! Für edle Kinder großer Herrn gehören güldne Wiegen. Ach Heu und Stroh ist viel zu schlecht, Samt, Seide, Purpur wären recht, dies Kindlein drauf zu legen!

7 Nehmt weg das Stroh, nehmt weg das Heu, ich will mir Blumen holen, dass meines Heilands Lager sei auf lieblichen Violen; mit Rosen, Nelken, Rosmarin aus schönen Gärten will ich ihn von oben her bestreuen.

Ich will die beiden letzten Strophen jetzt einfach beten. Da ist der Dank, dass die Liebe auch im Leiden bleibt. Und da ist die Hoffnung, dass der Heiland mit geht und in, an und bei mir bleibt. Ich bete die beiden Strophen 8 und 9.

8 Du fragest nicht nach Lust der Welt noch nach des Leibes Freuden; du hast dich bei uns eingestellt, an unsrer Statt zu leiden, suchst meiner Seele Herrlichkeit durch Elend und Armseligkeit; das will ich dir nicht wehren.

9 Eins aber, hoff ich, wirst du mir, mein Heiland, nicht versagen: dass ich dich möge für und für in, bei und an mir tragen. So lass mich doch dein Kripplein sein; komm, komm und lege bei mir ein dich und all deine Freuden.

Amen.

Danksagung

Nie wäre ich auf den Gedanken gekommen, ein Buch mit Predigten von mir herauszugeben. Aber ich habe mich gern überzeugen lassen.

So danke ich den beiden Herausgeberinnen, Frau Meike Jacobson und Frau Marei Röding für ihre Idee, die sie zielgerichtet und kompetent verfolgt und umgesetzt haben, von der Auswahl bis zum nun vorliegenden Buch.

Ich danke Jörg Zink für die Freigabe seiner Bibeltexte und Manfred Kuntz für sein Vorwort, das ihm sehr wohlwollend geraten ist.

Ich wünsche allen, die in diesem Buch lesen, dass sie immer wieder selbst hören und von der Freude des Evangeliums angesteckt werden.

Heidenheim, im Sommer 2011.
Eberhard Dieterich

Quellennachweis

Wenn nicht anders angegeben, stammen alle Bibelzitate aus der Lutherbibel:
Lutherbibel, revidierter Text 1984, durchgesehene Ausgabe in neuer Rechtschreibung,
© 1999 Deutsche Bibelgesellschaft, Stuttgart.

Die Bibelzitate nach der Übersetzung von Jörg Zink stammen aus:
Die Bibel, neu in Sprache gefasst von Jörg Zink © KREUZ VERLAG in der Verlag
Herder GmbH, Freiburg i. Br., Neuausgabe 2008.

Wenn nicht anders angegeben, stammen alle Texte und Liedstrophen des Evangelischen
Gesangbuchs aus: Evangelisches Gesangbuch für Württemberg, Neuauflage 2007 mit
neuer Rechtschreibung, Gesangbuchverlag Stuttgart GmbH.

© 2011 Edition kamel18
Stuttgart
www.kamel18.de

Alle Rechte vorbehalten
Umschlaggestaltung: Nicole Gauch, Marei Röding
Coverbild: Muschel 4, aus der Symbolreihe von Ellen Süllentrop
www.ellensuellentrop.de
Konzeption und Auswahl: Eberhard Dieterich, Meike Jacobson, Marei Röding
Redaktion und Lektorat: Meike Jacobson
Schlusskorrektur: Gesine Kerber
Layout und Satz: Marei Röding
Druck: Buch- und Offsetdruckerei Paul Schürrle GmbH & Co. KG, Stuttgart

ISBN 978-3-00-035501-1